Bernard Lewis
Die Assassinen

SERIE PIPER
Band 1572

Zu diesem Buch

Der Heilige Krieg, Geiselnahmen und Erpressungen oder staatlich angeordneter Terror wie die Aufforderung, den Schriftsteller Salman Rushdie zu ermorden, haben ihren Ursprung in der engen Verquickung von Religion und Politik in der muslimischen Welt. Die Beschäftigung mit dem Phänomen und der Tradition religiösen Mordes im radikalen Islam führt zurück ins Mittelalter. Im 11. Jahrhundert von der schiitischen Bewegung abgespalten, entwickelten die Assassinen (zu deutsch: Haschisch-Genießer) bis zu ihrem Untergang knapp 200 Jahre später den geplanten, systematischen und langfristigen Einsatz des Terrors als politische Waffe. In einem wichtigen Aspekt unterscheiden sich die Assassinen jedoch von ihren modernen Imitatoren: Entgegen der im Westen verbreiteten Meinung galten ihre Angriffe nicht den Kreuzfahrern, sondern den dominierenden Eliten des Islam: Monarchen, Ministern, Generälen, hohen kirchlichen Würdenträgern. Während heute oft wahllose ferngesteuerte Attentate im Namen Allahs begangen werden, verübten die Assassinen Tyrannenmord mit dem Ziel, durch die Beseitigung eines autokratischen Systems die Situation radikal zu verändern. Daß die gedungenen Mörder dabei ihr Leben ließen, war Ehrensache. Lewis hat ihre Geschichte »in einem gedrängten, gut lesbaren, faszinierenden Buch geschrieben.« FAZ

Bernard Lewis, geboren 1916 in London. Von 1974 bis 1986 Professor für Orientalistik an der Universität von Princeton. Gilt als einer der besten Kenner des nahen Ostens.

Bernard Lewis

Die Assassinen

Zur Tradition des religiösen Mordes im radikalen Islam

Aus dem Englischen von
Kurt Jürgen Huch

Piper
München Zürich

Die Originalausgabe erschien 1967 unter dem Titel »The Assassins. A Radical Sect in Islam« bei George Weidenfeld & Nicolson Ltd., London.

ISBN 3-492-11572-1
März 1993
R. Piper GmbH & Co. KG, München
Lizenzausgabe mit Genehmigung des Eichborn Verlags, Frankfurt am Main
Originalausgabe:

Deutsche Ausgabe:

Umschlag: Federico Luci,
unter Verwendung eines Fotos des Archivs für Kunst und Geschichte, Berlin
Satz: Franz Greno, Nördlingen
Druck und Bindung: Clausen & Bosse, Leck
Printed in Germany

Für Michael

Vorwort zur deutschen Ausgabe

Seit seinem ersten Erscheinen im Jahre 1967 hat dieses Buch eine Aktualität erlangt, wie es sie zum Zeitpunkt der Erstpublikation noch nicht hatte. Indiz dafür mag seine weitere Publikationsgeschichte sein. Der englische Text wurde mehrfach nachgedruckt, in Großbritannien ebenso wie in den Vereinigten Staaten. Übersetzungen erschienen in mehreren anderen Sprachen. Eine französische Übersetzung kam 1982 in Paris heraus; ihr folgte 1984 eine Taschenbuchausgabe in Brüssel. Zwei arabische Übersetzungen entstanden unabhängig voneinander — die eine in Damaskus, die andere in Kairo. Unter der Monarchie gab es eine persische Ausgabe in Teheran; sie wurde während der Republik neu aufgelegt, ergänzt um zwei weitere Monographien, die ich einige Jahre früher zu eng verwandten Themen geschrieben hatte. Eine japanische Übersetzung erschien 1973 in Tokio.

Woher solches Interesse an einer Bewegung, die im Mittelalter begann und endete? Zumindest teilweise spiegelt sich die Besonderheit dieses Interesses im Wechsel des Untertitels, wie ihn die französische Übersetzerin vorgenommen hat. Der Originaltitel lautete: *The Assassins. A Radical Sect in Islam.* In der französischen Version wurde daraus: *Les Assassins. Terrorisme et politique dans l'Islam mediéval.* Hierbei wird die Absicht deutlich, zu suggerieren, es gebe eine gewisse Parallele zwischen den in diesem Buch behandelten Ereignissen und Bewegungen und jenen, die in den letzten Jahren einen Großteil der islamischen Welt erschüttert haben.

Alle Geschichte, so hat der große deutsche Historiker Leopold von Ranke bemerkt, ist gleichzeitig. Das gilt für die islamische Welt nicht weniger als für die westliche — eher mehr, denn die islamische Welt beginnt erst jetzt die lange Reihe der sozialen, ökonomischen und religiösen Veränderungen durchzumachen, die in Europa das System der modernen säkularen, industrialisierten Staaten an die Stelle der mittelalterlich-christlichen Welt treten ließen. Die Religion hat in der islamischen Welt noch immer eine nationale und gesellschaftliche Bedeutung — als Quelle von Autorität, Brennpunkt von Loyalität, Definition von Identität —, wie man sie in Europa seit den durch Renaissance, Entdeckungen, Reformation, Aufklärung und Industrielle Revolution ausgelösten Veränderungen nicht mehr kennt.

Darüber hinaus aber gibt es, in einem viel tieferen Sinn, im Islam eine Verkettung von Religion und Politik, die in der christlichen Religion nie bestand. Der Begründer des Christentums gebot seinen Anhängern, dem Kaiser zu geben, was des Kaisers, und Gott, was Gottes ist. Mehr als 300 Jahre lang waren die Christen eine machtlose, oft heftiger Verfolgung ausgesetzte Minorität. Erst mit Konstantins Bekehrung wurde das Christentum Staatsreligion und bildete eine eigene Institution, die Kirche, mit eigenen Gesetzen, eigenen Gerichten, einer eigenen Verwaltungshierarchie. Während der ganzen christlich geprägten Geschichte und in praktisch allen christlichen Gesellschaften wurde akzeptiert, daß es zwei Autoritäten gab, die mit unterschiedlichen Dingen befaßt waren: Gott und Kaiser, Kirche und Staat, geistlicher und weltlicher ›Arm‹. Beide waren bisweilen verbündet, bisweilen getrennt, bisweilen in Harmonie oder im Konflikt miteinander; bisweilen dominierte die eine Autorität, bisweilen die andere. Stets aber waren es zwei.

Im prämodernen Islam dagegen gab es nur eine Autorität. Dem Begründer des Islams war es nicht, wie Moses, verboten, sein Verheißenes Land zu betreten; noch weniger hatte er ein Martyrium zu erleiden. Im Gegenteil: Zu seinen Lebzeiten bereits kam er zu militärischem und politischem Erfolg. Nach der Flucht aus seiner Geburtsstadt Mekka nach Medina schuf er einen neuen Staat und war schließlich in der Lage, Mekka selbst zu erobern und zu regieren. Muhammad wurde ein Souverän; er kommandierte Armeen, gebot über Krieg und Frieden, erhob Steuern, schuf Recht — mit einem Wort: Er vollzog all jene Souveränitätsakte, die nach muslimischer Auffassung seine Erwähltheit vollkommen sichtbar machten, und wurde zu einem Vorbild für künftige Generationen.

So durchdringen sich in der islamischen Geschichte und besonders zur Zeit der frühen, grundlegenden Ereignisse, die Gemeinbesitz aller Muslime und für ihr kollektives Bewußtsein prägend sind, Credo und Macht, wahrer Glaube und weltliche Herrschaft total. Dazu gibt es weder im Christentum eine Parallele, noch gab es sie im Judentum seit den frühesten Büchern des Alten Testaments. Der Islam, sagte Ajatollah Chomeini, ist Politik, oder er ist gar nichts. Nicht alle Muslime und übrigens auch nicht alle Islamisten gehen so weit, aber zweifellos legte der Ajatollah den Finger auf ein wichtiges Element der Verwandtschaft von Religion und Politik, so wie Muslime sie begreifen und die islamische Geschichte sie spiegelt.

Dies alles bedeutet nicht, daß, wie gelegentlich angenommen, die Aktivitäten jener, die im Namen des Islams als Terroristen auftreten, durch islamische Doktrin, Tradition oder Gesetzgebung in irgendeiner Weise gestützt oder gar gutgeheißen würden. Das islamische Recht erlaubt Praktiken wie die wahllose Ermordung von Nichtkombattanten oder Geiselnahmen zum Zweck der Erpressung keineswegs; es verbietet sie ausdrücklich. Niemand, sagt der Koran an mehreren Stellen, soll sich mit einem andern belasten. Natürlich regelt das islamische Gesetz Geben und Nehmen von Geiseln — aber auf freiwilliger Basis, wenn nämlich Geiseln zwischen zwei Parteien ausgetauscht werden, um als Bürgen die Erfüllung der beiderseitigen Verpflichtungen sicherzustellen. Solche Bräuche waren einst auch in der christlichen Welt sehr verbreitet und haben rein gar nichts mit modernen Entführungs- und Erpressungspraktiken zu tun. In ähnlicher Weise enthält das islamische Gesetz, während es zugleich den Heiligen Krieg der Gläubigen gegen die Ungläubigen befiehlt, gewisse Regeln der Kriegführung, etwa die Rücksicht auf Nichtkombattanten. Die frühesten Formulierungen dieser Regeln gehen fast auf den Beginn der islamischen Ära zurück.

Die Assassinen repräsentieren keine Hauptströmung islamischer Tradition oder islamischen Konsenses; sie waren sozusagen eine Häresie innerhalb einer Häresie — ein extremistischer Ausläufer der schiitischen Bewegung, die ihrerseits eine Abweichung vom überwiegend sunnitischen Islam darstellt. Die Praktiken und Überzeugungen der Assassinen wurden von der Mehrheit sowohl der Sunniten wie der Schiiten abgelehnt; sie wurden schließlich sogar von der kleinen Minderheit aufgegeben, die an den spezifischen Überzeugungen der Assassinen festhielt.

In einem sehr bedeutsamen Aspekt unterscheiden sich die mittelalterlichen Assassinen von ihren modernen Imitatoren: in der Auswahl ihrer Ziele und der Art ihres Angriffs. Seit dem Mittelalter gibt es im Westen das verbreitete Mißverständnis, Wut und Waffen der Assassinen seien gegen die Kreuzfahrer gerichtet gewesen. Das stimmt nicht. Unter ihren Opfern waren relativ wenige Kreuzfahrer, und selbst diese waren gewöhnlich im Rahmen eines innermuslimischen Plans vorgemerkt. Die überwältigende Mehrheit ihrer Opfer waren Muslime, denn ihr Angriff galt nicht Außenstehenden, sondern den dominierenden Eliten und

Ideen des Islams. In späteren Epochen scheinen die Assassinen in Syrien sogar eine nachbarschaftliche Beziehung zu zwei christlichen Ritterorden, den Templern und den Johannitern, hergestellt zu haben, denen sie auch Tribut zahlten.

Die auserwählten Opfer der mittelalterlichen Assassinen fanden sich in der herrschenden Schicht des Islams: Monarchen, Minister, Generale, hohe religiöse Würdenträger. Stets wurde die gleiche Waffe gebraucht: der Dolch, persönlich geführt von dem für die Tat designierten Assassinen. D.h., man wählte die schwierigsten und am schwersten erreichbaren Ziele und die gefährlichste Angriffsmethode. Bemerkenswerterweise wurde nicht auf sichere Waffen — Bogen, Armbrust oder Gift — zurückgegriffen, die zu dieser Zeit ebenfalls verfügbar waren. Der Assassine selbst machte, hatte er sein ihm zugewiesenes Opfer einmal niedergestreckt, keinen Versuch zu entfliehen; ebensowenig wurde versucht, ihn zu retten. Im Gegenteil: Eine Mission überlebt zu haben galt als Schande. All dies steht in markantem Kontrast zu jener Kombination aus wahllosem, ferngesteuertem Mord und erpreßter Rettung der Täter, wie sie zum Kennzeichen moderner terroristischer Praxis wurde.

In einem nicht geringen Grad resultiert dieser Kontrast aus einer grundlegenden Differenz in den strategischen Zielen. Die mittelalterlichen Assassinen führten Krieg gegen autokratische Systeme, in denen die Beseitigung eines einzigen Individuums die Situation radikal verändern oder zumindest Einstellung und Politik der Überlebenden auf signifikante Weise modifizieren konnte. Man fühlte sich im Krieg gegen eine illegitime und tyrannische Ordnung, suchte diese umzustürzen und durch eine bessere zu ersetzen. Dasselbe könnte von einigen modernen Bewegungen gesagt werden, z.B. jenen gegen die Okkupationsarmeen der Achsenmächte oder gegen die früheren Kolonialmächte in Teilen Asiens und Afrikas. In den letzten Jahren, besonders seit den Sechzigern, hat sich ein anderer Typ von Terrorismus entwickelt, dessen primäre Intention nicht Sieg, sondern Publizität ist und der deshalb seine Ziele und Methoden auf diese Intention hin auswählt. Anders als der Assassine des Mittelalters sucht der moderne Terrorist sich überdies abzusichern.

Trotz all dieser Differenzen freilich zeigt die Geschichte der Assassinen eindrucksvolle Ähnlichkeiten mit jüngst vergangenen und gegenwärtigen Ereignissen — handle es sich um Herkunft und Motivation der zugrunde liegenden Bewegungen, um deren Doktrinen und Methoden oder gar um ihre Geographie. Hier haben wir ein Zeugnis ebenso sehr für die Gleichzeitigkeit wie für die Kontinuität der menschlichen Geschichte. Der Islam ist, ebenso wie Christentum und Judentum, eine ethische Religion, in deren Überzeugungen und Praktiken Mord und Erpressung keinen Platz haben. Trotzdem gab und gibt es Gruppen, die im Namen ihrer Religion Mord praktizier(t)en, und eine Studie über die mittelalterliche Sekte der Assassinen mag deshalb einem nützlichen Zweck dienen — aber nicht als Lehrbuch für islamische Auffassungen über den Meuchelmord, sondern als exemplarische Beschreibung, wie gewisse Gruppen die grundlegende islamische Verkettung von Religion und Politik radikal und gewaltsam umdeuteten und versuchten, sie zur Erreichung ihrer eigenen Ziele zu instrumentalisieren. Die Geschichte der Assassinen, die zuerst im Iran auftauchten, sich dann zu den syrischen und libanesischen Bergen hin ausbreiteten und ihre Blütezeit vom 11. bis zum 13. Jahrhundert hatten, kann lehrreich sein. Vielleicht die wichtigste Lektion, die sie lehren mag, ist die von ihrem letztendlichen und totalen Scheitern.

Die Assassinen

1. Die Entdeckung der Assassinen

Im Jahre 1332, als König Philipp VI. von Frankreich auf einen neuen Kreuzzug sann, um die verlorenen Heiligen Stätten der Christenheit zurückzugewinnen, verfaßte ein deutscher Kleriker namens Brocardus einen Traktat, in dem er dem König Rat und Hilfe für die Durchführung seines Unternehmens anbot. Brocardus, der einige Zeit in Armenien verbracht hatte, widmete einen bedeutenden Teil seines Traktats den spezifischen Gefahren einer solchen Orient-Expedition und den Vorsichtsmaßregeln, um sich gegen sie zu schützen. »Unter diesen Gefahren«, schrieb er,

»erwähne ich besonders die Assassinen, die verflucht und gemieden seien. Sie verkaufen sich, dürsten nach Menschenblut, töten Unschuldige gegen Bezahlung, scheren sich weder um das Leben noch um die Erlösung. Wie der Teufel verwandeln sie sich in Engel des Lichts, indem sie Gebärde, Kleidung, Sprache, Sitte und Benehmen vieler Nationen und Völker nachahmen; als solche Wölfe im Schafspelz nehmen sie den Tod auf sich, sobald sie erkannt werden. Da ich sie nicht persönlich gesehen habe, sondern das Obige nur aus mündlichen Berichten oder speziellen Schriften kenne, kann ich nicht mehr darlegen und auch keine vollständigen Informationen liefern. Ich kann nicht sagen, wie man sie an ihren Bräuchen oder anderen Zeichen erkennt, weil diese mir ebenso unbekannt sind wie anderen; auch kann ich nicht dartun, wie man sie anhand ihres Namens dingfest macht, ist doch ihr Gewerbe so widerwärtig und von aller Welt verabscheut, daß sie ihre Eigennamen so gut verbergen, wie sie nur können. Ich weiß daher nur ein einziges Heilmittel für den Schutz und die Sicherung des Königs: Am Hofe sollte, selbst für kleine, kurzzeitige oder untergeordnete Dienstleistungen, niemand zugelassen werden, dessen Heimatland, Wohnsitz, Familie, Stand und Person nicht zuverlässig, vollständig und eindeutig bekannt sind.«[1]

Für Brocardus sind die Assassinen gedungene, geheime Mörder einer besonders geschickten und gefährlichen Art. Obwohl er sie den Wagnissen des Orients zurechnet, bringt er sie nicht in Beziehung mit einer bestimmten Region, einer Sekte oder einem Volk; ebensowenig schreibt er ihnen religiöse Überzeugungen oder politische Absichten zu. Sie sind schlicht erbarmungslose und befähigte Killer, vor denen man sich hüten muß. Tatsächlich hat sich das Wort ›Assassine‹, in unterschiedlichen Formen, bis zum 19. Jahrhundert im europäischen Sprachgebrauch mit dieser generellen Bedeutung ›bezahlter, professioneller Mörder‹ verbreitet. Der Florentiner Chronist Giovanni Villani (gest. 1348) berichtet, wie der Herrscher von Lucca »i suoi assassini« nach Pisa sandte, um dort einen lästigen Widersacher zu töten. Noch früher spricht Dante in einer beiläufigen Anspielung (*Inferno,* XIX. Gesang) von »lo perfido assassin«; sein im 14. Jahrhundert lebender Kommentator Francesco da Buti, im Bemühen, einen für zeitgenössische Leser noch fremden und unverständlichen Ausdruck zu erklären, bemerkt dazu: »Ein Assassine ist jemand, der andere für Geld tötet.«[2] Seitdem hat sich ›Assassine‹ zu einem in vielen europäischen Sprachen gebräuchlichen Substantiv entwickelt — mit der spezifischen Bedeutung: Mörder, der im Verborgenen oder heimtückisch tötet, dessen Opfer eine Gestalt des öffentlichen Lebens und dessen Motiv Fanatismus oder Habgier ist.

Es war nicht immer so. Erstmals erscheint das Wort in den Chroniken der Kreuzzüge, als Bezeichnung einer seltsamen Gruppe muslimischer Sektierer in der Levante unter Führung einer mysteriösen Gestalt, die man den ›Alten vom Berge‹ nannte — einer Gruppe, die aufgrund ihrer Überzeugungen und Praktiken von guten Christen wie Muslimen gleichermaßen verabscheut wurde. Eine der frühesten Beschreibungen der Sekte begegnet im Bericht eines Gesandten, den Kaiser Friedrich Barbarossa 1175 nach Ägypten und Syrien schickte. Dort heißt es:

»Beachte, daß in den Bergen um Damaskus, Antiocheia und Aleppo ein gewisses Geschlecht von Sarazenen wohnt, die in ihrer eigenen Sprache ›Heyssessini‹, im Romanischen aber ›segnors de montana‹ genannt werden. Diese Menschenbrut lebt ohne Gesetz, verzehrt Schweinefleisch wider das Gebot der Sarazenen und verkehrt unterschiedslos mit allen Weibern, die eigenen Mütter und Schwestern eingeschlossen. Sie leben in den Bergen und sind nahezu unbezwinglich, denn sie können sich in wohlbefestigte Burgen zurückziehen. Ihr Land ist nicht sehr fruchtbar; daher leben sie von ihrem Vieh. Sie gehorchen einem Meister, der alle sarazenischen Fürsten nah und fern in größte Furcht versetzt, ebenso die benachbarten christlichen Landesherren. Denn er pflegt sie auf ungewöhnliche Art und Weise zu töten. Seine Methode ist die folgende: Dieser Herrscher besitzt in den Bergen zahlreiche prächtige Paläste, umgeben von sehr hohen Mauern, die man lediglich durch eine kleine, sehr gut bewachte Tür betreten kann. In diesen Palästen läßt er viele Söhne seiner Bauern von früher Kindheit an aufziehen. Er läßt sie mehrere Sprachen lernen — Latein, Griechisch, Romanisch, Sarazenisch und andere mehr. Diesen jungen Menschen wird durch ihre Lehrer von der frühesten Jugend bis zum reifen Mannesalter eingeschärft, daß sie dem Herrn ihres Landes in allem, was er sagt und befiehlt, gehorchen müssen; täten sie dies, so schenke er, der über alle lebenden Götter gebiete, ihnen die Freuden des Paradieses. Sie werden ebenso belehrt, daß sie der Erlösung verlustig gehen, wenn sie sich seinem Willen im geringsten widersetzen. Beachte, daß sie von dem Zeitpunkt an, da sie eingeschlossen werden, nur ihre Lehrer und Erzieher sehen und nur deren Instruktionen erhalten, bis sie vor den Herrscher gerufen werden, um jemanden zu töten. Erscheinen sie vor dem Herrscher, so fragt dieser sie, ob sie willens seien, seine Befehle zu befolgen, um so des Paradieses teilhaftig zu werden. Daraufhin werfen sie sich, wie man sie instruiert hat, ihm bedenkenlos zu Füßen und wiederholen mit Inbrunst, daß sie ihm in allem gehorchen wollten, was er befehle. Auf dieses Gelöbnis hin überreicht der Herrscher jedem von ihnen einen goldenen Dolch und sendet sie aus, den Fürsten zu töten, den er für jeden von ihnen ausersehen hat.«[3]

Einige Jahre später fügt Erzbischof Wilhelm von Tyros seiner Geschichte der Kreuzfahrerstaaten einen kurzen Bericht über die Sekte ein:

»Es gibt in der Provinz Tyros, auch Phönikien genannt, und in der Diözese Tortosa ein Volk, das zehn starke Burgen samt den zugehörigen Dörfern sein eigen nennt; es umfaßt, nach den uns vorliegenden Mitteilungen, mindestens 60000 Menschen. Dieses Volk pflegt seinen Führer selbst einzusetzen; es wählt ihn, aber nicht aufgrund vererbter Rechte, sondern allein kraft Verdienstes. Er wird, da man alle sonstigen Titel verabscheut, ›der Alte‹ genannt. Das Band der Ergebenheit und des Gehorsams, das dieses Volk mit seinem Anführer verbindet, ist so stark, daß es keine Aufgabe gibt — und sei sie noch so mühselig, schwierig oder gefährlich —, die nicht jeder von ihnen mit größtem Eifer übernehmen würde, sobald der Anführer es befohlen hat. Gibt es zum Beispiel einen Fürsten, der Haß oder Mißtrauen dieses Volkes auf sich gezogen hat, so überreicht der Anführer einem oder mehreren seiner Gefolgsleute einen Dolch. Wer immer den Befehl erhält, begibt sich sofort auf den Weg, um seine Mission auszuführen. Er bedenkt weder die Folgen der Tat noch die Möglichkeit des Entkommens. Begierig, seine Aufgabe zu erfüllen, setzt er so lange wie nötig alle seine Kräfte ein, bis das Schicksal ihm die Gelegenheit gibt, den Befehl seines Anführers zu vollstrecken. Wir wie auch die Sarazenen nennen dieses Volk ›Assassinen‹; aber die Herkunft dieses Namens kennen wir nicht.«[4]

Im Jahre 1192 fanden die Dolche der Assassinen, nachdem sie schon eine Reihe muslimischer Beamter und Fürsten niedergestreckt hatten, ihr erstes Opfer unter den Kreuzfahrern: Konrad von Montferrat, König des Lateinischen Königreichs Jerusalem. Dieser Mord machte tiefen Eindruck auf die Kreuzfahrer, und die meisten Chronisten des Dritten Kreuzzuges haben etwas zu sagen über die gefürchteten Sektierer, ihre seltsamen Glaubensüberzeugungen, ihre schrecklichen Methoden und ihren furchtbaren Anführer. »Ich werde jetzt Dinge über diesen Alten berichten«, sagt der deutsche Chronist Arnold von Lübeck,

»die absurd erscheinen, aber durch Aussagen zuverlässiger Zeugen verbrieft sind. Der Alte hat die Menschen in seinem Land durch Hexerei derart verwirrt, daß sie weder beten noch an irgendeinen Gott außer ihn selbst glauben. Überdies verlockt er sie auf seltsame Weise mit Hoffnungen und Versprechungen ewiger Freuden, so daß sie lieber sterben als leben wollen. Viele von ihnen würden, stünden sie auf einer hohen Mauer, auf sein

Kopfnicken oder seinen Befehl hinunterspringen und mit zerschmettertem Schädel einen elenden Tod sterben. Der höchsten Seligkeit, versichert er, werden jene teilhaftig, die Menschenblut vergießen und als Vergeltung für solche Taten selbst den Tod erleiden. Haben sich einige für einen solchen Tod entschieden — also dafür, jemanden umzubringen und im Gegenzug selbst selig zu sterben —, so überreicht er selbst ihnen Dolche, die sozusagen dieser Tat geweiht sind. Dann reicht er ihnen einen Gifttrank, der sie in Ekstase und Vergessen stürzt, versetzt sie durch Magie in phantastische Träume voller Freuden und Wonnen (oder eigentlich voller Nichtigkeiten) und verspricht ihnen den ewigen Besitz all dessen als Belohnung für ihre Taten.«[5]

Es war zunächst mehr die Treue als die Grausamkeit der Assassinen, die die Phantasie der Christen anzog. An der Wende zum 13. Jahrhundert vergleichen provençalische Dichter, vielleicht inspiriert durch weit verbreitete Berichte über einen Anschlag von ›Assassinen‹ auf König Philipp August von Frankreich 1192, die eigene Hingabe an ihre Damen mit der der Assassinen an den ›Alten vom Berge‹. »Ihr habt mich«, sagt ein Troubadour zu seiner Dame, »vollkommener in Eurer Gewalt als der Alte seine Assassinen, die seine Todfeinde töten ...«[6] »Wie die Assassinen ihrem Meister standhaft dienen«, sagt ein anderer, »so habe ich Amor gedient in unverbrüchlicher Treue.«[7] In einem anonymen Liebesbrief versichert der Schreiber seiner Dame: »Ich bin Euer Assassine, der das Paradies erhofft, indem er Euren Befehlen nachkommt.«[8] Ein italienisches Sonett, vielleicht ein Jugendwerk Dantes, benutzt das gleiche Bild, wenn es die Hingabe des Liebhabers an die Geliebte »Più che Assassino al Veglio e a Dio il Presto«[9] nennt. All dies scheint aber nicht mehr als eine kurzzeitige literarische Mode gewesen zu sein. Auf lange Sicht erzielte der Assassine Wirkung als Bote des Todes, nicht der Liebe — und im 14. Jahrhundert wuchs dem Wort die Bedeutung zu, die es bis heute behalten hat.

Je länger sich der Aufenthalt der Kreuzfahrer in der Levante hinzog, desto mehr Informationen über die

Assassinen erhielten sie. Einige Europäer trafen sogar mit Assassinen zusammen und sprachen mit ihnen. Den Templern und den Johannitern gelang es, ihren Einfluß auch auf die assassinischen Festungen auszudehnen und sie tributpflichtig zu machen. Wilhelm von Tyros berichtet von einem mißglückten Annäherungsversuch des ›Alten vom Berge‹ an den König von Jerusalem, dem er eine Art Allianz vorschlug. Wilhelms Nachfolger erzählt eine etwas zweifelhafte Geschichte von Graf Heinrich von Champagne, der 1198, auf dem Rückweg von Armenien, von dem ›Alten‹ in dessen Schloß gastlich bewirtet worden sei; dabei habe dieser, zur Erbauung seines Gastes, einigen seiner Anhänger befohlen, von der Festungsmauer zu springen, und freundlich angeboten, ihm weitere zur Verfügung zu stellen, falls dies erforderlich sei: »Wenn irgendwer ihn gekränkt habe, so solle er ihn, den Alten, dies wissen lassen, und er werde befehlen, den Übeltäter zu töten.«[10] Etwas glaubhafter berichtet Matheus Parisiensis, ein englischer Geschichtsschreiber, von der Ankunft einer Gesandtschaft, die muslimische Herrscher, besonders der ›Alte vom Berge‹, 1238 nach Europa geschickt hätten; ihr Anliegen sei es gewesen, um Hilfe gegen die neue, drohende Gefahr aus dem Osten: die Mongolen nachzusuchen.[11]

Als Ludwig der Heilige um 1250 einen Kreuzzug ins Heilige Land führte, konnte er Geschenke und Botschaften mit dem Führer der Assassinen austauschen. Ein arabischsprechender Mönch, Yves le Breton, begleitete die Boten des Königs zu diesen und erörterte religiöse Fragen mit ihrem Anführer. In seiner Darstellung lassen sich, durch Schleier von Vorurteil und Ignoranz hindurch, umrißhaft einige der bekannten Doktrinen der islamischen Sekte wahrnehmen, der die Assassinen zuzurechnen sind.[12]

Die Kreuzfahrer kannten die Assassinen nur als eine Sekte in Syrien und nahmen kaum oder gar nicht zur

Kenntnis, welchen Stellenwert sie im Islam einnahmen bzw. welche Verbindungen sie mit anderen Gruppen in muslimischen Ländern hatten. Der erste westliche Autor, der ihre Beziehungen nach Persien gewahrte, war der spanische Jude Benjamin von Tudela, der auf seiner Reise in den Orient 1167 Syrien passierte. Mit Bezug auf den »Distrikt von Mulhet« in Persien notiert er, daß die Menschen dort Ketzer seien, die »auf Berggipfeln leben« und »dem Alten im Land der Assassinen« (= Syrien) »verbunden sind«.[13] Den Christen kam diese Erkenntnis etwas später. Zu Beginn des 13. Jahrhunderts notiert Jakob von Vitry, Bischof von Akkon, im Zusammenhang mit den syrischen Assassinen, daß die Gegend, in der die Sekte entstanden und von der aus sie nach Syrien gekommen sei, weiter im Osten liege — »in partibus . . . orientalibus valde remotis versus civitatem Baldacensem et partes Persidis provinciae«.[14] Mehr als dies aber scheint er nicht gewußt zu haben.

Ein halbes Jahrhundert später jedoch erschienen neue und genauere Mitteilungen über die Stammsekte in Persien. Der erste Informant ist Wilhelm von Rubruck, ein flämischer Priester, den der König von Frankreich 1253–55 mit einer Mission zum Großchan der Mongolen im Karakorum betraute. Wilhelms Reise führte durch Persien, wo, wie er notiert, die Berge der Assassinen an die kaspischen Berge südlich des Kaspisees angrenzen. Im Karakorum war Wilhelm beeindruckt von den ausgeklügelten Sicherheitsvorkehrungen; der Großchan hatte nämlich gehört, daß nicht weniger als 40 Assassinen in unterschiedlichen Verkleidungen ausgesandt worden seien, ihn zu ermorden. Als Gegenmaßnahme schickte er einen seiner Brüder mit einem Heer ins Land der Assassinen und befahl ihm, sie alle zu töten.[15]

Das Wort, das sowohl Wilhelm wie Benjamin von Tudela für die Assassinen in Persien gebrauchen, ist

›Mulhet‹ oder ›Mulihet‹ — eine Verfälschung des arabischen *mulḥid* (Plural: *malāḥida*). Dieses Wort, mit der buchstäblichen Bedeutung ›Abtrünniger‹, wurde gewöhnlich auf deviante religiöse Sekten angewandt, speziell auf die Ismailiten, zu denen auch die Assassinen gehörten. Es erscheint wieder im Bericht eines sehr viel berühmteren Reisenden, der Persien 1273 durchquerte: Marco Polos, und bezeichnet eine ismailische Festung — vielleicht Alamut, wahrscheinlicher aber Girdkuh, dessen Fall im Dezember 1270 noch in frischer Erinnerung war.

»In der dortigen Sprache heißt der Alte vom Berge Aloadin. Zwischen zwei Bergen hatte er in einem Tal den größten und schönsten Garten der Welt anlegen lassen. Die besten Früchte wuchsen darin, während die Paläste mit goldenen Vogel- und Raubtiermotiven ausgemalt waren. In den Brunnen floß Wasser, Honig und Wein. Die schönsten Jungfrauen und Edelknaben sangen, musizierten und tanzten dort. Der Alte vom Berge ließ sie glauben, dies sei das Paradies. Mohammed hatte das Paradies ja so beschrieben, daß man darin Bäche von Honig, Milch und Wein fände und sich mit den schönsten Frauen vergnügen könnte. Deshalb versuchte er, das Paradies nachzubilden. Die Bewohner dieser Gegend glaubten wahrhaftig, daß dies das Paradies sei. Nur mit Erlaubnis des Besitzers gelangte man hinein, jedoch nur diejenigen, die er zu Mördern *(aschischin)* machen wollte. Den Zugang zum Garten versperrte ein festes, uneinnehmbares Schloß. An seinem Hof zog der Alte alle Jünglinge von zwölf Jahren zusammen, die kräftige Männer zu werden versprachen. Wenn er die Absicht hatte, ihnen den Garten zu zeigen, ließ er sie zu viert, zehnt oder zwanzig durch Opium einschläfern, was drei Tage vorhielt. Dann ließ er sie in den Garten bringen und zu bestimmter Zeit wecken. Wenn die Jünglinge wach wurden, fanden sie sich zwischen all jenen Dingen wieder, von denen ihnen erzählt worden war, und glaubten im Paradies zu sein. Die Umgebung mit den für sie spielenden und singenden Mädchen und allem Überfluß war so angenehm für sie, daß wohl keiner freiwillig den Ort verlassen hätte. Der Alte mit seinem aufwendigen und mächtigen Hof läßt die Bewohner glauben, daß sich alles so abspielt, wie es beschrieben worden ist, und bedient sich dazu auch folgenden Mittels. Wenn der Alte einen der Jünglinge mit einem bestimmten Auftrag versehen will, läßt er ihn unter dem Einfluß eines Schlafmittels in seinen Palast bringen. Wenn die so Behandelten dort erwachen, wundern sie sich sehr und stellen traurig fest, daß sie nicht mehr im Paradies sind. Dann wenden sie sich sogleich in dem Glauben an den Alten, daß dieser ein großer Prophet sei, und knien nieder. Er fragt dann: ›Woher kommt ihr?‹ — ›Aus dem Paradies‹, antworten sie und erzählen ihm alles, was sie erlebt haben, und wünschen, dorthin zurückzukehren. So kann er, wenn er einen Menschen ermorden lassen will, den stärksten Jüngling aus dem Garten holen lassen, der willig seinen Befehl ausführt, um wieder in den Garten zurückkehren zu dürfen. Wenn sie den Befehl erfolgreich ausgeführt haben, kehren sie zu ihrem Herrn zurück; wenn sie gefaßt werden, wollen sie sterben, weil sie so in das Paradies zu kommen glauben. Wenn der Alte ihnen ihren Mordauftrag gibt, nimmt er sie beiseite und sagt: ›Geh hin und tu es, damit du ins Paradies zurückkehren kannst.‹ Und die Mörder gehen hin und führen alles bereitwillig aus. Deshalb bleibt in der Umgebung des Alten vom Berge niemand am Leben, wenn er es nicht will. Ja, ich sage euch, auch viele Könige sind ihm aus Angst vor seinen Meuchelmördern tributpflichtig.«[16]

Indem er die Ismailiten von Persien Assassinen *(›aschischin‹)*und ihren Anführer den ›Alten‹ nennt, benutzt Marco Polo — bzw. der Schreiber seines Berichts — die in Europa bereits wohlbekannten Ausdrücke. Arabische und persische Quellen zeigen ganz klar, daß ›Assassinen‹ eine lokale Bezeichnung lediglich für die Ismailiten von Syrien war, nicht aber für die von Persien oder irgendeinem anderen Land.[17] Der Terminus ›Alter vom Berge‹ war ebenfalls syrisch. Für die Ismailiten generell mochte es natürlich sein, ihren Anführer ›Alter‹ oder ›Ältester‹ (arabisch: *scheich;* persisch: *pīr*) zu nennen — ein gebräuchlicher Ausdruck des Respekts unter Muslimen. Aber die spezifische Bezeichnung ›Alter *vom Berge*‹ scheint nur in Syrien gebraucht worden zu sein, vielleicht sogar nur unter den Kreuzfahrern, da sie in keinem arabischen Text dieser Zeit auftaucht. Das arabische *scheich al-dschabal* ist eine spätere Übersetzung des westlichen Ausdrucks. In der Art, wie dieser von den Kreuzfahrern gebraucht wurde, könnte er die Übertragung einer populären arabischen

Redensart sein, wie sie in den syrischen Städten vorkam. Benjamin von Tudela spricht vom Assassinenführer als dem *›scheich al-ḥaschīschīn‹* und fügt hinzu: »Er ist ihr Ältester.«[18] Aller Wahrscheinlichkeit nach entspringt der Name ›Alter vom Berge‹ einem Mißverständnis des arabischen, häufig auf den Anführer der Ismailiten angewandten Worts *scheich,* das per Zufall mit den Bergen, in denen jener lebte, verknüpft wurde.

Ein anderer Ausdruck zur Bezeichnung beider Gruppen, *fidāʾī,* scheint sich in entgegengesetzter Richtung bewegt zu haben. In persischen Quellen als Terminus für einen ismailischen Emissär in aktuellem Auftrag gebraucht, war er zunächst in Syrien wenig bekannt und taucht in arabischen Berichten über die Taten der Assassinen nicht auf. Später, in der Form *fidāwī,* wurde er zur gängigen Bezeichnung der syrischen Ismailiten. Ibn Chaldun spricht von den ismailischen *ḥaschīschī,* die zu dieser Zeit als *fidāwījja* bekannt waren *(»al-ḥaschīschījja al-Ismāʿīlijja wājuʿrafūnā lihādhaʾl-ʿahd biʾlfidāwījja«)* und deutet an, daß dieser Sprachgebrauch damals relativ neu war. Den Ausdruck gebrauchen spätere arabische Autoren, wie Chalil al-Zahiri und Maqrisi, um Ismailiten in Syrien zu bezeichnen — manchmal in der persischen Bedeutung des Emissärs im Auftrag, manchmal unbestimmter zur Benennung der Sektierer insgesamt. Popularisiert wird er dann in der späteren arabischen Romantik, wo er für eine Gruppe von Abenteurern steht, die an keinen Landesherrn, sondern nur aneinander und an ihren Führer gebunden sind. Und schließlich erfährt er 1859 eine moderne politische Wiederbelebung im Zusammenhang mit einer Gruppe ottomanischer Verschwörer, die sich in ihren geheimen Eiden mit seiner persischen Form — *fidāʾī* — bezeichnen. Seitdem erfreut er sich einer bemerkenswerten Beliebtheit.[19]

Der Gebrauch dieser Begriffe für den syrischen wie den persischen Zweig der Sekte ist allgemein üblich geworden. Marco Polos Beschreibung, der rund ein halbes Jahrhundert später ein ähnlicher Bericht des Odoric von Pordenone folgte, vertiefte den starken Eindruck, den die syrischen Assassinen in der Phantasie der Europäer hinterlassen hatten. Geschichten wie die vom Paradiesgarten, vom Todessprung der fanatisch Ergebenen, von der unübertrefflichen Geschicklichkeit der Assassinen beim Verkleiden und Morden fanden, ebenso wie die geheimnisumwitterte Gestalt des ›Alten vom Berge‹, vielerlei Nachhall in der europäischen Literatur — nicht nur in Geschichtsschreibung und Reisebericht, sondern auch in Gedichten, Romanen und Mythen.

Darüber hinaus hatten sie politische Wirkungen. Schon recht früh gab es Stimmen, die die Hand des ›Alten‹ bei politischen Morden oder Mordversuchen am Werk sehen wollten. Als Friedrich Barbarossa 1158 Mailand belagerte, wurde ein vorgeblicher ›Assassine‹ in seinem Lager ergriffen; als Richard Löwenherz 1195 in Chinon weilte, wurden nicht weniger als 15 ›Assassinen‹ gefaßt, die zugaben, vom französischen König ausgesandt worden zu sein, ihn zu töten. Binnen kurzem gab es zahlreiche Anschuldigungen dieser Art, und viele Herrscher und Heerführer wurden der Komplizität mit dem ›Alten‹ geziehen oder beschuldigt, die Dienste seiner Emissäre in Anspruch zu nehmen, um unbequeme Gegner zu beseitigen. Es gibt kaum einen Zweifel, daß diese Anschuldigungen grundlos waren. Die Führer der Assassinen, ob in Persien oder Syrien, hatten kein Interesse an den Komplotten und Intrigen in Westeuropa; die Europäer brauchten von außerhalb keine Nachhilfe in der variantenreichen Kunst des Mordens. Etwa im 14. Jahrhundert war es dahin gekommen, daß das Wort ›Assassine‹ nur noch ›Mörder‹ bedeutete — ohne mitgemeinten spezifischen Bezug zu der Sekte, deren Name es ursprünglich einmal war.

Gleichwohl erregte diese Sekte weiterhin Interesse. Der erste westliche Versuch einer wissenschaftlichen Erforschung ihrer Geschichte scheint der von Denis Lebey de Batilly (Lyon 1603) gewesen zu sein. Das Datum ist bedeutsam. Die heidnische Ethik der Renaissance hatte den Mord als Mittel der Politik wieder gesellschaftsfähig gemacht; die Religionskriege hatten ihn zu einer heiligen Pflicht erhoben. Die Entwicklung der neuen Monarchien, in denen ein einzelner Religion und Politik des Staates bestimmen konnte, ließ den Meuchelmord, das ›Assassinat‹, zu einer ebenso effektiven wie akzeptablen Waffe werden. Fürsten wie Prälaten dingten bereitwillig Mörder, um ihre politischen und religiösen Widersacher aus dem Weg zu räumen — und bald erschienen Theoretiker auf der Bildfläche, die die nackte Logik der Gewalt mit dem dezenten Mantel der Ideologie verhüllten.

Lebey de Batillys Absicht war bescheiden: Er wollte die wahre historische Bedeutung eines Begriffs erklären, der in Frankreich neu in Umlauf gekommen war. Seine Studie basiert ausschließlich auf christlichen Quellen und geht deshalb kaum über das hinaus, was schon im 13. Jahrhundert in Europa bekannt war. Aber auch ohne neue Beweismittel konnte sie zu neuen Einsichten führen — erst recht bei einer Generation, die erlebt hatte, wie Wilhelm von Oranien durch einen Mietling des Königs von Spanien erschossen, Heinrich III. von Frankreich durch einen Dominikanermönch niedergestochen und Elisabeth von England um ein Haar Opfer eines Mordkomplotts wurde.

Der erste wirklich bedeutsame Schritt zur Lösung des Geheimnisses um Ursprung und Identität der Assassinen wurde zu Beginn der Aufklärung getan: mit der Publikation von Bartholomé d'Herbelots großer *Bibliothèque orientale* (1697), einem bedeutenden Werk, das das meiste enthielt, was orientalistische Gelehrsamkeit in Europa damals zu Geschichte, Religion und Literatur des Islams zu bieten hatte. Hier machte erstmals ein wissensdurstiger, undogmatischer Gelehrter Gebrauch von muslimischen Quellen (den wenigen, die seinerzeit in Europa bekannt waren) und versuchte, den Stellenwert der persischen wie der syrischen Assassinen im breiteren Kontext der islamischen Religionsgeschichte zu bestimmen. Er zeigte, daß beide zu den Ismailiten gehörten, einer wichtigen Dissidentengruppe, die selbst ein Ableger der Schia war, deren Streit mit den Sunniten das zentrale religiöse Schisma im Islam bildet. Die Häupter der Ismailitensekte, fand d'Herbelot weiter, beanspruchten Imame zu sein, Abkömmlinge von Isma'il ibn Dscha'far und durch diesen Abkömmlinge des Propheten Muhammad über seine Tochter Fatima und seinen Schwiegersohn Ali.

Während des 18. Jahrhunderts nahmen andere Orientalisten und Historiker das Thema auf und fügten neue Einzelheiten zur Geschichte, zum Glauben und zu den Beziehungen zwischen Assassinen und Ismailiten hinzu. Einige Autoren suchten auch den Ursprung des Namens ›Assassine‹ zu klären; sie nahmen generell eine arabische Herkunft an, obwohl das Wort bis dahin in keinem bekannten arabischen Text nachgewiesen worden war. Mehrere Etymologien wurden vorgeschlagen, aber keine war sehr überzeugend.

Das beginnende 19. Jahrhundert erlebte ein neu aufbrechendes Interesse an den Assassinen. Die Französische Revolution und ihre Nachwehen hatten das öffentliche Interesse an Konspiration und Meuchelmord angefacht; Bonapartes Expedition nach Ägypten und Syrien führte zu neuen und engeren Kontakten mit dem islamischen Orient und zu neuen Anlässen für islamische Studien. Nach einigen schwächeren Versuchen, das öffentliche Interesse zu befriedigen, wandte Silvestre de Sacy, der größte Arabist der Zeit, sich dem Thema zu und legte dem Institut de France am 19. Mai 1809 eine Denkschrift über die Dynastie der Assassinen und die Etymologie ihres Namens vor.[20]

Silvestre de Sacys Denkschrift ist ein Meilenstein in der Assassinenforschung. Anders als frühere Gelehrte, die nur eine Handvoll orientalischer Quellen zur Verfügung hatten, konnte er auf eine reiche Sammlung arabischer Manuskripte in der Pariser Bibliothèque Nationale zurückgreifen, einschließlich mehrerer umfangreicher Kreuzzugschroniken von arabischer Hand, die der westlichen Forschung bis dahin unbekannt waren; seine Quellenanalyse stellte die Bemühungen früherer europäischer Autoren völlig in den Schatten. Zweifellos der wichtigste Teil von Sacys Denkschrift ist seine ein für allemal gültige Beantwortung der strittigen Frage nach der Herkunft des Wortes ›Assassine‹. Nach Prüfung und Widerlegung früherer Theorien zeigt er schlüssig, daß das Wort vom arabischen *ḥaschīsch* herkommt, und nimmt an, daß die abweichenden Formen ›Assassini‹, ›Assissini‹, ›Heyssissini‹ usw. in den Kreuzzugsquellen auf den alternativen arabischen Formen *ḥaschīschī und ḥaschschāsch* (umgangssprachlicher Plural: *ḥaschīschijjīn* und *ḥaschāschīn*) beruhen. Zur Bestätigung dieser Annahme kann er mehrere arabische Texte vorlegen, in denen die Sektierer *ḥaschīschī* genannt werden — allerdings keinen, wo sie *ḥaschschāsch* genannt werden. Seitdem ist die Form *ḥaschīschī* durch weitere Texte belegt worden, die nach und nach ans Licht kamen; einen Text, in dem die Ismailiten *ḥaschschāsch* genannt werden, gibt es aber nach heutigem Kenntnisstand immer noch nicht. Es scheint daher, daß dieses Stück von Silvestre de Sacys Erklärung revidiert werden muß und alle europäischen Erklärungsvarianten vom arabischen *ḥaschīschī* und seinem Plural *ḥaschīschijjīn* hergeleitet werden müssen.

Eine solche Revision berührt auch die Frage nach der (von der Etymologie zu trennenden) Bedeutung des Wortes. Die ursprüngliche Bedeutung von *haschīsch* im Arabischen ist Kraut, im besonderen trockenes Kraut oder Trockenfutter. Später wurde es spezieller zur

Bezeichnung des Indischen Hanfs (Cannabis sativa) gebraucht, dessen narkotische Wirkungen den Muslimen bereits im Mittelalter bekannt waren. *Haschschäsch,* ein moderneres Wort, ist der übliche Terminus für den Haschischkonsumenten. Sacy hat sich zwar nicht der Auffassung vieler späterer Autoren angeschlossen, die Assassinen hätten so geheißen, weil sie drogenabhängig waren; gleichwohl erklärt er den Namen im Zusammenhang mit dem geheimen Einsatz von Haschisch durch die Sektenführer, wodurch deren Emissären ein Vorgeschmack von den Wonnen des Paradieses gegeben worden sei, das sie nach erfolgreichem Abschluß ihrer Mission erwarte. Er verknüpft diese Interpretation mit der von Marco Polo erzählten, aber auch in östlichen wie westlichen Quellen zu findenden Geschichte von den geheimen ›Paradiesgärten‹, in welche die berauschten Fanatiker gebracht worden seien.

Trotz ihres frühen Auftretens und ihrer weiten Verbreitung ist diese Geschichte fast mit Sicherheit unwahr. Verwendung und Wirkungen des Haschischs waren in der fraglichen Zeit bekannt und kein Geheimnis; ein Drogengebrauch durch die Sektierer ist weder bei ismailischen noch bei seriösen sunnitischen Autoren belegt. Der Ausdruck *haschīschī* war auf Syrien beschränkt und wahrscheinlich eine populäre Beschimpfung. Aller Wahrscheinlichkeit nach war es eher dieser Name, der die Geschichte entstehen ließ, als umgekehrt. Von diversen Erklärungsmodellen, die angeboten wurden, ist das nächstliegende, daß es sich um einen Ausdruck der Verachtung für die phantastischen Glaubensinhalte und das extravagante Benehmen der Sektierer handelte — um einen höhnischen Kommentar zu ihrer Aufführung eher denn um eine Beschreibung ihrer Praktiken. Speziell für westliche Beobachter mochten derartige Geschichten auch eine rationale Erklärung für ein Verhalten geliefert haben, das sonst ganz unerklärlich geblieben wäre.

Silvestre de Sacys Denkschrift machte den Weg frei für eine Reihe weiterer Studien auf diesem Gebiet. Sicher die meistgelesene von ihnen ist die *Geschichte der Assassinen aus morgenländischen Quellen* von Joseph v. Hammer (Stuttgart und Tübingen 1818). Dieses Buch, wiewohl auf orientalischen Quellen basierend, versteht sich sehr betont als Traktat für Zeitgenossen, als warnend-kritische Beschreibung »des verderblichen Einflusses geheimer Gesellschaften ... und des abscheulichen Mißbrauches der Religion zu den Gräueln gewissenlosen Ehrgeizes«.[21a] Für Hammer waren die Assassinen ein

»Verein von Betrügern und Betrogenen, der unter dem Scheine strengerer Sitten- und Glaubenslehre alle Moral und Religion untergrub, [ein] Orden von Meuchelmördern, unter deren Dolchen die Häupter der Völker fielen. Allmächtig, weil allgefürchtet durch zwei Jahrhunderte lang, bis die Mördergrube zugleich mit dem Sturze des Chalifats, dem sie als dem Mittelpunkt aller geistlichen und weltlichen Macht zuvörderst den Untergang geschworen, einsank, und durch dessen Trümmer verschüttet ward.«[21b]

Damit keinem seiner Leser der wesentliche Punkt seiner Kritik entgehe, vergleicht Hammer die Assassinen mit den Templern, den Jesuiten, den Illuminaten, den Freimaurern und den Königsmördern im französischen Nationalkonvent.

»Wie sich im Westen aus dem Schooße der Freimaurer revolutionaire Gesellschaften erhoben, so im Osten aus dem Schooße der Ismailiten die Assassinen ... der politische Wahnsinn der Aufklärer, welche die Völker mündig, dem Schirmbunde der Fürsten und dem Gängelbande positiver Religion entwachsen glaubten, hat sich wie unter der Regierung des Großmeisters Hassan des II. in Asien so in Europa durch die Wirkungen der französischen Revolution auf das verderblichste kund gegeben.«[21c]

Hammers Buch übte bedeutenden Einfluß aus und war anderthalb Jahrhunderte lang die Hauptgrundlage für das populäre Bild von den Assassinen im Westen. Unterdessen ging freilich die wissenschaftliche Forschung weiter, besonders in Frankreich, wo viel Arbeit auf die Entdeckung, Erschließung, Übersetzung und Auswertung arabischer und persischer Texte verwandt wurde, die die Geschichte der Ismailiten in Syrien und Persien behandeln. Mit die wichtigsten dieser Texte sind die Werke von Dschuweini und Raschid al-Din, zwei persischen Historikern der Mongolenzeit; beide hatten Zugang zu ismailischen Schriften aus Alamut und konnten mit deren Hilfe den ersten zusammenhängenden Bericht über das ismailische Fürstentum in Nordpersien vorlegen.

Solches Material hatte eine neue Qualität. Schon der Rückgriff auf muslimische Quellen überhaupt hatte das aus mittelalterlichen europäischen Schriften bezogene Wissen stark bereichert. Aber diese Quellen waren vorwiegend sunnitischer Herkunft und übertrafen als solche, wiewohl sie wesentlich besser informiert waren als westliche Chronisten und Reisende, diese noch an Feindseligkeit gegen die Lehren und Intentionen der Ismaʿlijja. Jetzt gab es erstmals Informationen, die die ismailische Position direkt erkennbar werden ließen. Schon im 18. Jahrhundert hatten Reisende bemerkt, daß es noch immer Ismailiten in einigen Dörfern Mittelsyriens gab. 1810 veröffentlichte Joseph Rousseau, der französische Generalkonsul in Aleppo, angeregt durch Silvestre de Sacy, eine Beschreibung der zeitgenössischen Ismailiten, mit Angaben zu Geographie, Geschichte und Religion.[22] Rousseau nennt seine Quellen nicht; es dürften lokale und mündliche Berichte sein. Silvestre de Sacy selbst hat eine Reihe erklärender Bemerkungen beigesteuert. Rousseau war der erste Europäer, der auf solche lokalen Informanten zurückgriff und so erstmalig ein paar Auskünfte von den Ismailiten selbst nach Europa brachte. 1812 publizierte er Auszüge aus einem ismailischen Buch aus Masyaf, einem der Hauptzentren der Ismaʿilijja in Syrien. Obwohl es wenig an historischer Information enthält, wirft es einiges Licht auf die religiösen Doktrinen der Sekte. Noch andere Texte aus Syrien fanden ihren Weg nach Paris; einige wurden später veröffentlicht. Während des 19. Jahrhunderts besuchten mehrere europäische und amerikanische Reisende die ismailischen Dörfer in Syrien und gaben kurze Berichte über ihre Einwohner.

Weniger Information war aus Persien zu erhalten, wo die Reste der Burg Alamut noch heute stehen. 1833 beschrieb ein britischer Offizier, Oberst Monteith, im *Journal of the Royal Geographical Society* eine Reise, die ihn bis zu dem Punkt geführt hatte, wo das Tal von Alamut beginnt; er erreichte bzw. identifizierte die Burg jedoch nicht. Dies gelang dann einem seiner Offizierskollegen, Oberstleutnant Sheil, dessen Bericht 1838 in der gleichen Zeitschrift erschien. Ein dritter britischer Offizier namens Stewart besuchte die Burg einige Jahre später; danach verging fast ein Jahrhundert, bevor die Erforschung von Alamut wieder aufgenommen wurde.[23]

Aber nicht nur Ruinen waren es, die an die vergangene Größe der Sekte in Persien erinnerten. 1811 unternahm Konsul Rousseau von Aleppo aus eine Reise nach Persien, um den Ismailiten nachzuspüren; er war überrascht zu erfahren, daß es deren noch viele im Lande gab, und zwar als Untertanen eines Imams vom Stamm Isma'ils. Dessen Name war Schah Chalilullah; er residierte in einem Dorf namens Kehk in der Nähe von Qumm, auf halbem Weg zwischen Teheran und Isfahan. »Ich möchte hinzufügen«, sagt Rousseau, »daß Schah Chalilullah von seinen Anhängern fast wie ein Gott verehrt wird; sie schreiben ihm wundertätige Gaben zu, mehren seinen Reichtum fortwährend, indem sie ihn zum Erben einsetzen, und schmücken ihn oft mit dem pompösen Titel eines Kalifen. Es gibt Ismailiten bis nach Indien, und man kann sie regelmäßig von den Gestaden des Ganges und des Indus nach Kehk kommen sehen, um den Segen des Imams zu empfangen —

als Entgelt für die frommen und prächtigen Opfergaben, die sie ihm darbringen.«[24]

1825 bestätigte ein englischer Reisender, J. B. Fraser, das Überleben der Ismailiten in Persien und ihre fortdauernde Ergebenheit ihrem Oberhaupt gegenüber, obwohl sie auf dessen Befehl keine Morde mehr begingen. »Selbst heute noch wird der Scheich oder Führer der Sekte vom übriggebliebenen Rest der Sektierer geradezu blind verehrt, wiewohl ihr Eifer den unheimlichen und furchtbaren Charakter von einst verloren hat.«[25] Es gebe auch in Indien Anhänger der Sekte, die »ihrem Heiligen besonders ergeben« seien.[26] Ihr früherer Anführer, Schah Chalilullah, sei einige Jahre zuvor (1817) in Jesd von Rebellen gegen den Gouverneur der Stadt ermordet worden. »Sein Nachfolger als religiöses Oberhaupt war einer seiner Söhne, dem die Sekte jetzt mit ähnlichem Respekt begegnet.«[27]

Weitere Informationen kamen aus einer ganz anderen Ecke. Im Dezember 1850 wurde ein etwas ungewöhnlicher Mordfall vor dem Kriminalgericht in Bombay verhandelt. Vier Männer waren bei hellem Tageslicht überfallen und umgebracht worden, als es Meinungsverschiedenheiten innerhalb der Religionsgemeinschaft gab, der sie angehörten. 19 Männern wurde der Prozeß gemacht; vier von ihnen wurden zum Tode verurteilt und gehängt. Mordopfer wie Mörder gehörten zu den Chodschas, einer kleinen lokalen Muslimsekte von einigen zehntausend Köpfen, vorwiegend Kaufleuten, in der Provinz Bombay und anderen Teilen Indiens.

Der Vorfall war Höhepunkt eines Disputs, der sich über mehr als 20 Jahre hingezogen hatte. Er hatte 1827 begonnen, als eine Gruppe von Chodschas sich weigerte, dem in Persien residierenden Sektenoberhaupt die üblichen Zahlungen zu leisten. Dieses Oberhaupt war der Sohn des 1817 ermordeten Schah Chalilullah, den der Schah von Persien ein Jahr später zum Gouverneur von Mahallat und Qumm ernannt und mit dem Titel ›Aga

Khan‹ ausgezeichnet hatte. Dieser Titel ist es, unter dem er und seine Nachkommen gewöhnlich bekannt sind.

Konfrontiert mit der plötzlichen Weigerung einer Gruppe seiner Anhänger, ihre religiösen Schulden zu zahlen, sandte der Aga Khan einen persönlichen Beauftragten von Persien nach Bombay, um die Gruppe wieder in die Gemeinschaft zurückzuholen. Den Beauftragten begleitete die Großmutter des Aga Khan, die, wie es scheint, selbst eine Ansprache an die Chodschas von Bombay hielt, um deren alte Ergebenheit wiederherzustellen. Die Mehrheit der Chodschas war dazu bereit; eine kleine Minderheit allerdings verharrte in Opposition, behauptete, dem Aga Khan keinen Gehorsam zu schulden, und leugnete, daß die Chodschas in irgendeiner Verbindung zu ihm stünden. Die dadurch ausgelösten Konflikte führten zu starker Erregung in der Gemeinde von Bombay und kulminierten in den Morden von 1850.

Unterdessen hatte der Aga Khan selbst Persien, wo er eine erfolglose Erhebung gegen den Schah angeführt hatte, verlassen und nach einem kurzen Aufenthalt in Afghanistan Zuflucht in Indien gefunden. Infolge gewisser Dienste, die er den Briten in Afghanistan und Sind erwiesen, hatte er einiges Anrecht auf britische Dankbarkeit. Nach Aufenthalten in Sind und Kalkutta nahm er seinen endgültigen Wohnsitz in Bombay und wurde so zum effektiven Oberhaupt der dortigen Chodscha-Gemeinde. Noch immer freilich gab es einige Dissidenten, die ihn bekämpften und seine Ansprüche mit gerichtlichen Mitteln anzufechten suchten. Eine Gruppe dieser Dissidenten erhob, nach einigen Vorverfahren, im April 1866 öffentliche Klage vor dem Obersten Gerichtshof von Bombay; die Klageschrift zielte auf eine gerichtliche Verfügung ab, die es dem Aga Khan untersagen sollte, »sich in die Verwaltung des Vermögens und der Geschäfte der Chodscha-Gemeinde einzumischen.«[28]

Die Prozeßführung oblag Gerichtspräsident Sir Joseph Arnould. Die mündliche Verhandlung dauerte 25 Tage; fast die gesamte Anwaltschaft von Bombay war beteiligt. Beide Seiten legten kunstvoll ausgearbeitete und umfassend dokumentierte Beweisanträge vor, und die Untersuchung des Gerichts erstreckte sich ebenso in die Breite wie in die Tiefe, bezog Geschichte und Genealogie in gleicher Weise ein wie Theologie und Recht. Am 12. November 1866 verkündete Sir Joseph das Urteil. Die Chodschas von Bombay, fand er, seien ein Teil der größeren Chodscha-Gemeinschaft von Indien, deren Religion diejenige des ismailischen Flügels der Schia sei; sie seien »eine Sekte von Menschen, deren Vorfahren der Herkunft nach Hindus waren, die jedoch zum Glauben der ›Shia Imamee Ismailis‹ konvertierten, diesem durchgängig treu blieben und bis heute durch Bande geistlicher Treuepflicht mit den erblichen Imamen der Ismailiten verbunden sind.«[29] Sie seien vor etwa 400 Jahren durch einen persischen Missionar bekehrt worden und seitdem der geistlichen Autorität der ismailischen Imame unterworfen, deren jüngster der Aga Khan sei. Diese Imame seien Nachfahren der Herren von Alamut und erhöben infolgedessen den Anspruch, von den fatimidischen Kalifen von Ägypten und letztlich vom Propheten Muhammad abzustammen. Ihre Anhänger seien im Mittelalter unter dem Namen ›Assassinen‹ berühmt gewesen.

Das Arnould-Urteil, durch eine Fülle historischer Belege und Beweismittel untermauert, definierte den rechtlichen Status der Chodschas als ismailischer Gemeinschaft, der Ismailiten als Erben der Assassinen und des Aga Khan als geistlichen Oberhaupts der Ismailiten und Erben der Imame von Alamut. Erste genauere Informationen über die Gemeinschaft veröffentlichte der *Gazetteer of the Bombay Presidency* 1899.[30]

Das Arnould-Urteil machte zugleich auf die Existenz anderer ismailischer Gemeinden in verschiedenen Teilen der Welt aufmerksam, die den Aga Khan *nicht* als ihr Oberhaupt anerkannten. Diese Gemeinden waren für gewöhnlich kleine Minoritäten in abgelegenen, isolierten Ortschaften, in jeder Weise schwer zugänglich und bis zum Tode verschwiegen in bezug auf ihren Glauben und ihre Schriften. Gleichwohl gelangten einige dieser Schriften als Manuskripte in die Hände von Wissenschaftlern — zunächst aus Syrien, auf das sich westliches Interesse an den Ismailiten stets zuerst gerichtet hatte, später aus weiter entfernten Regionen. 1903 brachte der italienische Kaufmann Caprotti eine Sammlung von etwa 60 arabischen Manuskripten aus Sana im Yemen mit; sie wurden, wie weitere Funde dieser Art, in der Ambrosianischen Bibliothek in Mailand deponiert. Eine Untersuchung ergab, daß sie verschiedene Texte zur ismailischen Lehre enthielten und von der in Südarabien noch immer ansässigen ismailischen Bevölkerungsgruppe stammten. Einige Passagen waren in Geheimschrift geschrieben.[31]

Am andern Ende Europas entdeckten russische Gelehrte, die bereits im Besitz ismailischer Manuskripte aus Syrien waren, daß es Ismailiten innerhalb der Grenzen ihres eigenen Reiches gab. 1902 veröffentlichte Graf Alexis Bobrinskoy einen Bericht über Organisation und Verteilung der Sekte im russischen Zentralasien. Etwa zur gleichen Zeit erwarb der Kolonialbeamte Polowzew ein in Persien geschriebenes religiöses Buch der Ismailiten; es wurde im Asiatischen Museum der Kaiserlich-Russischen Akademie der Wissenschaften deponiert. Ein weiteres Exemplar folgte, und zwischen 1914 und 1918 erwarb das Museum eine Sammlung ismailischer Manuskripte, die die Orientalisten Zarubin und Semjonow aus Schugnan am Oberlauf des Amu-Darja mitgebracht hatten. Mit Hilfe dieser und weiterer Manuskripte waren russische Wissenschaftler in der Lage, die religiöse Literatur und die Glaubensvorstellungen der Ismailiten im Pamir und im angrenzenden Badachschan (Afghanistan) zu untersuchen.[32]

Von dieser Zeit an ist das Studium des Ismailismus rasch und bemerkenswert fortgeschritten. Noch viel mehr ismailische Texte wurden zugänglich, besonders aus den reich ausgestatteten Bibliotheken der Sekte in Indien, und viele Spezialstudien von Gelehrten unterschiedlichster Länder entstanden — auch von Gelehrten, die selbst Ismailiten waren. Unter einem Aspekt allerdings ist die Erschließung der verschollenen Sektenliteratur etwas enttäuschend geblieben: unter dem historischen. Die Bücher, die ans Licht kamen, hatten fast ausschließlich mit religiösen und verwandten Inhalten zu tun; Werke historischer Natur sind ebenso gering an Zahl wie dürftig an Inhalt. Vielleicht ist dies unvermeidlich bei einer Minderheitengruppe, die weder den territorialen noch den institutionellen Mittelpunkt besaß, von dem allein aus der mittelalterliche Historiker Geschichte entwerfen und beschreiben konnte. Nur das Fürstentum Alamut scheint seine Chroniken gehabt zu haben — und gerade diese werden von sunnitischen, nicht von ismailischen Historikern in Verwahr gehalten. Aber die ismailische Literatur, so dürftig ihr historischer Inhalt sein mag, ist keineswegs ohne historischen Wert. Ihr Beitrag zur geschichtlichen Darstellung der Ereignisse ist gering — einiges über die Assassinen in Persien, etwas weniger über ihre Brüder in Syrien; ihr Beitrag zum besseren Verständnis des religiösen Hintergrundes der Bewegung hingegen ist unermeßlich. Durch sie ist es möglich geworden, ebenso sehr die Glaubensüberzeugungen und Intentionen wie die religiöse und historische Bedeutung der Ismaʿilijja im Islam und der Assassinen als Teil der Ismaʿilijja neu zu würdigen.

Das so gewonnene Bild von den Assassinen unterscheidet sich radikal von den zweifelhaften Gerüchten, die mittelalterliche Orientreisende kolportiert hatten —

aber auch von dem bösartigen und verzerrten Bild, das Orientalisten des 19. Jahrhunderts aus den Handschriften orthodoxer muslimischer Theologen und Historiker entwickelt hatten. Denn deren primäres Interesse war es nicht, zu verstehen und zu erklären, sondern zu widerlegen und zu verdammen. Die Assassinen erscheinen heute nicht mehr als Bande von gedopten Desperados unter Führung intriganter Betrüger, als Geheimbund nihilistischer Terroristen oder als professionelles Mördersyndikat. Sie sind darum nicht uninteressanter geworden.

2. Die Ismailiten

Die erste Krise im Islam erwuchs aus dem Tod des Propheten (632). Muhammad hatte niemals beansprucht, mehr als ein sterblicher Mensch zu sein; er sah sich wohl, als Bote Gottes und Träger seines Wortes, vor anderen ausgezeichnet, nicht jedoch als göttlich oder unsterblich. Hinsichtlich seiner Nachfolge als Führer der islamischen Gemeinde und des entstehenden islamischen Staates hatte er keine klaren Instruktionen hinterlassen, und die Muslime hatten als Orientierung nur die dürftige politische Erfahrung des vorislamischen Arabien. Nach einigen Diskussionen und einer kurzen Zeit gefährlicher Spannung kamen sie überein, Abu Bakr, einen der ersten und angesehensten Bekehrten, zum *Chalifa* (= Stellvertreter) des Propheten zu ernennen — und schufen so fast zufällig die große historische Institution des Kalifats.

Von den ersten Tagen des Kalifats an freilich gab es eine Gruppe, die der Überzeugung war, Ali, der Vetter und Schwiegersohn des Propheten, habe einen legitimeren Anspruch auf seine Nachfolge als Abu Bakr und die ihm folgenden Kalifen. Sicherlich war ihre Option für Ali zum Teil von der Überzeugung bestimmt, daß dessen persönliche Eigenschaften ihn am besten für die Aufgabe qualifizierten — zum Teil aber vielleicht auch von einem legitimistischen Glauben an die Rechte der Prophetenfamilie. Später behauptete man, der Prophet habe Ali tatsächlich als seinen Nachfolger designiert. Diese Gruppe ist als *Schī'atu 'Alī,* die Partei Alis, bekannt geworden, späterhin einfach als Schia (Schiiten). Im Laufe der Zeit wurde sie zum Anlaß für den bedeutsamsten religiösen Konflikt im Islam.

Anfangs war die Schia primär eine politische Partei: Sie unterstützte einen Kandidaten im Streben nach der Macht — ohne spezifische religiöse Doktrin und ohne weitergehende religiöse Inhalte, als sie seit je schon im Wesen der politischen Autorität des Islams enthalten waren. Aber bald kam es zu bedeutsamen Veränderungen in der Zusammensetzung ihrer Gefolgschaft wie im Charakter ihrer Lehren. Vielen Muslimen schien es, die islamische Gemeinde und der Staat nähmen eine falsche Entwicklung: Statt der idealen Gesellschaft, wie sie der Prophet und seine ersten frommen Gefährten im Sinn gehabt hatten, war vor ihren Augen ein Weltreich entstanden, regiert von einer habgierigen und skrupellosen Aristokratie; statt Gerechtigkeit und Gleichheit erlebten sie Ungleichheit, Privilegien und Herrschaft. Vielen, die die Entwicklung in diesem Licht sahen, schien der Rückgang auf die Familie des Propheten ein Weg, die authentische, originäre Botschaft des Islams zurückzugewinnen.

Im Jahre 656, nachdem der dritte Kalif Uthman von muslimischen Meuterern umgebracht worden war, wurde Ali schließlich Kalif. Aber seine Herrschaft war kurz und getrübt von Zwietracht und Bürgerkrieg. Als er seinerseits 661 ermordet wurde, ging das Kalifat auf seinen Rivalen Muʿawija über, dessen Familie, das Geschlecht der Umajjaden, es fast ein Jahrhundert lang behielt.

Alis Schia verschwand mit seinem Tode nicht. Bedeutende Muslimgruppen waren der Familie des Propheten weiterhin ergeben, in der sie die rechtmäßige Führung der muslimischen Gemeinde sahen. In zunehmendem Maße wuchs diesem Rechtsanspruch und dem Nachdruck, mit dem er vertreten wurde, ein religiöser, schließlich ein messianischer Charakter zu. Der muslimische Staat, ideal konzipiert, ist ein religiöses Gemeinwesen, begründet und weitergeführt unter göttlichem Gesetz. Seine Souveränität leitet sich von Gott her; sein Souverän, der Kalif, ist mit der Pflicht betraut, den Islam zu erhalten und den Muslimen ein gutes muslimisches Leben zu ermöglichen. In dieser Gesellschaft ist die Unterscheidung zwischen weltlich und geistlich — hinsichtlich Gesetz, Rechtsprechung oder Autorität — unbekannt. Kirche und Staat sind ein und dasselbe, mit dem Kalifen als Oberhaupt. Wo die Grundlagen von Identität und Zusammenhalt der Gesellschaft, die Bande von Loyalität und Pflicht gegenüber dem Staat ausschließlich religiös begriffen und formuliert werden, wird die landläufige westliche Unterscheidung zwischen Religion und Politik, religiösen und politischen Einstellungen bzw. Aktivitäten bedeutungslos und irreal. Politische Unzufriedenheit, möglicherweise gesellschaftlich begründet, findet religiösen Ausdruck; religiöser Dissens hat politische Implikationen. Steht eine Gruppe in mehr als nur lokaler oder personeller Opposition zu dem Mann an der Spitze, fordert sie die bestehende Ordnung heraus und organisiert sich, um sie zu ändern, so ist ihre Herausforderung eine Theologie und ihre Organisationsform eine Sekte. In der theokratisch konzipierten Ordnung des Kalifats gibt es keinen anderen Weg für eine solche Gruppe, will sie ein wirksames Instrument in die Hand bekommen oder eine Doktrin formulieren, die über ihre individuellen Aktionen und ihre unmittelbaren Ziele hinausreicht.

Im ersten Jahrhundert der islamischen Expansion gab es mancherlei Spannungen, die Anlaß für Klagen und Beschwerden waren. Viele Klagen und Sehnsüchte fanden Ausdruck in sektiererischer Abweichung und Revolte. Die Verbreitung des Islams durch Bekehrung brachte eine große Zahl neuer Gläubiger in die Gemeinde, die, aus ihrer christlichen, jüdischen oder iranischen Vorgeschichte, religiöse Vorstellungen und Haltungen mitbrachten, welche den ersten arabischen Muslimen ganz unbekannt waren. Diese neuen Bekehrten waren, wiewohl Muslime, keine Araber, noch weniger Aristokraten; der niedrige sozioökonomische Status, den die dominierende arabische Aristokratie ihnen zuwies, erzeugte ein Gefühl der Ungerechtigkeit, das sie zu willigen Anhängern von Bewegungen werden ließ, die die Legitimität der bestehenden Ordnung in Frage stellten. Aber auch die arabischen Eroberer selbst waren nicht immun gegen diesen Geist der Unzufriedenheit. Fromme Araber mißbilligten die Weltlichkeit des Kalifen und der herrschenden Gruppen; arabische Nomaden wurden durch Übergriffe der staatlichen Autorität aufgebracht; Halbaraber, Söhne geraubter Konkubinen, begehrten die Gleichstellung mit ihren reinblütigen, freigeborenen Brüdern. Sie und viele andere, die unter den schärferen ökonomischen und sozialen Unterschieden litten, wie sie Eroberung und Reichtum mit sich brachten, begannen die Sorgen und Hoffnungen der Neubekehrten zu teilen. Ein Großteil von diesen kam aus der Tradition eines politischen und religiösen Legitimismus: Juden und Christen glaubten an Heiligkeit und letztendlichen Triumph des königlichen Hauses Davids vermittels des gesalbten Messias; die alten Iranier erwarteten den Saoshyans, einen Heiland, der am Ende der Zeiten aus dem heiligen Samen des Zoroaster erstehen würde. Zum Islam konvertiert, waren sie naheliegenderweise fasziniert von den legitimistischen Ansprüchen der Familie des Propheten, durch die ein Ende der Ungerechtigkeiten innerhalb der bestehenden Ordnung und die Erfüllung der Verheißungen des Islams möglich schien.

Bei der Umwandlung der Schia von einer Partei in eine Sekte waren zwei Ereignisse von besonderer Bedeutung; beide resultierten aus erfolglosen Versuchen schiitischer Prätendenten, das Kalifat der Umajjaden zu stürzen. Der erste, im Jahre 680, wurde unternommen von Husain, dem Sohn Alis und Fatimas, der Tochter des Propheten. Am 10. Tage des Monats Muharram (Oktober) stießen Husain, seine Familie und seine Anhänger bei dem Ort Karbala im Irak auf eine umajjadische Truppe und wurden erbarmungslos niedergemacht. Etwa 70 Menschen starben bei dem Massaker; nur ein kranker Junge, Ali ibn Husain, der etwas abseits in einem Zelt lag, überlebte. Dieses dramatische Martyrium der Familie des Propheten und die Welle von Schmerz und Reue, die ihm folgte, entfachten neue religiöse Leidenschaft innerhalb der Schia, die sich jetzt aus den mächtigen Motiven des Leidens, der Wut und der Sühnebereitschaft nährte.

Ein zweiter Wendepunkt liegt an der Schwelle vom 7. zum 8. Jahrhundert. 685 revoltierte ein gewisser Muchtar, ein Araber aus Kufa, im Namen von Muhammad ibn al-Hanafijja, einem Sohn Alis, der behauptete, der Imam zu sein, das wahre und rechtmäßige Oberhaupt der Muslime. Muchtar wurde 687 geschlagen und hingerichtet, aber seine Bewegung überlebte. Als Muhammad ibn al-Hanafijja selbst um 700 starb, meinten einige, das Imamat sei auf seinen Sohn übergegangen. Andere behaupteten, er sei nicht wirklich tot, sondern halte sich in den Bergen von Radwa bei Mekka verborgen; von dort werde er am Jüngsten Tage zurückkehren und über seine Feinde triumphieren. Dieser messianische Imam wird *Mahdī* (= der Rechtgeleitete) genannt.

Diese Ereignisse gaben das Modell für eine lange Reihe religiöser Revolutionsbewegungen vor. In solchen Bewegungen finden sich zwei zentrale Figuren: der Imam, bisweilen als Mahdi, der rechtmäßige Führer, der antritt, die Tyrannei zu vernichten und Gerechtigkeit zu stiften; und der *dāʿī*, der Propagandist, der dessen Botschaft verkündigt (oft auch selbst erst ersinnt), seine Anhänger sammelt und sie schließlich — sei es zum Sieg, sei es ins Martyrium führt. Um die Mitte des 8. Jahrhunderts war eine dieser Bewegungen immerhin vorübergehend erfolgreich, indem sie die Umajjaden stürzte und durch die Abbasiden, einen anderen Zweig der Familie des Propheten und Alis, ersetzte; in der Stunde ihres Triumphes allerdings sagten sich die abbasidischen Kalifen von der Sekte und den daʿis los, die sie an die Macht gebracht hatten, und entschieden sich für Stabilität und Kontinuität in Religion und Politik. Die daraus resultierende Frustration der revolutionären Hoffnungen führte zu neuer und wütender Unzufriedenheit, zu einer neuen Welle extremistischer und messianischer Bewegungen.

In der ersten Zeit waren Doktrinen wie Organisationsformen der Schia häufiger Veränderung unterworfen. Zahlreiche Prätendenten erschienen, behaupteten — mit unterschiedlicher Plausibilität —, Mitglieder der Familie des Propheten zu sein, reicherten die mythische Beschreibung des erwarteten Erlösers um einige neue Details an — und verschwanden wieder aus dem Blick. Ihre Programme variierten zwischen gemäßigter, mehr oder weniger dynastischer Opposition und extremer religiöser Heterodoxie, weit entfernt von den allgemein akzeptierten Lehren des Islams. Ein immer wiederkehrender Zug ist der Kult der ›heiligen Männer‹ — ob Imame oder daʿis —, von denen geglaubt wurde, sie besäßen Wunderkräfte, und deren Lehren mystische und illuminationistische Ideen aus Gnosis, Manichäismus sowie verschiedenen Häresien iranischer und jüdisch-christlicher Herkunft spiegeln. Zu den mit ihnen verknüpften Glaubensinhalten zählen Reinkarnation, Apotheose — der Imame und bisweilen selbst der daʿis — und Libertinismus (Freiheit von Gesetzen und Zwängen). In einigen Gegenden, z. B. unter den Hirten und Nomaden in Teilen Persiens und Syriens, entstanden spezifische Regionalreligionen, zu erklären aus der Wechselwirkung zwischen schiitischen Lehren und älteren Lokalkulten und -sekten.

Das politische Programm der Sekten lag auf der Hand: Umsturz der bestehenden Ordnung und Einsetzung des erwählten Imams. Schwieriger ist es, irgendein soziales oder ökonomisches Programm zu erkennen, obwohl die Sektenaktivitäten in deutlichem Zusammenhang mit gesellschaftlich-ökonomischen Unzufriedenheiten und Sehnsüchten standen. Eine gewisse Vorstellung von diesen Sehnsüchten läßt sich aus den verbreiteten messianischen Traditionen gewinnen; sie indizieren die Nöte, deren Beseitigung vom Mahdi erwartet wurde. Seine Aufgabe war im weiteren Sinn genuin islamisch: Er sollte den wahren Islam wiederherstellen und den Glauben bis an die Enden der Erde verbreiten. Im engeren Sinn sollte er die Welt, jetzt noch voller Tyrannei und Bedrückung, mit Gerechtigkeit erfüllen, Gleichheit zwischen Starken und Schwachen schaffen, Frieden und Überfluß bringen.

Anfangs gründeten die Führer, denen die Schia ergeben war, ihre Ansprüche eher auf Versippung mit dem Propheten als auf direkte Abkunft von ihm über seine Tochter; einige von ihnen, z.T. gerade die aktivsten, waren nämlich keine Nachfahren von Fatima, einige nicht einmal von Ali, sondern stammten lediglich von anderen Zweigen der Sippe des Propheten ab. Aber nach Sieg und anschließendem Treubruch der Abbasiden konzentrierten die Schiiten ihre Hoffnungen auf die Nachkommen Alis und unter diesen speziell auf solche, die der Verbindung mit der Tochter des Propheten entstammten. Der direkten Abkunft vom Propheten wurde wachsendes Gewicht zugemessen, und die Idee gewann an Boden, seit dem Tode des Propheten habe es eine einzige Linie legitimer Imame gegeben, die allein die rechtmäßigen Häupter der islamischen Gemeinde seien: Ali, seine Söhne Hasan und Husain sowie die Nachfahren Husains über seinen Sohn Ali ibn Husain (Sain al-Abidin), den einzigen Überlebenden der Tragödie von Karbala. Außer Husain hatten sich diese Imame im großen und ganzen politischer Aktivität enthalten. Während sich andere Prätendenten in vergeblichen Versuchen, das Kalifat gewaltsam zu stürzen, verausgabten, zogen es die legitimen Imame vor, als eine Art legaler Opposition zu den regierenden Kalifen zu fungieren. Sie residierten in Mekka oder Medina, weit entfernt von den wesentlichen politischen Zentren, und taten wenig, um ihre Ansprüche, die sie weiterhin erhoben, durchzusetzen. Im Gegenteil: Bisweilen unterstützten sie die umajjadischen und nach ihnen die abbasidischen Herrscher des Reiches mit Anerkennung, selbst mit Rat und Hilfe. In der frommen schiitischen Tradition wurde diese Haltung der legitimen Imame religiös verklärt: Ihre Passivität sei Ausdruck ihrer innigen Frömmigkeit und Jenseitigkeit gewesen; ihre stille Ergebung habe dem Prinzip der *taqijja* entsprochen.

Der Begriff *taqijja* (Vorsicht) bezeichnet eine islamische Version des Dispenses — die Idee, daß ein Gläubiger unter Zwang oder Bedrohung von der Erfüllung gewisser religiöser Pflichten dispensiert werden kann. Das Prinzip wurde unterschiedlich definiert und interpretiert; es ist keineswegs spezifisch für die Schia. Freilich war *sie* oft den Gefahren der Unterdrückung und Verfolgung ausgesetzt und nahm das Prinzip daher ebenso oft für sich in Anspruch. Es diente dazu, die Verheimlichung von Glaubensüberzeugungen zu rechtfertigen, die feindselige Reaktionen bei der Obrigkeit oder im Volk hätten auslösen können; insofern bildete es ein Gegengewicht zu der selbstzerstörerischen Militanz, durch die so viele der Ihren vorher bei völlig hoffnungslosen Aufständen zu Tode gekommen waren.

Die erste Hälfte des 8. Jahrhunderts war eine Zeit intensiver Tätigkeit innerhalb der extremen Schia. Unzählige Sekten und Untersekten entstanden, besonders in der buntgewürfelten Bevölkerung des südlichen Irak und an den Küsten des persischen Golfs. Ihre Lehren waren variabel und eklektisch; der Wechsel von einer Sekte zur anderen, von einem Führer zum andern war leicht und häufig. Muslimische Quellen nennen viele religiöse Verkünder, z.T. von bescheidener Herkunft, die Revolten anführten und hingerichtet wurden; sie ordnen einigen von ihnen Doktrinen zu, die später charakteristisch für die Ismailiten waren. Eine Gruppe praktizierte die Erdrosselung mit Schlingen als religiöse Pflicht — eine offenkundige Parallele zum Verhalten der indischen Thags und eine Art Vorwegnahme der Assassinate in späteren Jahrhunderten. Selbst unter den Gruppen, deren Doktrinen gemäßigt waren, gab es militante Untergruppen, die mit Gewalt nach der Macht strebten, aber durch umajjadische und abbasidische Truppen besiegt und vernichtet wurden.

Bis zur zweiten Hälfte des 8. Jahrhunderts waren die frühen extremistisch-militanten Bewegungen großenteils fehlgeschlagen und entweder verschwunden oder bis zur Bedeutungslosigkeit geschrumpft. Es waren die legitimen Imame — moderat, flexibel, doch charakterfest —, die den Glauben der Schiiten aufrechterhielten und befruchteten; sie bereiteten schließlich den Weg für einen neuen und stärkeren Anlauf zur Gewinnung der Kontrolle über die islamische Welt.

Trotz der früheren Fehlschläge nämlich und trotz der für sie entmutigenden Haltung der Imame selbst gab es weiterhin einzelne Extremisten und Militante, sogar in der unmittelbaren Umgebung der Imame. Zum entscheidenden Bruch zwischen Extremisten und Gemäßigten kam es 765, nach dem Tod von Dschaʿfar al-Sadiq, dem sechsten Imam nach Ali. Dschaʿfars ältester Sohn war Ismaʿil. Aus nicht ganz klaren Ursachen, vielleicht weil er gemeinsame Sache mit extremistischen Elementen gemacht hatte, wurde Ismaʿil enterbt, und ein Großteil der Schia erkannte seinen jüngeren Bruder Musa al-Kasim als siebenten Imam an. Musas Linie setzte sich bis zum zwölften Imam fort, der um 873 verschwand und seitdem, bis auf den heutigen Tag, für die große Mehrheit der Schia der ›Erwartete Imam‹ oder Mahdi ist. Die Anhänger der Zwölf

Imame, bekannt als *Ithnaʿaschari* oder Zwölfer-Schia, repräsentieren den eher gemäßigten Teil der Sekte. Ihre Differenzen zum Gros der Sunniten beschränken sich auf eine Reihe von Punkten der Lehre, die in den letzten Jahren immer unbedeutender wurden. Seit dem 17. Jahrhundert ist die Doktrin der Zwölfer-Schia die offizielle Religion des Iran.

Eine andere Gruppe folgte Ismaʿil und seinen Nachkommen; sie sind unter dem Namen Ismailiten *(Ismāʿīlīs)* bekannt geworden. Diese Sekte arbeitete lange im verborgenen; dabei übertraf sie im Hinblick auf Zusammenhalt und Organisation, auf intellektuelle und emotionale Faszination alle ihre Rivalen. Anstelle der chaotischen Spekulationen und des primitiven Aberglaubens früherer Sekten bot sie, ausgearbeitet von einer Reihe hervorragender Theologen, ein dogmatisches System auf hohem philosophischem Niveau und produzierte eine Literatur, die, nach jahrhundertelanger Verkennung, erst heute wieder in ihrer wahren Bedeutung begriffen wird. Den Frommen boten die Ismailiten Respekt gegenüber Koran, Tradition und Gesetz — nicht weniger als die Sunniten; den Intellektuellen eine philosophische Erklärung des Universums auf der Basis antiker, speziell neuplatonischer Gedanken; den spirituell Orientierten einen warmen, personalen, gefühlsbetonten Glauben, bekräftigt durch das Vorbild der leidenden Imame und der Selbstopferung ihrer Anhänger — die Erfahrung der Passion und die Erreichung der eigentlichen Wahrheit. Den Unzufriedenen schließlich boten sie die Attraktion einer gut organisierten, weit verbreiteten und mächtigen Oppositionsbewegung, die wirklich imstande schien, die bestehende Ordnung zu beseitigen und an ihrer Stelle eine neue und gerechte Gesellschaft unter Führung des Imams — des Erben des Propheten, des von Gott Erwählten, des einzig rechtmäßigen Führers der Menschheit — zu schaffen.

Der Imam ist der Mittelpunkt des ismailischen Systems: der Doktrin und der Organisation, der Loyalität und der Aktion. Nach der Erschaffung der Welt durch Einwirkung des universellen Logos auf die Weltseele, so besagt die Doktrin, zerfällt die menschliche Geschichte in eine Anzahl von Zyklen, an deren Anfang jeweils ein ›sprechender‹ Imam oder Prophet steht, dem eine Reihe ›stummer‹ Imame folgt. Es gibt Zyklen verborgener und manifester Imame, entsprechend den Perioden der Verborgenheit und der erfolgreichen Verbreitung des Glaubens. Die Imame, im gegenwärtigen Zyklus die Nachkommen von Ali und Fatima über Isma'il, sind göttlich inspiriert und unfehlbar, in gewisser Weise selbst göttlich, weil der Imam der Mikrokosmos, die Personifikation der metaphysischen Weltseele ist. In dieser Funktion ist er der Urquell des Wissens und der Autorität, der esoterischen Wahrheiten, die den Uneingeweihten verborgen sind, und der Gebote, die totalen und bedingungslosen Gehorsam erheischen.

Den Initiierten bot die Sekte Dramatik und Erregung durch Geheimwissen und Geheimaktion. Das erstere wurde vermittelt mit Hilfe der ›esoterischen Auslegung‹ *(ta'wīl al-bāṭin)*, einer charakteristischen Lehre der Sekte, die bisweilen unter dem Namen Batini bekannt geworden ist: Neben ihrer buchstäblichen, offenkundigen Bedeutung haben die Vorschriften des Korans und die Traditionen noch eine zweite — allegorische und esoterische — Bedeutung, die durch den Imam enthüllt und den Eingeweihten vermittelt wird. (Einige Teile der Sekte gingen sogar noch weiter und führten eine antinomistische Lehre ein, die sich auch bei extremen muslimischen Häretikern und Mystikern findet.) Die grundlegende religiöse Pflicht ist die Erkenntnis (Gnosis) des wahren Imams. Die buchstäbliche Bedeutung der Koran-Vorschriften ist für die Gläubigen aufgehoben; sie gelten, wenn überhaupt, nur zur Bestrafung der

Nichtgläubigen. Ein generelles Thema der religiösen Schriften der Ismailiten ist die Suche nach der Wahrheit: Wiewohl zunächst vergeblich, steigert sie sich schließlich bis zu einem Augenblick blendender Erleuchtung. Organisation und Aktivitäten der Sekte, ebenso Bewahrung und Verbreitung ihrer Lehren waren in den Händen einer Hierarchie von daʿis, die einem Großdaʿi, dem unmittelbaren Helfer des Imams, unterstanden.

Während der ersten anderthalb Jahrhunderte nach dem Tod Ismaʿils hielten sich die ismailischen Imame verborgen, und weder über die Aktivitäten noch über die Lehren der daʿis ist viel bekanntgeworden. Eine neue Phase begann in der zweiten Hälfte des 9. Jahrhunderts, als die zunehmende und offenkundige Schwäche der abbasidischen Kalifen in Bagdad auf den Niedergang des islamischen Reiches und die Zerrüttung der islamischen Gesellschaft hinzudeuten schien. In den Provinzen entstanden lokale Dynastien, gewöhnlich aus dem Militär, bisweilen auch innerhalb von Stammesverbänden; sie waren meist kurzlebig, in manchen Regionen erpresserisch und grausam. Selbst in der Hauptstadt verloren die Kalifen zunehmend an Macht und wurden zu hilflosen Marionetten in der Hand ihrer eigenen Soldateska. Die Vertrauensbasis der islamischen Weltordnung zerfiel; die Menschen verweigerten den Konsens und suchten anderswo nach Trost und Sicherheit. In diesen unsicheren Zeiten zog die Botschaft der Schia, die islamische Gemeinschaft sei auf dem falschen Weg und müsse auf den richtigen zurückgeführt werden, neue Aufmerksamkeit auf sich. Ihre beiden Linien, die Zwölfer und die Ismailiten, profitierten von der neuen Situation. Anfangs schien es, als würden die Zwölfer obsiegen. Zwölfer-schiitische Dynastien entstanden an mehreren Orten, und im Jahre 946 demütigten die Bujiden, eine schiitische Dynastie aus Persien, den sunnitischen Islam aufs äußerste, als sie

Bagdad einnahmen und den Kalifen selbst unter schiitische Kontrolle brachten. Zu dieser Zeit hatten die Zwölfer-Schiiten ihrerseits keinen Imam, denn der zwölfte und letzte war etwa 70 Jahre zuvor verschwunden. Angesichts dieser Situation entschlossen sich die Bujiden, keinen anderen alidischen Prätendenten anzuerkennen, sondern die Abbasiden unter ihrer eigenen Schirmherrschaft als Titular-Kalifen zu behalten. Damit wurde das ohnehin glanzlos gewordene sunnitische Kalifat weiter diskreditiert, gleichzeitig aber der gemäßigte Schiismus als ernsthafte Alternative zu ihm endgültig beseitigt.

Doch nach einer solchen Alternative wurden aus vielerlei Gründen gesucht. Die großen sozialen und ökonomischen Veränderungen des 8. und 9. Jahrhunderts hatten den einen Wohlstand und Macht, den anderen Bedrängnis und Enttäuschung gebracht. Auf dem Lande ging die Entwicklung großer, oftmals fiskalisch begünstigter Güter mit der Verarmung und Abhängigkeit von Pächtern und Kleinbauern einher; in den Städten ließ das Aufblühen von Handel und Industrie eine Klasse von Hilfsarbeitern und Tagelöhnern entstehen, zu denen noch eine schwankende, schwer bestimmbare Zahl von entwurzelten und mittellosen Zuwanderern kam. Inmitten großen Reichtums gab es auch großes Elend. Der trockene Legalismus und vage Transzendentalismus des orthodoxen Glaubens gab, ebenso wie der vorsichtige Konformismus seiner offiziellen Vertreter, den Enteigneten wenig Trost, den Entwurzelten und Unglücklichen wenig Spielraum für ihre spirituellen Sehnsüchte. Dazu kam eine intellektuelle Malaise. Muslimisches Denken und muslimische Gelehrsamkeit, weil sie sich aus vielen Quellen speisten, wurden immer subtiler, immer intellektualisierter und vielgestaltiger. Große und quälende Probleme stellten sich: von der islamischen Offenbarung über griechische Wissenschaft und Philosophie sowie persische Weisheit bis zu den harten Fakten der Geschichte. Bei vielen Menschen schwand das Vertrauen in die traditionellen islamischen Antworten. Zugleich erhob sich ein immer dringenderes Verlangen nach neuen Antworten. Man suchte, weil der große islamische Konsens — auf religiösem, philosophischem, politischem und gesellschaftlichem Gebiet — auseinanderzubrechen schien, nach einem neuen, gerechten und effektiven Prinzip der Einheit und Autorität, um den Islam vor dem Untergang zu retten.

Es war die große Stärke der Ismailiten, daß sie ein solches Prinzip anbieten konnten: den Entwurf einer neuen Weltordnung unter dem Islam. Botschaft und Amtsführung der daʿis waren geeignet, den Frommen ebenso wie den Unzufriedenen Trost und Hoffnung zu geben. Für Philosophen wie Theologen, Dichter wie Gelehrte war die ismailische Synthese von verführerischem Reiz. Zwar verschwand, als Folge scharfer Maßnahmen gegen die Sekte in späterer Zeit, der größte Teil ihrer Literatur wieder aus den islamischen Stammlanden und wurde nur noch unter den Sektierern selbst aufbewahrt. Aber einige Werke ismailischer Inspiration sind lange Zeit weithin bekannt gewesen, und viele arabische und persische Klassiker weisen zumindest Spuren ismailischer Einflüsse auf. Die *Sendschreiben der Lauteren Brüder,* eine berühmte, im 10. Jahrhundert erstellte Enzyklopädie des religiösen und weltlichen Wissens, ist mit ismailischem Gedankengut durchsättigt und hat das muslimische Geistesleben von Persien bis Spanien tief beeinflußt.

Es überrascht nicht, daß die daʿis besonders in jenen Gegenden erfolgreich waren, wo frühere Spielarten des militanten und extremistischen Schiismus bereits eine Anhängerschaft gewonnen hatten und lokale Kulte einen günstigen Nährboden lieferten: im südlichen Irak, an den Küsten des Persischen Golfs und in Teilen Persiens. Gegen Ende des 9. Jahrhunderts sicherten sich die Qarmaten — eine Seitenlinie der Ismailiten, deren Verhältnis zum harten Kern der Sekte jedoch unklar ist — die Kontrolle über Ostarabien und errichteten dort eine Art Republik, die ihnen für mehr als ein Jahrhundert als Basis für militärische und propagandistische Operationen gegen das Kalifat diente. Ein qarmatischer Versuch, zu Beginn des 10. Jahrhunderts die Macht in Syrien zu usurpieren, scheiterte; er ist jedoch bedeutsam, weil er zeigt, daß die Isma'ilijja schon zu dieser Zeit auf lokale Unterstützung rechnen konnte.

Den größten Triumph jedoch feierte sie anderswo. Gegen Ende des 9. Jahrhunderts wurde eine Mission in den Yemen unternommen, bei welcher eine große Zahl von Menschen bekehrt und eine politische Machtbasis errichtet wurde. Von dort aus sandte man weitere Missionen in andere Länder, etwa nach Indien und Nordafrika, wo besonders spektakuläre Erfolge erzielt wurden. Um 909 war die Isma'ilijja stark genug, um den verborgenen Imam aus der Verborgenheit auftauchen lassen und zum Kalifen in Nordafrika, mit dem Titel *al-Mahdī,* proklamieren zu können. Damit wurde ein neuer Staat, eine neue Dynastie begründet: die der Fatimiden, so genannt nach ihrer Abkunft von Fatima, der Tochter des Propheten.

Ein halbes Jahrhundert lang herrschten die fatimidischen Kalifen nur im Westen, in Nordafrika und Sizilien. Ihr Blick freilich ging nach Osten, in die Kernlande des Islams, wo allein sie hoffen konnten, ihr Ziel zu erreichen: die sunnitischen Abbasiden-Kalifen zu verdrängen und sich selbst als alleinige Führer des Islams zu etablieren. Ismailische Missionare und Agenten waren in allen sunnitischen Ländern aktiv; fatimidische Armeen bereiteten sich in Tunesien auf die Eroberung Ägyptens vor, den ersten Schritt auf dem Weg zu dem Weltreich im Osten.

969 wurde dieser Schritt auch prompt getan. Fatimidische Truppen eroberten das Niltal und rückten

bald durch den Sinai nach Palästina und Südsyrien vor. Bei Fustat, dem alten Regierungssitz, ließen ihre Führer eine neue Stadt namens Kairo erbauen, als Kapitale ihres Reiches, und eine neue Moschee-Hochschule namens al-Azhar, als Zitadelle ihres Glaubens. Der Kalif al-Muʿizz begab sich von Tunesien nach seiner neuen Residenz, wo seine Nachkommen noch 200 Jahre lang regierten.

Die ismailische Herausforderung der alten Ordnung war jetzt drängender und stärker, wurde zudem durch eine imponierende Macht repräsentiert — für einige Zeit die stärkste in der islamischen Welt. In seiner Blütezeit umfaßte das fatimidische Reich Ägypten, Syrien, Nordafrika, Sizilien, die afrikanische Küste des Roten Meeres, den Yemen und Hedschas in Arabien mit den heiligen Städten Mekka und Medina. Außerdem kontrollierte der Fatimiden-Kalif ein weitverzweigtes Netzwerk von daʿis und konnte der Ergebenheit unzähliger Anhänger in den noch sunnitisch regierten Ländern des Ostens sicher sein. In der großen Kairoer Hochschule entwickelten Gelehrte und Dozenten die Doktrinen des ismailischen Glaubens und bildeten Missionare aus, um sie den noch Unbekehrten im In- und Ausland zu verkündigen. Zu den wesentlichen Betätigungsfeldern dieser Missionare zählten Persien und Zentralasien, von wo viele Wahrheitssuchende den Weg nach Kairo fanden und wohin sie nach angemessener Zeit als geschulte Propagandisten der ismailischen Botschaft zurückkehrten. Besonders hervorzuheben ist hier der Philosoph und Dichter Nasir-i Chusraw. Bereits in Persien bekehrt, ging er 1046 nach Ägypten und kam dann in die östlichen Regionen zurück, wo er einen mächtigen Einfluß ausübte.

Die sunnitische Reaktion war anfangs begrenzt und wenig effektiv: Sicherheitsmaßnahmen gegen die daʿis; politische Offensiven gegen die Fatimiden, die in einem 1011 in Bagdad veröffentlichten Manifest, nicht sehr überzeugend, beschuldigt wurden, gar nicht von Fatima, sondern von einem gemeinen Betrüger abzustammen.

Und doch: Trotz der imponierenden Kraft, mit der er geführt wurde, ist der große Kampf auf politischer, religiöser und wirtschaftlicher Ebene, den die fatimidischen Herausforderer gegen das abbasidische Kalifat führten, gescheitert. Dieses überlebte; der sunnitische Islam gewann seine Kraft zurück und triumphierte — und die fatimidischen Kalifen verloren nach und nach ihr Reich, ihre Autorität und ihre Anhänger.

Ein Teil der Gründe für dieses Scheitern muß in Ereignissen innerhalb des Orients gesucht werden, wo große Veränderungen im Gange waren. Der Vormarsch der türkischen Völker unterbrach die politische Zersplitterung Südwestasiens und gab den Ländern des sunnitischen Kalifats die verlorene Einheit und Stabilität zurück. Die türkischen Eroberer waren erst vor kurzem bekehrt worden; sie waren eifrig im Glauben, loyal, vorwiegend orthodox und erfüllt von einem starken Bewußtsein ihrer Aufgabe für den Islam. Sie fühlten ihre Verantwortung als neue Beschützer des Kalifen und Herren der muslimischen Welt, die sie zu erhalten und gegen innere wie äußere Feinde zu verteidigen bereit waren. Diese ihre Aufgabe erfüllten sie konsequent. Es waren politische und militärische Kraft und Erfahrung türkischer Herrscher und türkischer Soldaten, mit deren Hilfe der sunnitische Islam den beiden großen Gefahren widerstehen konnte, denen er konfrontiert war: zunächst der Herausforderung der ismailischen Kalifen, später der Invasion der europäischen Kreuzfahrer.

Eben diese Gefahren der religiösen Spaltung und der Invasion von außen halfen mit, die große sunnitische Erneuerungsbewegung zu stimulieren, die jetzt mehr und mehr an Kraft gewann. In der sunnitischen Welt gab es noch immer beträchtliche Reserven religiöser

Energie: in der Theologie ihrer Scholastik, der Spiritualität ihrer Mystik und der frommen Devotion ihrer Gefolgschaft. In dieser Zeit der Krise und der Erneuerung wurde eine neue Synthese gefunden — als Antwort ebenso auf die intellektuelle Herausforderung des islamischen Denkens wie auf die emotionale Zugkraft des ismailischen Glaubens.

Während ihre sunnitischen Widersacher zunehmend an politischer, militärischer und religiöser Kraft gewannen, wurde die Position der ismailischen Kalifen durch religiösen Dissens und politischen Niedergang geschwächt. Die ersten ernsthaften Konflikte innerhalb der Isma'ilijja resultierten gerade aus den Erfolgen der Fatimiden. Denn Erfordernisse und Verpflichtungen einer Dynastie und eines Reiches erzwangen eine gewisse Entschärfung der radikalen Doktrinen von einst und, mit den Worten eines modernen ismailischen Gelehrten, »eine gesetztere und konservativere Haltung gegenüber der damals bestehenden Institution des Islams.«[1] Von Anfang an gab es Dispute zwischen ismailischen Radikalen und Konservativen, zwischen den Bewahrern der esoterischen Mysterien und denen, die sie zu enthüllen bereit waren. Von Zeit zu Zeit sahen sich die Kalifen der Gefahr des Schismas gegenüber, sogar der bewaffneten Opposition, als Gruppen ihrer Anhänger ihre Loyalität und Unterstützung aufkündigten. Schon zur Zeit des ersten Fatimiden-Kalifen in Nordafrika gab es Kontroversen zwischen da'is unterschiedlicher Position und einige Abfälle vom Lager der Fatimiden. Der vierte Kalif, al-Mu'izz, hatte ähnlichen Schwierigkeiten zu begegnen; ausgerechnet zum Zeitpunkt seines Triumphes, während der Eroberung Ägyptens, mußte er gegen die Qarmaten in Ostarabien kämpfen, die die Fatimiden zuerst unterstützt, sich dann aber gegen sie gewandt und ihre Truppen in Syrien und Ägypten angegriffen hatten. Später scheinen die Qarmaten zu ihrer alten Ergebenheit zurückgekehrt zu sein; sie sind dann als eigenständige Gruppierung verschwunden. Eine andere Lossagung erfolgte, nachdem der sechste Kalif, al-Hakim, 1021 unter rätselhaften Umständen verschwunden war. Eine Gruppe Gläubiger war der Überzeugung, al-Hakim sei göttlich; er sei nicht tot, sondern habe sich in die Verborgenheit begeben. Sie weigerten sich, seine Nachfolger auf dem Fatimidenthron anzuerkennen, und spalteten sich vom Gros der Sekte ab. Sie fanden eine gewisse Unterstützung bei syrischen Ismailiten; dort, in den heutigen Staaten Syrien, Libanon, Jordanien und Israel, gibt es noch jetzt Anhänger dieser Glaubensrichtung. Man nennt sie, nach einem ihrer ersten Vorkämpfer, einem daʿi innerasiatischer Herkunft namens Muhammad ibn Ismaʿil al-Darasi: Drusen.

Während der langen Herrschaft des achten Kalifen al-Mustansir (1036–94) erreichte das fatimidische Reich den Höhepunkt seiner Entwicklung und verfiel dann rasch; beim Tode des Kalifen war die ismailische Mission durch ihr größtes internes Schisma in sich zerrissen.

In der Frühzeit der fatimidischen Macht behielt sich der Kalif die volle persönliche Kontrolle der politischen Angelegenheiten vor; er lenkte mit gleicher Autorität die drei Hauptbereiche der staatlichen Macht: die Bürokratie, die religiöse Hierarchie und die Streitkräfte. Kopf der zivilen Bürokratie und damit faktischer Kopf der Regierung unter dem Kalifen war der Wesir, ein Zivilist; an der Spitze der religiösen Hierarchie stand der Großdaʿi, der Chef der daʿis oder Missionare *(dāʿī al-duʿāt)*, dem neben der Kontrolle der ismailischen Geistlichkeit innerhalb des Reiches auch der Befehl über die große Armee der ismailischen Agenten und Missionare im Ausland oblag; den dritten Bereich leitete der Kommandeur der Streitkräfte, dessen Amt ursprünglich ziviler Natur war. Aber seit dem Tod al-Hakims hatte das Militär seine Macht auf Kosten der

Zivilisten, sogar des Kalifen selbst, stetig ausgedehnt. Die Rückschläge, Mißgeschicke und Umwälzungen in der Mitte des 11. Jahrhunderts beschleunigten diesen Prozeß; er spitzte sich 1074 zu, als Badr al-Dschamali, der Militärgouverneur von Akkon, auf Einladung des Kalifen mit seiner Privatarmee in Ägypten einmarschierte, um die Dinge in die Hand zu nehmen. Er war bald Herr des Landes und trug drei Titel, die der Kalif ihm verliehen hatte: Kommandeur der Armee (als solcher war er gemeinhin bekannt), Chef der daʿis und Wesir; darin kommt seine Kontrolle über die drei genannten Hauptbereiche sinnfällig zum Ausdruck.

Von nun an war der Armeekommandeur, ein militärischer, mit Hilfe seiner Truppen regierender Autokrat, der wahre Herr Ägyptens. Seine Position wurde zur Dauereinrichtung; auf Badr al-Dschamali folgten sein Sohn, sein Enkel und eine weitere Reihe militärischer Autokraten. So wie die Abbasiden-Kalifen in Bagdad zu hilflosen Marionetten ihrer Prätorianer geworden waren, wurden die Fatimiden jetzt zu bloßen Galionsfiguren wechselnder Militärdiktatoren. Es war der traurige Niedergang einer Dynastie, die einmal die spirituelle und politische Führung des gesamten Islams beansprucht hatte — ein Niedergang, der in heftigem Widerspruch zu den Überzeugungen und Hoffnungen der Ismaʿilijja stand.

Ein solcher Umschwung mußte unweigerlich Unzufriedenheit und Widerstand bei den militanteren und konsequenteren Sektierern auslösen, besonders deshalb, weil zur gleichen Zeit eine Periode verstärkter Aktivität unter den Ismailiten in Persien einsetzte. Die Ablösung Badr al-Dschamalis durch seinen Sohn al-Afdal im Jahre 1094 änderte wenig an der Lage der Dinge, und als al-Mustansir wenige Monate später starb und der Armeekommandeur vor der Notwendigkeit stand, einen neuen Kalifen zu bestimmen, war seine Wahl nicht schwierig. Da gab es einmal Nizar, den ältesten, bereits erwachsenen Sohn, von al-Mustansir bereits zum Erben bestimmt und von den ismailischen Führern, die ihn kannten, akzeptiert; zum andern seinen jüngeren Bruder al-Mustaʿli, einen Jüngling ohne Verbündete und Anhänger, der als Kalif konsequenterweise völlig abhängig von seinem mächtigen Schutzherrn sein würde. So hatte al-Afdal keine Bedenken, eine Hochzeit zwischen seiner Schwester und al-Mustaʿli zu arrangieren und seinen Schwager nach al-Mustansirs Tod zum Kalifen zu proklamieren. Nizar floh nach Alexandreia, zettelte dort mit lokaler Unterstützung einen Aufstand an, hatte anfangs Erfolg, wurde dann aber geschlagen, gefangengenommen und später umgebracht.

Indem er sich für al-Mustaʿli entschied, spaltete al-Afdal die Sekte total und brüskierte, vielleicht absichtlich, fast ihre gesamte Anhängerschaft in den östlichen Ländern des Islams; sogar innerhalb der fatimidischen Grenzen gab es Oppositionsbewegungen. Die östlichen Ismailiten verweigerten dem neuen Kalifen die Anerkennung und brachen, indem sie ihre Ergebenheit gegenüber Nizar und seiner Linie betonten, alle Beziehungen zu dem ohnehin geschwächten Regime in Kairo ab. Die Divergenz zwischen Staat und Revolutionären, die schon bei der Staatsgründung aufgebrochen war, war jetzt vollständig. Nicht lange danach brachen auch jene Auslands-Ismailiten, die al-Mustaʿli akzeptiert hatten, mit dem Kairoer Regime. Nach dem Mord an al-Amir, dem Sohn und Nachfolger al-Mustaʿlis, durch Parteigänger der Nizari (1130) weigerten sie sich, den neuen Kalifen in Kairo anzuerkennen. Sie nahmen die Überzeugung an, Tajjib, ein verschollener kleiner Sohn al-Amirs, sei der verborgene und erwartete Imam; nach ihm werde es keine weiteren Imame geben.

Noch weitere vier Fatimiden-Kalifen regierten in Kairo, aber sie bildeten lediglich eine lokale ägyptische Dynastie ohne Macht, Einfluß und Hoffnung. 1171, als der letzte von ihnen sterbend in seinem Palast lag, erlaubte der kurdische Befehlshaber Saladin, mittlerweile der wahre Herr Ägyptens, einem Prediger, das Bittgebet im Namen des abbasidischen Kalifen von Bagdad zu sprechen. Damit war das Fatimiden-Kalifat, das schon als religiöse wie politische Macht faktisch erloschen war, auch formell beseitigt. Die Bevölkerung verhielt sich fast völlig indifferent. Die häretischen Bücher der Ismailiten wurden ins Feuer geworfen. Nach mehr als zwei Jahrhunderten war Ägypten zur sunnitischen Gemeinschaft zurückgekehrt.

Nur noch wenige überzeugte Ismailiten dürften dort verblieben sein. In anderen Ländern freilich überlebte die Sekte — in den beiden Hauptlinien, die sich nach dem Tode al-Mustansirs gebildet hatten. Die Anhänger al-Mustaʿlis waren (und sind noch immer) vor allem im Yemen und in Indien zu finden, wo sie als Bohras bekannt sind. Ihre Form des Ismailismus wird manchmal ›Alte Verkündigung‹ genannt, da sie im wesentlichen die doktrinären Traditionen der fatimidischen Ära weitergeführt haben. Im Gegensatz zu dieser Stagnation der Mustaʿlianer auf entfernteren Außenposten des Islams steht das Verhalten ihrer Rivalen, der Nizari (Anhänger Nizars): Bei ihnen begann eine Periode intensiver Weiterentwicklung der Lehre wie der politischen Aktion, und eine Zeitlang spielten sie eine wichtige und dramatische Rolle innerhalb des Islams.

Im 11. Jahrhundert war die wachsende innere Schwäche der islamischen Welt anhand einer Reihe von Invasionen deutlich geworden; die bedeutsamste war die der seldschukischen Türken, die eine neue Militärmacht errichteten, deren Gebiet sich von Zentralasien bis zum Mittelmeer erstreckte. Mit diesen Invasionen waren erhebliche, für die Geschichte des Islams überaus wichtige ökonomische, soziale und kulturelle Veränderungen verbunden. Wie nach Eroberungen üblich, wurden den Offizieren der siegreichen türkischen Armeen weite Ländereien und Staatseinkünfte zugewiesen. Zusammen mit ihren Beamten bildeten diese Offiziere eine neue herrschende Klasse, die die alte arabische und persische Aristokratie ersetzte oder an den Rand drückte. Macht, Reichtum und Status bestimmten das Wertsystem der neuen Herren, ausländischer Emporkömmlinge, die oft noch mangelhaft an die islamisch geprägte urbane Zivilisation des Mittleren Orients assimiliert waren. Noch weitere Faktoren schwächten die Position der alten Elite: Bewegungen von Nomaden, Veränderungen von Handelswegen sowie der Beginn jener großen Umwälzungen, die zum Aufstieg Europas und zum relativen Niedergang des Islams führten. In einer Zeit der Unruhe und Gefahr brachten die neuen türkischen Herren ein gewisses Maß an Sicherheit und Ordnung — aber auf Kosten höherer Militärausgaben, stärkerer Kontrolle des öffentlichen Lebens und strikterer Konformität des Denkens.

Die militärische Macht der Türken war unerschütterlich; die sunnitische Orthodoxie zeigte sich ernsthaften Herausforderungen gegenüber unzugänglich. Aber es gab jetzt eine andere Angriffsmethode, die die vielen Unzufriedenen innerhalb des neuen Ismailismus im Seldschukenreich faszinierte: eine Kritik der Orthodoxie, verflochten mit einer neuen und effektvollen Strategie der Revolte. Die ›Alte Verkündigung‹ der Isma'ilijja war gescheitert, das fatimidische Reich im Untergang begriffen. Eine ›Neue Verkündigung‹, eine neue Denkweise war erforderlich. Beide wurden ersonnen von einem genialen Revolutionär: Hasan-i Sabbah.

3. Die Neue Verkündigung

Hasan-i Sabbah wurde in Qumm geboren, einem der ersten Zentren arabischer Besiedelung in Persien und einem Bollwerk der Zwölfer-Schia.[1] Sein Vater, ein Zwölfer-Schiit, war aus Kufa im Irak gekommen und soll yemenitischer Herkunft gewesen sein — der Legende nach ein Abkömmling der alten himjaritischen Könige von Südarabien. Der Zeitpunkt von Hasans Geburt ist unbekannt; er liegt wahrscheinlich um die Mitte des 11. Jahrhunderts. Noch während seiner Kindheit verzog sein Vater nach Rajj (in der Nähe des heutigen Teheran). Dort erhielt Hasan seine religiöse Erziehung. Rajj war seit dem 9. Jahrhundert ein Zentrum der daʿis, und es dauerte nicht lange, bis Hasan ihren Einfluß zu spüren begann. In einem autobiographischen Fragment, das spätere Historiker überliefert haben, erzählt er seine Geschichte:

»Schon als kleiner Junge, vom siebenten Lebensjahr an, fühlte ich mich heftig zu allen Gebieten des Lernens hingezogen. Ich wollte ein Religionsgelehrter werden. Bis zum Alter von 17 Jahren forschte und suchte ich nach Wissen, blieb aber dabei dem Zwölfer-Glauben meiner Väter treu.

In Rajj traf ich einen Gefährten *(rafīq)* namens Amira Zarrab, der von Zeit zu Zeit die Lehren der Kalifen von Ägypten auslegte . . ., wie Nasir-i Chusraw es vor ihm getan hatte . . .

Meinen Glauben an den Islam hatte ich nie irgendwie in Zweifel gezogen; ich war stets überzeugt gewesen, daß es einen lebendigen, ewigen, allmächtigen, omnipräsenten Gott, einen Propheten und einen Imam gebe, dazu erlaubte und verbotene Dinge, Himmel und Hölle, Gebote und Verbote. Für mich bestanden Religion und Lehre in dem, was die Menschen im allgemeinen und die Schiiten im besonderen bekannten, und ich war nie auf den Gedanken gekommen, die Wahrheit außerhalb des Islams zu suchen. Ich hielt die Lehren der Ismailiten für Philosophie[2] und den Herrscher Ägyptens für einen Philosophaster.

Amira Zarrab war ein Mann von gutem Charakter. Als er zum erstenmal mit mir sprach, sagte er: ›Die Ismailiten sagen dies und jenes.‹ Ich erwiderte: ›Oh Freund, sprich ihre Worte nicht aus, denn sie sind Ausgestoßene; was sie sagen, ist gegen die Religion.‹ Es gab Kontroversen und Debatten zwischen uns, und er widerlegte und zerstörte meinen Glauben. Ich gab dies vor ihm nicht offen zu, aber in meinem Herzen hatten seine Worte eine starke Wirkung ... Amira sagte zu mir: ›Wenn du in der Nacht in deinem Bett nachdenkst, weißt du, daß meine Worte dich überzeugen.‹«[3]

Später wurden Hasan und sein Mentor getrennt. Der junge Schüler setzte seine Suche fort und las ismailische Bücher; einiges darin überzeugte ihn, anderes ließ ihn unbefriedigt. Eine schwere, schreckliche Krankheit vollendete seine Bekehrung. »Ich dachte: Ohne Zweifel ist dies der wahre Glaube, aber wegen meiner großen Furcht kann ich ihn nicht annehmen. Jetzt ist meine Stunde gekommen, und ich werde sterben, ohne zur Wahrheit gelangt zu sein.«[4]

Hasan starb nicht. Nach seiner Genesung suchte er sich einen neuen ismailischen Lehrer, der seine Instruktion zu Ende führte. Sein nächster Schritt war der Treueid auf den fatimidischen Imam; er wurde ihm von einem Missionar abgenommen, der seine Zulassung von Abd al-Malik ibn Attasch, dem Chef der ismailischen Mission *(daʿwa)* in Westpersien und im Irak, erhalten hatte. Kurz danach, im Mai oder Juni 1072, besuchte der Chef persönlich Rajj und traf den neuen Gefolgsmann. Er war von ihm angetan, nahm ihn in die daʿwa auf und befahl ihm, nach Kairo zu gehen und sich am Kalifenhof vorzustellen — mit anderen Worten: sich in der Machtzentrale zu melden.[5]

Hasan ging jedoch erst einige Jahre später nach Ägypten. Eine von mehreren persischen Autoren erzählte Geschichte, die Edward Fitzgerald — in seinem Vorwort zur Übersetzung der *Rubaiyat* — auch europäischen Lesern mitteilt, enthält einen Bericht über die Ereignisse, die zu seinem Weggang führten. Nach dieser Erzählung studierten Hasan-i Sabbah, der Dichter Omar Chajjam und der spätere Wesir Nizam al-Mulk gemeinsam bei demselben Lehrer. Die drei schlossen einen Freundschaftspakt: Derjenige von ihnen, der zuerst weltlichen Ruhm und Erfolg ernte, werde die beiden anderen unterstützen. Nach einiger Zeit wurde Nizam al-Mulk Wesir des Sultans, und seine Studienkollegen erinnerten ihn an das Versprechen. Er bot ihnen Gouverneursposten an, die sie aber beide ablehnten, freilich mit sehr unterschiedlicher Begründung. Omar Chajjam scheute die Verantwortung des Amtes und zog eine Pension und ein Leben in ungestörter Muße vor; Hasan mochte nicht mit einem Provinzposten abgespeist werden und strebte ein hohes Amt am Hofe an. Sein Wunsch wurde erfüllt. Recht bald jedoch wurde er Kandidat für das Wesirat und als solcher ein gefährlicher Rivale für Nizam al-Mulk selbst. Deshalb intrigierte der Wesir gegen ihn und erreichte durch einen Trick, daß er beim Sultan in Ungnade fiel. Gekränkt und grollend floh Hasan-i Sabbah nach Ägypten, wo er auf Rache sann.

Die Geschichte hat freilich einen Haken. Nizam al-Mulk wurde wahrscheinlich vor 1020 geboren und 1092 getötet. Omar Chajjam wurde 1048 geboren und starb 1131. Hasan-i Sabbahs Geburtsdatum ist unbekannt; er starb 1124. Die Daten machen es sehr unwahrscheinlich, daß die drei Männer Studienkollegen waren. Die meisten modernen Gelehrten haben jene pittoreske Erzählung denn auch in den Bereich der Fabel verwiesen.[6] Andere Historiker haben eine glaubhaftere Erklärung für Hasans Weggang geliefert: Er habe Schwierigkeiten mit den Behörden von Rajj bekommen, die ihn beschuldigten, ägyptische Agenten zu beherbergen und ein gefährlicher Agitator zu sein. Um der Verhaftung zu entgehen, sei er aus der Stadt geflohen und habe sich auf Reisen begeben; diese Reisen hätten ihn schließlich nach Ägypten geführt.[7]

Dem autobiographischen Fragment zufolge verließ er Rajj 1076 und begab sich nach Isfahan, danach weiter nordwärts. Über Aserbeidschan reiste er nach Majjafariqin, wurde aber durch den Kadi der Stadt verwiesen, weil er das exklusive Recht des Imams zur Auslegung der Religion behauptet und damit die Autorität der sunnitischen Ulema in Frage gestellt hatte. Über Mesopotamien erreichte er Syrien und ging nach Damaskus, wo er erkannte, daß der Landweg nach Ägypten infolge militärischer Verwicklungen blockiert war. Er wandte sich daher westwärts zur Küste und segelte von Beirut aus in südlicher Richtung über Palästina nach Ägypten. Am 30. August 1078 kam er in Kairo an und wurde von hohen Würdenträgern des fatimidischen Hofes begrüßt.

Hasan-i Sabbah blieb etwa drei Jahre in Ägypten — erst in Kairo, dann in Alexandreia. Nach einigen Berichten geriet er mit dem Armeekommandeur Badr al-Dschamali in Konflikt, weil er Nizar unterstützte; er wurde inhaftiert und dann aus dem Lande gebracht. Die Begründung für den Konflikt muß jedoch eine spätere Ausschmückung sein, denn der Nachfolgestreit war zu diesem Zeitpunkt noch nicht ausgebrochen. Ein Zusammenstoß zwischen dem glühenden Revolutionär und dem Militärdiktator ist gleichwohl nicht unwahrscheinlich.[8]

Von Ägypten sollte Hasan in ein anderes nordafrikanisches Land deportiert werden, doch das fränkische Schiff, das ihn an Bord genommen hatte, erlitt Schiffbruch. Er wurde gerettet und nach Syrien gebracht. Über Aleppo und Bagdad erreichte er am 10. Juni 1081 Isfahan. In den folgenden neun Jahren bereiste er im Dienste der daʿwa weite Teile Persiens. Im autobiographischen Fragment spricht er einige dieser Reisen an: von Isfahan »begab ich mich nach Kirman und Jesd und leitete dort eine Zeitlang die Propaganda«.[9] Später ging er von diesen mittelpersischen Städten nach Isfahan zurück, wandte sich dann nach Süden und verbrachte drei Monate in Chusistan; dort hatte er bereits auf seinem Rückweg aus Ägypten halt gemacht.

Immer stärker konzentrierte er seine Aufmerksamkeit nun auf den äußersten Norden Persiens, auf die kaspischen Provinzen Gilan und Masenderan und speziell auf die Hochlandregion von Dailam. Diese Landstriche liegen nördlich der Bergkette, die die große iranische Hochebene begrenzt; ihre geographische Konfiguration unterscheidet sich auffällig von der des übrigen Landes, und ihre Bevölkerung — zäh, kriegerisch und freiheitsliebend — wurde von den Iraniern der Hochebene lange Zeit als fremdartig und gefährlich angesehen. Den Herrschern der alten iranischen Reiche war es niemals gelungen, sie wirksam zu unterwerfen; selbst die Sassaniden hatten die Anlage von Grenzbefestigungen für nötig gehalten, um sich gegen ihre Einfälle zu verteidigen. Die arabischen Eroberer des Iran taten sich kaum leichter. Als ihr Führer al-Haddschadsch sich zum Angriff auf Dailam vorbereitete, soll er einer Dailamiten-Delegation eine Landkarte gezeigt haben, auf der Berge, Täler und Pässe markiert waren, und ihnen die Kapitulation nahegelegt haben; andernfalls werde er in das Land eindringen und es verwüsten. Sie hätten einen Blick auf die Karte geworfen und dann gesagt: »Man hat dich über unser Land gut informiert, und dies ist ein Bild von ihm. Aber man hat dir nicht die Krieger gezeigt, die diese Pässe und Berge verteidigen. Du wirst sie kennenlernen, wenn du es darauf anlegst.«[10] Mit der Zeit wurde Dailam doch islamisiert — aber mehr auf dem Wege friedlicher Durchdringung als durch Eroberung.

Gehörten die Dailamiten einerseits zu den letzten, die den Islam annahmen, so waren sie andererseits unter den ersten, die ihre Individualität in ihm bewahrten:

politisch durch das Hervortreten unabhängigkeitsliebender Dynastien, religiös durch die Übernahme heterodoxer Glaubensüberzeugungen. Seit dem Ende des 8. Jahrhunderts, als Abkömmlinge Alis auf der Flucht vor abbasidischer Verfolgung dort Zuflucht und Unterstützung fanden, war Dailam ein Zentrum schiitischer Aktivität, das eifersüchtig auf seine Unabhängigkeit von den Kalifen von Bagdad und anderen sunnitischen Herrschern pochte. Im Verlauf des 10. Jahrhunderts, unter der Bujidenherrschaft, gelang es den Dailamiten sogar, ihren Einfluß auf große Teile Persiens und des Irak auszudehnen und so selbst zu Schutzherren der Kalifen zu werden. Die Ankunft der Seldschuken setzte der schiitisch-dailamitischen Vorherrschaft im Reich ein Ende und wurde für Dailam selbst eine schwere Last.

Gerade auf diese — vorwiegend schiitischen, aber bereits stark von ismailischer Propaganda durchtränkten — Völker im Norden richtete Hasan-i Sabbah all seine Energie. Für die kriegerischen und rebellischen Bergbewohner von Dailam und Mesanderan war sein militantes Credo überaus attraktiv. Er mied die Städte, arbeitete sich durch die Wüstenregionen von Chusistan bis zum östlichen Mesanderan vor und ließ sich schließlich in Damghan nieder, wo er drei Jahre blieb. Von dieser Basis aus sandte er daʿis unter die Bergvölker und war selbst unermüdlich unterwegs, um sie anzuleiten und ihre Bemühungen zu unterstützen. Seine Aktivitäten erregten bald die Aufmerksamkeit des Wesirs, der die Behörden in Rajj anwies, ihn festzunehmen. Dies gelang jedoch nicht. Unter Umgehung Rajjs begab er sich über eine Bergroute nach Qaswin, eine noch besser geeignete Basis für die Propaganda in Dailam.

Bei seinen unermüdlichen Reisen ging es Hasan nicht nur um die Gewinnung neuer Sektenmitglieder. Er suchte auch eine neue Art von Hauptquartier: nicht einen verschwiegenen Treffpunkt in der Stadt, der ständig in Gefahr wäre, entdeckt zu werden — sondern eine abgelegene, uneinnehmbare Festung, von der aus er ungestraft seinen Kampf gegen das Seldschukenreich führen konnte. Seine Wahl fiel schließlich auf die Burg Alamut, erbaut auf dem schmalen Grat eines mehr als 1800 m hohen Felsens im Herzen des Elburs-Gebirges, in beherrschender Lage über einem ringsum abgeschlossenen, fruchtbaren Tal von annähernd 50 km Länge und 5 km Breite. Man konnte die Burg nur über einen schmalen, steilen und gewundenen Pfad erreichen, hatte zuvor jedoch, um überhaupt zu dem Felsen zu gelangen, die enge, von senkrechten und bisweilen überhängenden Klippen begrenzte Schlucht des Alamutflusses zu passieren.

Die Burg soll von einem der Könige von Dailam erbaut worden sein. Während der Jagd soll ein dressierter Adler davongeflogen und auf der Felsnadel gelandet sein. Der König habe die strategische Bedeutung des Platzes sofort erkannt und dort eine Burg bauen lassen. »Er nannte sie Aluh Amut, was in der dailamitischen Sprache ›Lehre des Adlers‹ bedeutet.«[11] Andere, allerdings weniger überzeugende Berichte übersetzen den Namen mit ›Adlernest‹. Die Burg wurde um 860 von einem alidischen Herrscher umgebaut und gehörte zur Zeit von Hasans Ankunft einem Aliden namens Mihdi, der sie vom Sultan der Seldschuken erhalten hatte.

Die Einnahme von Alamut wurde sorgfältig vorbereitet. Von Damgnan aus hatte Hasan daʿis in die Dörfer rund um Alamut geschickt. Dann »sandte ich von Qaswin aus einen daʿi in die Burg ... Einige Bewohner von Alamut wurden durch ihn bekehrt und versuchten ihrerseits den Aliden zu bekehren. Er gab vor, für unsere Sache gewonnen zu sein, verstand es dann aber, die Bekehrten aufs Land zu schicken und umgehend die Burgtore zu schließen. Zur Begründung sagte er, die Burg gehöre dem Sultan. Nach vielerlei

Verhandlungen ließ er sie wieder ein. Als er ihnen dann erneut befahl, wegzugehen, weigerten sie sich.«[12] Nachdem sich seine Anhänger in der Burg festgesetzt hatten, verließ Hasan Qaswin und begab sich in die Nähe von Alamut, wo er sich einige Zeit verborgen hielt. Am Mittwoch, 4. September 1090, ließ er sich heimlich in die Burg bringen, gab auch hier seine Identität zunächst nicht preis, wurde jedoch nach einiger Zeit erkannt. Der Burgherr begriff seine Lage, war aber außerstande, wirksam zu reagieren. Hasan erlaubte ihm den Abgang und gab ihm, persischen Chronisten zufolge, einen trassierten Wechsel über 3000 Golddinare für die Burg.[13]

Jetzt war Hasan-i Sabbah formell Herr von Alamut. Von jetzt an bis zu seinem Tode, 35 Jahre später, stieg er nie mehr von dem Felsen herunter und verließ nur noch zweimal sein Wohnhaus — aber beide Male nur, um auf das Dach zu steigen. »Die restliche Zeit bis zu seinem Tode«, sagt Raschid al-Din, »hat er in seiner Behausung verbracht. Er war damit beschäftigt, Bücher zu lesen, Missionstexte zu Papier zu bringen und die Geschäfte seines Reiches zu führen. Sein Leben war asketisch, mäßig und fromm.«[14]

Anfangs stellte er sich zwei Aufgaben: zu missionieren und in den Besitz weiterer Burgen zu gelangen. Von Alamut sandte er Missionare und Agenten aus, um auf beide Ziele hinzuarbeiten. Von naheliegender Wichtigkeit war die Kontrolle der unmittelbaren Umgebung seines Hauptquartiers, des Distrikts Rudbar (d. h. Flußufer, nach dem Fluß Schah Rud, der ihn durchfließt). Hier, in diesen abgelegenen, aber fruchtbaren Bergtälern, hielten sich noch ältere Lebensformen, die von den Umwälzungen im Süden kaum berührt worden waren. Es gab weder eine Stadt in Rudbar, die diesen Namen verdiente, noch Zentren militärischer oder politischer Autorität. Die Bevölkerung lebte in Dörfern und war dem in Burgen residierenden Landadel ergeben. Bei beiden fanden die Ismailiten Unterstützung. »Hasan setzte alles daran«, sagt Dschuweini, »die Orte in seine Gewalt zu bekommen, die an Alamut angrenzen oder in seiner weiteren Umgebung liegen. Wo immer möglich, gewann er sie durch propagandistische Tricks; Orte jedoch, die seiner Schmeichelei widerstanden, riß er durch Massaker, Schändung, Plünderung, Blutvergießen und Krieg an sich. Er nahm alle Burgen, deren er habhaft werden konnte, und wo immer er einen geeigneten Felsen fand, baute er eine Burg darauf.«[15] Ein bedeutsamer Erfolg war die Erstürmung der Burg Lamasar (1096 oder 1102).[16] Die Angreifer wurden angeführt von Kija Busurgumid, der in der Folge 20 Jahre lang Kommandant von Lamasar blieb. In seiner strategisch günstigen Lage auf einem abgerundeten Felsen hoch über dem Schah Rud war die Burg Sinnbild der ismailischen Macht im gesamten Rudbar-Distrikt.

Weiter entfernt, in südöstlicher Richtung, nahe der heutigen Grenze zwischen Iran und Afghanistan, lag das öde Gebirgsland Quhistan. Seine Bevölkerung lebte in verstreuten, isolierten Oasen innerhalb der großen Salzwüste des Zentralplateaus. In der Frühzeit des Islams war die Region eine der letzten Zufluchtsstätten des Zoroastrismus gewesen; nach der Bekehrung zum Islam wurde sie zum Sammelpunkt schiitischer und anderer Dissidenten, späterhin auch der Ismailiten. Nach Quhistan sandte Hasan-i Sabbah 1091/92 einen Missionar, um den ismailischen Anhang zu mobilisieren und zu erweitern. Seine Wahl fiel auf Husain Qaʿini, einen fähigen, bereits bei der Bekehrung Alamuts erprobten daʿi, der selbst aus Quhistan stammte. Die Mission war sogleich erfolgreich. Die Bevölkerung des Landes stöhnte unter der seldschukischen Herrschaft; ihre Empörung wurde, wie berichtet wird, auf die Spitze getrieben, als ein tyrannischer Seldschuken-Offizier die Schwester eines geachteten Landadligen begehrte, der daraufhin zu den Ismailiten überwechselte. Was sich in Quhistan abspielte, war mehr als geheime Subversion und mehr als die Inbesitznahme von Burgen; es hatte fast den Charakter einer Volkserhebung, einer Befreiungsbewegung gegen die fremde Militärherrschaft. In vielen Teilen des Landes erhoben sich die Ismailiten in offener Revolte und übernahmen die Kontrolle mehrerer Städte: Susan, Qain, Tabas, Tun u.a. Im östlichen Quhistan gelang es ihnen, wie in Rudbar, eine Art Territorialstaat zu errichten.[17]

Gebirgsregionen boten der ismailischen Expansionsstrategie offenkundige Vorteile. Eine derartige Region war auch die Gegend zwischen Chusistan und Fars in Südwestpersien. Auch hier gab es, wie in Quhistan, die notwendigen Voraussetzungen für den Erfolg: ein schwer zugängliches Land, eine starke Tradition der Loyalität gegenüber Schia und Isma'ilijja. Der lokale ismailische Führer war Abu Hamsa, ein Schuhmacher aus Arradschan, der früher in Ägypten gewesen war und als fatimidischer da'i zurückgekehrt war. Er überrannte zwei Burgen, wenige Kilometer von Arradschan entfernt, und benutzte sie als Basen für weitere Aktivitäten.[18]

Während einige Missionare dabei waren, für den ismailischen Glauben starke Vorposten zu errichten und auszubauen, trugen andere die religiöse Propaganda in die Hauptzentren der sunnitischen Orthodoxie und der seldschukischen Macht. Durch sie kam es (möglicherweise noch vor der Einnahme Alamuts) zum ersten blutigen Zusammenstoß zwischen ismailischen Agenten und seldschukischen Autoritäten: in einer kleinen Stadt namens Sava, auf dem nördlichen Plateau zwischen Rajj und Qumm. 18 Ismailiten wurden vom örtlichen Polizeichef verhaftet, weil sie sich abgesondert zum Gebet versammelt hatten. Da es die erste Versammlung dieser Art war, wurden sie nach einem Verhör wieder auf freien Fuß gesetzt. Sie versuchten jedoch kurz darauf einen in Isfahan lebenden Muezzin aus Sava zu bekehren. Als dieser auf ihren Appell nicht einging und sich vom Ismailismus unbeeindruckt zeigte, töteten sie ihn, weil sie fürchteten, denunziert zu werden. Dieser Muezzin, so sagt der arabische Historiker Ibn al-Athir, war ihr erstes Opfer, und sein Blut das erste, welches sie vergossen. Die Nachricht von dem Mord erreichte auch den Wesir Nizam al-Mulk, der persönlich den Befehl zur Liquidierung des Rädelsführers gab. Es handelte sich um einen Zimmermann namens Tahir, den Sohn eines Predigers, der mehrere religiöse Funktionen ausgeübt hatte und in Kirman als mutmaßlicher Ismailit gelyncht worden war. Tahir wurde exekutiert und seine Leiche als abschreckendes Beispiel über den Marktplatz geschleift. Ibn al-Athir zufolge war er der erste Ismailit, der hingerichtet wurde.[19]

1092 machten die Seldschuken den ersten Versuch, mit der ismailischen Gefahr militärisch fertig zu werden. Malikschah, der Großsultan und Oberlehnsherr aller seldschukischen Herrscher und Fürsten, sandte zwei Expeditionen aus — eine gegen Alamut, die andere gegen Quhistan. Beide wurden zurückgeschlagen, die erstere mit Hilfe von Parteigängern und Sympathisanten aus Rudbar und Qaswin. Dschuweini zitiert einen ismailischen Bericht über die Expedition:

»Zu Beginn des Jahres 485 [1092] befahl Sultan Malikschah dem Emir Arslantasch, Hasan-i Sabbah und seine Anhänger aus ihren Festungen zu vertreiben und zu vernichten. Der Emir erschien im Monat Dschumada I des besagten Jahres [Juni/Juli 1092] vor Alamut. Zu diesem Zeitpunkt verfügte Hasan-i Sabbah nur über 60 bis 70 Männer und geringe Vorräte. Sie lebten von dem wenigen, was sie hatten, und hielten den Widerstand gegen die Belagerer aufrecht. Nun hatte einer von Hasans da'is, ein Mann namens Dihdar Abu-Ali aus Zuvara und Ardistan, seinen Wohnsitz in Qaswin, wo er einige der Einwohner bekehrt hatte; zu ihm kamen viele Leute aus den Distrikten von Talaqan, Kuh-i Bara und Rajj, die an Hasans Propaganda glaubten. Dieser wandte sich um Hilfe an Abu-Ali, welcher eine Menge von Leuten aus Kuh-i Bara und Talaqan samt den erforderlichen Gerätschaften in Marsch setzte. Annähernd 300 Mann kamen Hasan-i Sabbah zu Hilfe. Sie kämpften sich den Weg in die Festung frei und verstärkten die Besatzung. Eines Nachts am Ende des Monats Scha'ban [Sept./Okt. 1092] unternahmen sie, von außen unterstützt durch Leute aus Rudbar, einen Überraschungsangriff auf Arslantaschs Armee. Gottes Ratschluß war es, daß diese in die Flucht geschlagen wurde, Alamut verließ und zu Malikschah zurückkehrte.«[20]

Die Belagerung des ismailischen Zentrums in Quhistan wurde aufgehoben, als im November 1092 die Nachricht vom Tod des Sultans eintraf.

Unterdessen hatten die Ismailiten ihren ersten großen Erfolg in jener Kunst errungen, die fortan ihren Namen tragen sollte: in der Kunst des Meuchelmords, des ›Assassinats‹. Ihr auserwähltes Opfer war der mächtige Wesir selbst, dessen Anstrengungen, »den Eiterherd des Aufruhrs einzudämmen und den Makel der Untätigkeit zu tilgen«, ihn zu ihrem gefährlichsten Feind hatten werden lassen. Hasan-i Sabbah bereitete die Aktion sorgfältig vor — wie eine ismailische Quelle belegt, die Raschid al-Din benutzt und zweifellos überarbeitet hat:

»Unser Meister legte Schlingen und stellte Fallen auf, um ein so edles Wild wie Nizam al-Mulk im Netz des Todes und des Verderbens zu fangen. Durch diese Tat wurde sein Ruhm gewaltig vermehrt. Mit der Gaukelei der Täuschung und dem Kunstgriff der Lüge, mit arglistiger Verstellung und hinterhältiger Zurichtung bereitete er den Boden für die fida'is, um endlich zu fragen: ›Wer von euch ist willens, dieses Land von dem Übeltäter Nizam al-Mulk Tusi zu befreien?‹ Ein Mann namens Bu Tahir Arrani legte die Hand auf sein Herz, um seine Bereitschaft anzuzeigen. Und in der Nacht zu Freitag, dem 12. Ramadan des Jahres 485 [16.10.1092], bei dem Ort Sahna im Distrikt von Nihawand näherte er sich, dem Pfade des Irrtums folgend, um auf ihm zur Seligkeit der künftigen Welt zu gelangen, als Sufi verkleidet der Sänfte Nizam al-Mulks, der vom Audienzsaal zum Zelt seiner Frauen getragen wurde, und erstach ihn mit einem Messer. Noch während er zustieß, erlitt er das Martyrium. Nizam al-Mulk war das erste Opfer der fida'is. Unser Meister (mag er nach seinen

Verdiensten gerichtet werden) sagte: ›Die Tötung dieses Teufels ist der Beginn der Seligkeit.‹«[21]

So begann die lange Reihe darartiger Angriffe, jene Strategie des kalkulierten Terrors, der Souveränen, Fürsten, Generalen und Gouverneuren einen schnellen Tod brachte; selbst Theologen, die ismailische Lehren verdammt und die Verfolgung ihrer Bekenner autorisiert hatten, teilten dieses Schicksal. »Sie zu töten«, hatte z. B. einer dieser frommen Ismailitengegner gesagt, »ist rechtmäßiger als Regenwasser. Es ist die Pflicht von Sultanen und Königen, sie zu ergreifen und zu töten, um die Erdoberfläche von ihrem Schmutz zu reinigen. Es ist unrecht, mit ihnen Bündnisse oder Freundschaft zu schließen, von ihnen zubereitetes Fleisch zu essen oder sich mit ihnen ehelich zu verbinden. Das Blut eines Ketzers zu vergießen ist verdienstvoller als die Tötung von 70 griechischen Ungläubigen.«[22]

Für ihre Opfer waren die Assassinen kriminelle Fanatiker, engagiert in einer mörderischen Verschwörung gegen Religion und Gesellschaft. Für die Ismailiten waren sie die Elitetruppe im Krieg gegen die Feinde des Imams, die, indem sie Unterdrücker und Usurpatoren niederstreckten, den äußersten Beweis für ihre Glaubensstärke und Loyalität lieferten und den direkten Eingang ins Paradies verdienten. Die Ismailiten selbst benutzten den Ausdruck *fidāʾī* (etwa: Geweihter) für den in aktueller Mission begriffenen Mörder. Ein interessantes ismailisches Gedicht, das erhalten blieb, rühmt Mut, Loyalität und selbstlose Hingabe der fida'is.[23] In den ismailischen Lokalchroniken von Alamut, die Raschid al-Din und Kaschani zitieren, gibt es eine Ehrentafel der Meuchelmorde, mit den Namen der Opfer wie der frommen Exekutoren.

Der Form nach waren die Ismailiten eine Geheimgesellschaft mit einem System von Eiden und Initiationen sowie einer nach Rang und Wissen abgestuften Hierarchie. Die Geheimnisse wurden gut gehütet, so daß nur fragmentarische und ungenaue Informationen darüber vorliegen. Orthodoxe Polemiker haben die Ismailiten als eine Bande hinterhältiger Nihilisten dargestellt, die ihre Opfer durch immer weitere Erniedrigung täuschten, bis sich am Ende die ganze Schändlichkeit ihres Unglaubens offenbarte. Ismailische Autoren sehen die Sektenmitglieder als Wächter der heiligen Mysterien, zu denen der Gläubige nur nach einer langen, durch zunehmende Grade der Einweihung gekennzeichneten Phase der Vorbereitung und Instruktion gelangen konnte. Der meistgebrauchte Ausdruck zur Beschreibung der Sektenorganisation ist *daʿwa* (persisch: *daʿvat*), was Mission oder Verkündigung bedeutet; die Repräsentanten der daʿwa sind die *dāʿīs* oder Missionare (wörtlich: Zusammenrufer), die zusammen so etwas wie eine ordinierte Priesterschaft darstellen. In späteren ismailischen Berichten werden sie vielfach differenziert nach höheren und niedrigeren Rängen von Predigern, Lehrern und Lizentiaten, unter denen dann noch die *mustadschībs* (wörtlich: Antworter) standen, der niedrigste Rang der Eingeweihten. Über allen daʿis stand der *ḥuddscha* (persisch: *ḥuddschat*), der ›Beweis‹, der Großdaʿi. Das Wort *dschasīra* (Insel) wurde zur Bezeichnung des territorialen bzw. ethnischen Zuständigkeitsbereiches eines daʿi verwandt. Wie andere ismailische Sekten und Orden nennen die Ismailiten ihren religiösen Führer oft ›Ältester‹ (arabisch: *scheich;* persisch: *pīr*); das Sektenmitglied heißt gewöhnlich *rafīq* (Gefährte).[24]

Im Jahre 1094 sah sich die Ismaʿilijja einer ernsten Krise gegenüber. Der fatimidische Kalif al-Mustansir, bis dahin Imam und höchste Glaubensautorität, starb in Kairo und löste, wie oben beschrieben, einen Nachfolgestreit aus. Die persischen Ismailiten verweigerten seinem Nachfolger auf dem ägyptischen Thron, al-Mustaʿli, die Anerkennung; für sie war dessen älterer Bruder Nizar der rechtmäßige Erbe. Bis zu dieser Spaltung unterstand die Organisation in Persien, zumindest nominell, der höchsten Autorität des Imams und des Großdaʿi in Kairo. Hasan-i Sabbah war beider Repräsentant gewesen, zunächst als Stellvertreter Abd al-Malik ibn Attaschs, dann als dessen Nachfolger. Nun gab es einen radikalen Bruch, und die persische Ismaʿilijja entriet fortan ebenso der Unterstützung durch ihre früheren Autoritäten in Kairo, wie sie sich deren Kontrolle entzog.

Ein entscheidendes Problem war jetzt die Identität des Imams, der zentralen Figur im gesamten theologisch-politischen System der Ismailiten. Nizar war der legitime Imam nach al-Mustansir gewesen — aber er wurde im Gefängnis von Alexandreia ermordet, und auch seine Söhne sollen dort umgekommen sein. Einige Nizari behaupteten, Nizar sei nicht wirklich tot, sondern habe sich nur verborgen und werde als Mahdi zurückkehren; das hätte bedeutet, daß die Reihe der Imame zu Ende war. Diese Gruppe konnte sich jedoch nicht durchsetzen. Was Hasan-i Sabbah seinen Anhängern zu diesem Punkt erklärte, ist unbekannt; späterhin wurde die Lehrmeinung übernommen, das Imamat sei auf Nizars Enkel übergegangen, der heimlich in Alamut aufgezogen wurde. Es handelte sich nach der einen Version um ein Kleinkind, das von Ägypten nach Persien geschmuggelt worden war — nach der anderen um das in Alamut geborene Kind einer Konkubine von Nizars Sohn, die schwanger nach dort entführt worden war. Der Tradition der Nizari gemäß wurden diese Dinge längere Zeit strikt geheimgehalten und sind erst viele Jahre später bekannt geworden.

Das Fehlen eines manifesten Imams und die Neuorientierung infolge des Bruchs mit Kairo scheinen die Aktivitäten der Ismailiten in Persien weder lahmgelegt noch behindert zu haben. Im Gegenteil: Unter Ausnutzung der vorübergehenden Verwirrung im Seldschukenreich in den letzten Jahren des 11. und den ersten des 12. Jahrhunderts wurden sie sogar noch in weiteren Regionen aktiv.

So im östlichen Elburs: Hier wurde 1096 eine Burg nach der schon früher praktizierten Methode eingenommen. Von Alamut wurden Emissäre in das Gebiet von Damghan gesandt, wo Hasan vor seinem Weggang nach Dailam gewirkt hatte. Sie erfuhren starke Unterstützung durch den Gouverneur von Damghan, einen Offizier namens Muzaffar, der von Abd al-Malik ibn Attasch selbst insgeheim zum Ismailismus bekehrt worden war. Südlich von Damghan lag die Festung Girdkuh, die durch ihre Robustheit und ihre Lage für die Zwecke der Sekte wie geschaffen war. Muzaffar machte sich daran, sie für sie zu gewinnen. Immer noch in der Rolle des loyalen Offiziers überredete er seinen Vorgesetzten, den seldschukischen Emir, Girdkuh vom Sultan zu erbitten und ihn dort als Kommandanten einzusetzen. Der Emir wie der Sultan waren einverstanden, und Muzaffar nahm ordnungsgemäß von Girdkuh Besitz. Mit Billigung und vielleicht sogar auf Kosten des Emirs besserte er die Burg aus, verstärkte sie, legte Vorräte und einen Schatz an. Als dann alle Vorbereitungen abgeschlossen waren, bekannte er sich offen als Ismailit und Anhänger Hasan-i Sabbahs. Er blieb 40 Jahre lang Kommandant. Die Festung Girdkuh, hoch über der Hauptstraße zwischen Chorasan und Westpersien gelegen und in bequemer Nähe zu den ismailischen Hochburgen im östlichen Mesanderan, stärkte die strategische Position der expandierenden ismailischen Macht beträchtlich.[25]

Nicht lange danach gelang ein noch kühnerer Coup: die Eroberung der Festung Schahdiz, auf einem Hügel nahe der großen Stadt Isfahan als Sitz eines Seldschukensultans errichtet.[26] In Isfahan hatten ismailische Agenten schon länger gewirkt; auch Abd al-Malik ibn Attasch hatte dort gelebt, bis er aufgrund einer Anklage wegen Zugehörigkeit zur Schia hatte fliehen müssen.

Eine neue Chance bot sich während der Kämpfe, die der neue Sultan Berkjaruq gegen seine Halbbrüder und seine Stiefmutter führte; Ismailiten errichteten ein Terrorregime in Isfahan, das erst endete, als das Volk sich gegen sie erhob und sie massakrierte. (Ähnliche Ausbrüche von Volkszorn gegen die Ismailiten sind aus anderen persischen Städten gemeldet worden.)

Ahmad, der Sohn Abd al-Malik ibn Attaschs, hatte nach seines Vaters Flucht in Isfahan bleiben dürfen, weil man ihm glaubte, daß er dessen religiöse Überzeugungen nicht teile. Er arbeitete gleichwohl heimlich für die Isma'ilijja. Nach Auskunft eines persischen Historikers fand er eine Stelle als Lehrer für die Kinder der Garnison von Schahdiz, die bezeichnenderweise aus dailamitischen Söldnern bestand. Es gelang ihm, sich bei diesen einzuschmeicheln und sie für den Ismailismus zu gewinnen. So war er schließlich in der Lage, Besitz von der Festung zu ergreifen. Eine etwas prosaischere Version besagt, er habe sich das Vertrauen des Kommandanten erschlichen, sei seine rechte Hand und nach seinem Tode sein Nachfolger geworden. — Etwas später gewannen die Ismailiten Chalindschan, eine zweite Burg bei Isfahan — es ist unklar, ob durch Eroberung oder freiwillige Übergabe. Eine Geschichte von der Art, wie Chronisten sie lieben, die über Ismailiten berichten, spricht von einem Zimmermann, der Freundschaft mit dem Kommandanten schloß, ein Bankett gab und dabei die gesamte Garnison sturzbetrunken machte.

Sultan Berkjaruq, der Malikschah 1092 nachfolgte, hatte zur Bekämpfung der Isma'ilijja nur wenig Zeit und geringe Kräfte zur Verfügung, weil er sich völlig auf den Kampf gegen seinen Halbbruder Muhammad Tapar konzentrieren mußte, den dessen Bruder Sandschar unterstützte. So waren er und einige seiner Statthalter bereit, ismailische Aktionen gegen seine Feinde zu tolerieren, bei Gelegenheit sogar diskret um ismailische Hilfe nachzusuchen. Seinen Repräsentanten in Chorasan z. B. gelang es, im Kampf mit der Gegenpartei von Ismailiten Unterstützung zu erhalten. Von den etwa 50 Meuchelmordopfern der Assassinen, die — beginnend mit Nizam al-Mulk — auf der Ehrentafel von Alamut während der Herrschaft Hasan-i Sabbahs verzeichnet wurden, entfallen mehr als die Hälfte auf diese Periode; einige von ihnen sollen Parteigänger Muhammad Tapars und Gegner Berkjaruqs gewesen sein.

Im Sommer 1100 brachte Berkjaruq Muhammad Tapar eine Niederlage bei; dieser mußte sich daraufhin nach Chorasan zurückziehen. Im Gefolge dieses Sieges wurden die Ismailiten noch kühner und selbstsicherer und infiltrierten sogar Berkjaruqs Hof und Armee. Sie zogen viele Armeeangehörige auf ihre Seite und bedrohten solche, die sich verweigerten, mit Mord. »Kein Kommandant oder Offizier«, sagt ein arabischer Chronist, »wagte sein Haus uneskortiert zu verlassen; alle trugen Waffen unter ihrer Kleidung, und selbst der Wesir Abu'l Hasan trug unter seinem Gewand ein Panzerhemd. Die höheren Offiziere baten den Sultan um die Gunst, bewaffnet vor ihm erscheinen zu dürfen, weil sie Angriffe fürchteten, und er gewährte sie ihnen.«[27]

Die ständig zunehmende Gefährlichkeit und Insolenz der Ismailiten ebenso wie der wachsende Ärger der eigenen Gefolgschaft über seine Nachsicht (sofern man sich nicht drastischer äußerte) zwangen Berkjaruq schließlich zum Handeln. Im Jahre 1101 scheint er mit Sandschar — der noch immer in Chorasan herrschte — eine konzertierte Aktion gegen den gemeinsamen Feind beschlossen zu haben. Sandschar schickte eine zahlreiche und gut bewaffnete Expeditionsstreitmacht, kommandiert von seinem dienstältesten Emir, in die von der Isma'ilijja beherrschten Region Quhistans. Die Truppe verwüstete das Land und legte einen Belagerungsring um Tabas, das wichtigste Bollwerk der Ismailiten. Mit Hilfe von Steingeschützen zerstörte sie einen Großteil der Mauern und war dabei, die Stadt einzunehmen — da brachten die Eingeschlossenen den Emir durch Bestechung dazu, die Belagerung aufzuheben und abzuziehen. So waren sie in der Lage, die Befestigungsanlagen auszubessern und zu verstärken, um gegen den nächsten Angriff gewappnet zu sein. Er kam drei Jahre später, als der nämliche Emir eine neue Armee nach Quhistan führte, zu der neben den regulären Truppen auch Freiwillige gehörten. Dieses Mal war die Expedition erfolgreich — aber kurioserweise doch unwirksam. Die seldschukischen Truppen eroberten und zerstörten Tabas und andere Festungen der Ismailiten, brandschatzten ihre Siedlungen und führten eine Anzahl der Bewohner in die Sklaverei ab. Dann zogen sie ab, nachdem sie den Zurückbleibenden das feierliche Versprechen abgenommen hatten, »in Zukunft weder Festungsanlagen zu bauen noch Waffen zu kaufen noch für ihren Glauben zu werben«.[28] Nicht wenige Seldschuken kritisierten diese Bedingung als viel zu milde und tadelten Sandschar dafür, daß er sie akzeptiert hatte. Tatsächlich dauerte es nur kurze Zeit, bis sich die Ismailiten wieder massiv in Quhistan etabliert hatten.

Was Westpersien und den Irak angeht, so machte Berkjaruq keinen ernsthaften Versuch, die dortigen Zentren der Isma'ilijja anzugreifen. Statt dessen suchte er die Enttäuschung im Offizierskorps und in der Bevölkerung zu mildern, indem er Massaker an ismailischen Sympathisanten in Isfahan zuließ oder sogar förderte. Soldaten und Zivilisten vereinten sich in der Jagd auf Verdächtige, die zusammengetrieben, auf einen großen Platz geführt und niedergemacht wurden. Eine simple Beschuldigung genügte. Viele Unschuldige, sagt Ibn al-Athir, seien bei dieser Gelegenheit Opfer privater Rache geworden. Außer in Isfahan kam es auch im Irak zu Ismailitenverfolgungen, wo die Opfer im Feldlager von Bagdad getötet und ismailische Bücher verbrannt wurden. Ein prominenter Ismailit, Abu Ibrahim al-Asabadadi, war vom Sultan persönlich in offizieller Mission nach Bagdad entsandt worden. Jetzt ließ dieser ihn verhaften. Als seine Kerkermeister kamen, ihn abzuholen, sagte Asabadadi: »Nun gut, ihr werdet mich töten — aber könnt ihr auch die töten, welche in den Burgen sind?«[29]

Asabadadis Spott traf den Kern der Sache. Die Ismaʿilijja hatte einen Rückschlag erlitten; sie konnte nicht länger mit der Tolerierung durch Berkjaruq rechnen. Ihre fidaʿis blieben eine Zeitlang verhältnismäßig inaktiv. Aber ihre Burgen waren unversehrt, und ihr Schreckensregiment war gezügelt, aber keineswegs zu Ende. Zwischen 1101 und 1103 verzeichnet die Ehrentafel Morde am Mufti von Isfahan (in der alten Moschee der Stadt), am Präfekten von Baihaq und am Führer der Karramijja, eines militant antiismailischen Ordens (in der Moschee von Nischapur). Die Ermordung seldschukischer Beamter und Offiziere war in dieser Zeit wohl zu schwierig geworden — aber nach wie vor gab es die Aufgabe, jene zivilen und religiösen Würdenträger zu bestrafen, die es gewagt hatten, sich der Ismaiʿilijja entgegenzustellen. Während dieser Jahre tat der Herr von Alamut einen weiteren bedeutsamen Schritt: Er entsandte Missionare nach Syrien.

Bis zum Tode Berkjaruqs (1105) war die Gefahr, die dem seldschukischen Reich durch die Ismailiten drohte, zwar eingedämmt, aber nicht beseitigt. Berkjaruqs Nachfolger Muhammad Tapar machte einen neuen und entschiedenen Versuch, sie niederzuringen. »Als Muhammad die Herrschaft fest in der Hand hatte und kein Rivale übriggeblieben war, der sie ihm hätte streitig machen können, gab es für ihn fortan keine dringlichere Aufgabe als die Aufspürung und Bekämpfung der Ismailiten, um die Muslime für deren Unterdrückung und Missetaten zu rächen. Er entschied sich, mit der Burg von Isfahan zu beginnen, die sie in der Hand hatten, denn diese stellte die größte Demütigung dar, weil sie seine Hauptstadt beherrschte. Deshalb führte er seine Armee persönlich an und begann am 6. Schaʿban 500 [2.4.1107] mit der Belagerung der Burg.«[30]

Belagerung und Einnahme der Burg verzögerten sich durch eine Reihe von Winkelzügen und Manövern, die die Ismailiten und ihre Freunde ersannen. Zunächst verschob sich die ganze Expedition um fünf Wochen, weil ismailische Sympathisanten im Lager des Sultans falsche Berichte über Gefahren an anderer Stelle lancierten. Als dann der lokale Ismailitenführer Ahmad ibn Attasch wirklich unter Druck geriet, verschaffte er sich eine Atempause, indem er eine religiöse Kontroverse vom Zaun brach: In einer Botschaft an den Sultan bezeichnete er die Ismailiten als gute Muslime, die an Gott und den Propheten glaubten und das Heilige Gesetz achteten. Sie differierten von den Sunniten einzig in der Imamatsfrage. Es sei daher nur recht und billig, wenn der Sultan ihnen einen Waffenstillstand konzediere und Bedingungen nenne, unter denen sie ihm ihre Ergebenheit beweisen könnten. So kam es mitten im Lager der Angreifer zu einem religiösen Streitgespräch zwischen diesen und den Verteidigern sowie zwischen verschiedenen Denkschulen. Ein Großteil der theologischen Ratgeber des Sultans war bereit, die These der Ismailiten zu akzeptieren, aber eine Minderheit plädierte unerschütterlich für eine festere Haltung. »Sie mögen folgende Frage beantworten«, sagte ein Angehöriger dieser Minderheit: »›Wenn euer Imam euch erlauben würde, was das Heilige Gesetz verbietet, und verbieten, was es erlaubt — würdet ihr ihm gehorchen?‹ Wenn sie mit Ja antworten, so ist es gerecht, ihr Blut zu vergießen.« Dank dieser rigorosen Haltung verlief die Diskussion schließlich im Sande, und die Belagerung ging weiter.

Jetzt versuchten die Ismailiten es mit einer neuen Taktik: Sie schlugen einen Kompromiß vor, demzufolge sie für die belagerte Festung eine andere in der Nachbarschaft erhalten sollten, »um ihr Leben und ihren Besitz vor dem Mob zu schützen«. Darüber kam es zu neuen Verhandlungen; währenddessen ließ der Wesir persönlich Lebensmittel in die Festung bringen. Als dann aber ein Assassine einen Emir des Sultans, der für entschiedene Härte plädiert hatte, zu töten versuchte, war auch diese Phase zu Ende. Der Sultan nahm die Belagerung wieder auf, und die einzige Chance, die den Verteidigern blieb, waren Übergabeverhandlungen.

Man war bald einig. Ein Teil der Garnison durfte abziehen und sich unter dem Schutz des Sultans zu den ismailischen Zentren in Tabas und bei Arradschan begeben. Die übrigen hatten sich in einem Flügel der Burg zu versammeln und den Rest an den Sultan zu übergeben. Sie sollten ebenfalls abziehen dürfen, wenn die Nachricht von der sicheren Ankunft ihrer Gefährten eintreffen würde, und sich nach Alamut begeben dürfen. Als diese Nachricht aber zu gegebener Zeit eintraf, weigerte sich Ibn Attasch, die von ihm übernommene Verpflichtung zu erfüllen. Er hatte die Frist genutzt, um Waffen und etwa 80 Männer im noch nicht übergebenen Teil der Burg zu konzentrieren, und sich auf einen Kampf bis zum Tode vorbereitet. Die Belagerten konnten nur durch Verrat überwältigt werden: Dem Sultan wurde hinterbracht, daß auf einer der Festungsmauern Waffen und Rüstungen arrangiert waren, die Kämpfer vortäuschen sollten; tatsächlich war die Mauer unbesetzt. Hier fand die Erstürmung statt, und die meisten Verteidiger fanden den Tod. Ibn Attaschs Frau stürzte sich, geschmückt mit all ihren Juwelen, von einem der Wälle; er selbst wurde gefangengenommen, im Triumphzug durch die Straßen von Isfahan geführt und dann lebendig enthäutet. Die Haut wurde mit Stroh ausgestopft, der Kopf nach Bagdad geschickt.

In einer Siegesbotschaft liefert der Sekretär des Sultans — im etwas pompösen Stil, der solche Dokumente meist auszeichnet — aus seldschukischer Sicht eine Beschreibung des besiegten Feindes:

»In dieser Burg von Schahdiz . . . wurde das Ei der Falschheit gelegt und ausgebrütet . . . Da gab es Ibn Attasch, dessen Vernunft auf dem Wege des Irrtums entfloh und abhanden kam, der die Menschen lehrte, daß die Rechtschaffenheit falsch sei, und der sich ein mit Lügen gefülltes Buch zur Richtschnur nahm. Er hielt es für statthaft, das Blut der Muslime zu vergießen und ihren Besitz der Plünderung preiszugeben . . . Selbst wenn sie nur das getan hätten, was sie gleich zu Anfang in Isfahan taten — als sie ihre Gegner tückisch verfolgten, arglistig fingen und nach schrecklichen Foltern einen grausamen Tod erleiden ließen, als sie vielfachen Mord begingen an den Notabeln des Gerichtshofs, der Elite der Ulema und vielen anderen, als sie mehr unantastbares Blut vergossen, als je gemessen werden kann, und den Islam mannigfach beleidigten . . . —, so wäre es bereits unsere Pflicht gewesen, zur Verteidigung der Religion in den Kampf zu ziehen, den Heiligen Krieg gegen sie in alle Länder zu tragen, und sei es bis nach China . . .«[31]

›China‹ war natürlich nur eine stilistische Floskel — eine Anspielung auf einen wohlbekannten Ausspruch des Propheten. Immerhin erweiterte die Offensive des Sultans das seldschukische Reich nach Osten wie nach Westen. Eine Expedition gegen Takrit im Irak, das die Ismailiten zwölf Jahre lang gehalten hatten, führte zwar nicht zur Eroberung der Stadt, zwang den ismailischen Kommandanten jedoch, sie an die ortsansässigen arabischen Schiiten zu übergeben. Im Osten sah sich Sandschar zu Aktionen gegen die Basen der Isma'ilijja in Quhistan genötigt — ob mit Erfolg, ist nicht bekannt. Etwa um diese Zeit oder wenig später wurden auch ihre Bollwerke bei Arradschan erstürmt, von denen danach in der Region von Chusistan und Fars kaum noch die Rede war.

Die Hauptmacht der Ismailiten war jedoch anderswo konzentriert: im Norden — in den Burgen von Rudbar, in Girdkuh und vor allen anderen in der gewaltigen

Festung Alamut, der Residenz von Hasan-i Sabbah. Um 1107/08 sandte der Sultan, unter Führung seines Wesirs Ahmad ibn Nizam al-Mulk, eine militärische Expedition nach Rudbar. Der Wesir hatte selbst gute Gründe, die Ismailiten zu hassen, war doch nicht nur sein Vater, der berühmte Nizam al-Mulk, ihr erstes Opfer gewesen, sondern auch sein Bruder Fachr al-Mulk im vergangenen Jahr in Nischapur dem Dolch eines Assassinen erlegen. Die Expedition hatte einen gewissen Erfolg und verlangte der Isma'ilijja viele Opfer ab, verfehlte jedoch ihr Hauptziel: die Eroberung und Zerstörung Alamuts. Ahmad ibn Nizam al-Mulk »umzingelte Alamut und Ustawand, das in seiner Nähe am Ufer des Andidsch liegt. Hier führte er eine Zeitlang Krieg und zerstörte die Ernten. Als er jedoch erkannte, daß er nicht mehr erreichen konnte, verließ er Rudbar mit seiner Armee. In den Burgen herrschte große Hungersnot; die Menschen mußten Gras essen. Aus diesem Grund wurden Frauen und Kinder in andere Gegenden geschickt. Auch Hasan i Sabbah hieß seine Frau und seine Töchter nach Girdkuh gehen.«[32]

Neben dem Einsatz eigener Truppen machte der Sultan auch den Versuch, die unmittelbaren Nachbarn der Ismailiten gegen diese zu mobilisieren, hatte jedoch keinen Erfolg. Ein lokaler Herrscher im Gilan etwa, den er zur Teilnahme am Angriff auf die ismailischen Stellungen bewegen wollte, versagte seine Unterstützung — mit der vorgeschobenen Begründung, die Arroganz des Sultans habe ihn aufgebracht. In Wirklichkeit hatte er wohl andere Gründe. Dschuweini hat die schwierige Lage lokaler Herrscher in Dailam zwischen gefährlichen, nahen Nachbarn und mächtigen, aber entfernter residierenden Lehnsherren lebendig beschrieben: »Deshalb waren die lokalen Herrscher nah und fern der Gefahr ausgesetzt — ganz gleich, ob sie es mit Freunden oder Feinden zu tun hatten — und sahen sich ständig in den Strudel des Untergangs gerissen.

Denn ihre Freunde konnten von den Königen des Islams unterworfen und vernichtet werden, so daß sie, wie der *Koran* [XX, 11] sagt, ›den Verlust des Diesseits und des Jenseits‹ zu erleiden hätten; ihre Feinde ließen sie, aus Furcht vor Arglist und Verrat, in den Käfig der Verteidigung und der Vorsicht fliehen, wo sie [trotzdem] zum großen Teil den Tod fanden.«[33]

Alamut durch einen direkten Angriff einzunehmen war völlig unmöglich. Daher versuchte der Sultan es mit einer anderen Methode: dem Zermürbungskrieg. Er hoffte, die Ismailiten dadurch so sehr schwächen zu können, daß sie einer Attacke keinen Widerstand mehr entgegensetzen würden.

»Acht aufeinanderfolgende Jahre lang kamen seine Truppen nach Rudbar, zerstörten die Ernten und verwickelten ihre Gegner in Gefechte. Als bekannt wurde, daß es Hasan und seinen Leuten an Nachschub mangelte, ernannte er zu Beginn des Jahres 511 [1117/18] den Atabeg Nuschtigin Schirgir zum Kommandeur der Truppen und befahl ihm, Belagerungsringe um die Burgen zu legen. Am 1. Safar [4.6.1117] wurde Lamasar, am 11. Rabi' I [13.7.] Alamut eingeschlossen. Schirgirs Truppen brachten ihre Steingeschütze in Stellung, kämpften sich energisch vor und waren im Monat Dhu'l-hidschdscha [März/April 1118] gerade dabei, die Burgen zu nehmen und die Menschheit von den hier ersonnenen Umtrieben zu befreien, als die Nachricht eintraf, Sultan Muhammad sei in Isfahan gestorben. Umgehend zerstreuten sich die Truppen. Die Ketzer aber blieben am Leben und schleppten all die Vorräte, Waffen und Kriegsgeräte in ihre Burgen, die die Armee des Sultans zurückgelassen hatte.[34]«

Daß Schirgirs Armee sich im Angesicht des Sieges zurückzog, war Anlaß zu tiefer Enttäuschung. Einige Anzeichen sprechen dafür, daß nicht nur die Nachricht vom Tod des Sultans für ihren eiligen Abzug verantwortlich war. Eine undurchsichtige Rolle in der Affäre spielte ein gewisser Qiwam al-Din Nasir ibn Ali al-Dargasini, Wesir in seldschukischen Diensten und, wie zu vermuten ist, heimlicher Ismailit. Er hatte großen Einfluß auf Mahmud, den Sohn und Nachfolger des Sultans Muhammad in Isfahan, und spielte an dessen Hof eine bedeutende

Rolle. Man glaubt, daß der Rückzug der Armee Schirgirs von Alamut und damit die Rettung der Ismailiten sein Werk war; ebenso soll er den neuen Sultan gegen Schirgir aufgebracht und bewirkt haben, daß dieser verhaftet und getötet wurde. Später wurde al-Dargasini der Komplizität bei mehreren Mordaffären beschuldigt.[35]

Selbst während der Belagerung ihrer Burgen blieben die Assassinen nicht untätig. 1108/09 töteten sie Ubaid Allah al-Chatib, Kadi in Isfahan und Erzgegner der Isma'ilijja. Der Kadi wußte um seine Gefährdung. Er ging geharnischt, hatte einen Leibwächter und bewegte sich sehr vorsichtig — vergeblich. Während des Freitagsgebets in der Moschee von Hamadan kniete ein Assassine zwischen ihm und seinem Leibwächter; er hatte leichtes Spiel. Im selben Jahr wurde der Kadi von Nischapur während der Feiern zum Ramadan-Ende umgebracht. In Bagdad fiel ein Assassine Ahmad ibn Nizam al-Mulk an — zweifellos um ihn für die Leitung der Expedition nach Alamut zu bestrafen. Der Wesir wurde verwundet, überlebte aber. Noch weitere Opfer waren zu verzeichnen: sunnitische Theologen und Juristen, bedeutende Würdenträger wie der kurdische Emir Ahmadil, ein Milchbruder des Sultans.

Nach dem Tod des Sultans Muhammad im Jahre 1118 begann eine Periode verbissener Machtkämpfe im seldschukischen Lager, die den Ismailiten Gelegenheit gab, sich von den Schlägen, die sie hatten einstecken müssen, zu erholen und ihre Position sowohl in Quhistan wie im Norden neu zu festigen. Schließlich gelang es Sandschar, der unter dem Sultanat seiner Brüder Berkjaruq und Muhammad Tapar die östlichen Provinzen kontrolliert hatte, eine prekäre Vorherrschaft über die übrigen seldschukischen Führer zu erringen. Während dieser Zeit begann sich der Charakter der Beziehungen zwischen der Isma'ilijja und den sunnitischen Staaten zu ändern. Die Endziele der ismailischen Bewegung wurden zwar nicht aufgegeben; in den Kernländern wurde jedoch zunehmend auf Subversion und Terror verzichtet. Statt dessen konzentrierte man sich auf die Verteidigung und Konsolidierung der bereits unter Kontrolle gebrachten Territorien und erfuhr sogar ein gewisses Maß an politischer Anerkennung. In einer Zeit, da die Zersplitterung des Mittleren Ostens — nach der Unterbrechung durch die großen seldschukischen Eroberungen — wieder zunahm, gingen die ismailischen Fürstentümer und Grundherrschaften dazu über, ihren Platz im Geflecht der kleinen unabhängigen Staaten einzunehmen und sich sogar an lokalen Bündnissen und Rivalitäten zu beteiligen.

Sandschars tolerante Haltung gegenüber ismailischen Selbständigkeitsbestrebungen wird anhand einer Geschichte verständlich, die Dschuweini erzählt:

»Hasan-i Sabbah schickte Gesandte zu Sandschar, um Frieden zu schließen, aber seine Bedingungen wurden nicht akzeptiert. Daraufhin setzte er alle denkbaren Listen ein, um die Höflinge des Sultans zu bestechen und so eine gewisse Sicherheit zu erlangen. Einen der Eunuchen kaufte er mit einer großen Summe Geldes und sandte ihm einen Dolch, der eines Nachts neben dem Bett des Sultans im Boden stak, während dieser in trunkenem Schlafe lag. Als er erwachte und den Dolch sah, erfaßte ihn panischer Schrecken; da er den Schuldigen aber nicht kannte, befahl er die Sache geheimzuhalten. Nun sandte Hasan ihm einen Boten mit der folgenden Botschaft: ›Wäre ich dem Sultan nicht wohlgesinnt, so hätte jener Dolch statt im harten Boden in seiner weichen Brust gesteckt.‹ Der Sultan wurde von Furcht ergriffen und war nun geneigt, mit ihm Frieden zu schließen. Er enthielt sich während seiner weiteren Regierungszeit aller Angriffe auf die Ismailiten, und deren Sache gedieh. Er gestand ihnen aus dem Steueraufkommen in der Region von Qumisch eine Rente von 3000 Dinaren zu und erlaubte ihnen, von Reisenden, die Girdkuh passierten, einen kleinen Zoll zu erheben. Dieser Brauch hat sich bis heute erhalten. Ich habe mehrere Fermane Sandschars gesehen, die in ihrer Bibliothek aufbewahrt wurden; sie sind voller Beschwichtigungen und Schmeicheleien. Von da her kann ich abschätzen, in welchem Maße der Sultan ihre Aktionen tolerierte und bestrebt war, in gutem Einvernehmen mit ihnen zu bleiben. Kurz gesagt: Während seiner Herrschaft konnten sie ungefährdet und ruhig leben.«[36]

Aber die Nizari von Alamut hatten nicht nur die abbasidischen Kalifen und die seldschukischen Sultane zu Feinden. In Kairo gab es noch immer einen Fatimiden-Kalifen, und zwischen dessen Nachfolgern und den Nizari in Persien bestand jener besondere, intime Haß, wie er oft zwischen rivalisierenden Strömungen derselben Religion zu beobachten ist. 1121 wurde der gefürchtete al-Afdal, Wesir und Armeekommandeur, in Kairo ermordet. Das Gerücht beschuldigte sofort und unvermeidlich die Assassinen — aber ein zeitgenössischer Chronist aus Damaskus nennt diese Anklage eine »leere Behauptung und substanzlose Verleumdung«.[37] Der wahre Grund für den Mord, sagt er, sei eine Entfremdung zwischen al-Afdal und dem Fatimiden-Kalifen al-Amir gewesen, der al-Musta'li 1101 nachgefolgt war. Al-Amir habe sich über die Bevormundung durch seinen mächtigen Wesir geärgert und nach dessen Tod seiner Freude offenen Ausdruck gegeben. Das letztere mag zutreffen — trotzdem hatte das Gerücht in diesem Fall recht. Ein ismailischer Bericht, den Raschid al-Din und Kaschani zitieren, schreibt den Mord »drei Gefährten aus Aleppo« zu. Nach diesem Bericht hat, als die Nachricht vom Tode al-Afdals eintraf, »unser Meister befohlen, sieben Tage und Nächte zu feiern; und sie tafelten und ließen die Gefährten hochleben«.[38]

Die Beseitigung al-Afdals, die so viel Freude in Alamut wie im Palast zu Kairo auslöste, schien ein guter Anlaß für den Versuch einer Wiederannäherung der beiden Sektenströmungen. 1122 kam es zu einer öffentlichen Versammlung in Kairo, bei der der pro-musta'lische bzw. anti-nizarische Standpunkt vorgetragen und mit Argumenten belegt wurde; etwa zur gleichen Zeit verteidigte der Kalif seine Legitimität in einem primär an die abtrünnigen Brüder adressierten Pastoralbrief, und al-Ma'mun, der neue Wesir in Kairo, ließ den Sekretär der Staatskanzlei einen langen Brief an Hasan-i Sabbah schreiben, der diesen drängte, zur

Wahrheit zurückzukehren und seiner Überzeugung vom Imamat Nizars abzuschwören. Diese Identität der Position al-Ma'muns — der selbst Zwölfer-Schiit, nicht aber Ismailit war — mit den Wünschen des Kalifen und der daʿis sollte jedoch nicht überbewertet werden. Der Wesir hatte die klare Absicht, die Verhandlungen mit Hasan-i Sabbah nicht zu weit gehen zu lassen. Indem er behauptete, ein von Alamut aus inszeniertes und finanziertes Komplott zur Ermordnung seiner selbst und des Kalifen aufgedeckt zu haben, schuf er die Grundlage für überaus rigorose Sicherheitsvorkehrungen an den Grenzen und in Kairo selbst, um die Unterwanderung durch assassinische Agenten zu verhindern.

»Als al-Ma'mun an die Macht kam, wurde ihm hinterbracht, daß Ibn al-Sabbah [= Hasan-i Sabbah] und die Batini über den Tod al-Afdals frohlockt hatten, daß sie darüber hinaus hofften, sowohl al-Amir wie auch ihn selbst zu ermorden, und daß sie Boten zu ihren Parteigängern in Ägypten entsandt hatten, die unter diesen Geld verteilten.

Al-Ma'mun begab sich zum Gouverneur von Askalon, entließ ihn und ernannte einen andern an seiner Statt. Er wies den neuen Gouverneur an, alle Inhaber von öffentlichen Ämtern in Askalon aufmarschieren zu lassen, sie in Augenschein zu nehmen und alle der örtlichen Bevölkerung Unbekannten zu entfernen. Weiter befahl er ihm, alle Kaufleute und andere Personen, die neu in der Stadt einträfen, peinlich genau zu überprüfen und sich nicht auf das zu verlassen, was sie als ihre Namen, Beinamen und Herkunftsländer angäben . . ., sondern sie gegenseitig über einander auszufragen, sich mit jedem einzelnen gesondert zu beschäftigen und dabei die größte Sorgfalt walten zu lassen. Wer als ungewöhnlich auffalle, sei an der Stadtgrenze festzunehmen und zu verhören; die mitgeführten Waren seien zu untersuchen. Genauso sei mit den Kameltreibern zu verfahren, von denen nur solche eingelassen werden dürften, die als regelmäßige Besucher bekannt seien. Karawanen seien so lange aufzuhalten, bis der Gouverneur dem Diwan einen schriftlichen Rapport vorgelegt habe mit Angaben über die Zahl der Händler, ihre Namen, die Namen ihrer Diener und Kameltreiber sowie die mitgeführten Waren und diese Angaben in Bilbays und beim Eintreffen der Karawane am Stadttor überprüft worden seien. Dabei sollten die Händler höflich behandelt und keinesfalls verärgert werden.

Danach befahl al-Ma'mun den Gouverneuren des alten und des neuen Kairo Listen aller Einwohner anzulegen, nach Stadtvierteln und Straßen geordnet, und niemandem zu erlauben, ohne ausdrückliche Autorisierung seinen Wohnsitz zu wechseln. Als ihm diese Listen mit den Namen der Einwohner, ihren Beinamen und Angaben über Lebensumstände und Lebensunterhalt vorlagen, schickte er Frauen aus, die in jedem Haus Erkundigungen über Beziehungen der Bewohner zu Ismailiten einzogen. So blieb ihm am Ende nichts von den persönlichen Verhältnissen eines jeden Einwohners von Alt- und Neu-Kairo verborgen ... Eines Tages ließ er Soldaten ausrücken; er befahl ihnen, sich über die Stadt zu verteilen und alle Personen festzunehmen, die er namentlich vorgemerkt hatte ...«[39]

Viele ismailische Agenten wurden verhaftet, unter ihnen der Erzieher der Kinder das Kalifen; einige hatten Geld bei sich, das Hasan-i Sabbah ihnen für ihre Tätigkeit in Ägypten geschickt hatte. Polizei und Spionageapparat des Wesirs arbeiteten so gut, sagt der ägyptische Chronist, daß die Bewegungen eines Assassinen just von dem Moment an, da er Alamut verließ, bekannt waren und überwacht wurden. Einen Ablaßbrief, in dem den Führern der Nizari persönlich Straffreiheit für den Fall der Rückkehr zum wahren Glauben zugesichert worden wäre, hat es allem Anschein nach nicht gegeben, und die Beziehungen zwischen Kairo und Alamut verschlechterten sich schnell.

Im März 1124 wurde Hasan-i Sabbah krank. Er fühlte sein Ende kommen und traf Vorkehrungen für seine Nachfolge. Zum Erben setzte er Busurgumid ein, der seit mehr als 20 Jahren Lamasar kommandierte.

»Er schickte nach Lamasar und ließ Busurgumid kommen, den er zu seinem Nachfolger ernannte. Dann ließ er Dihdar Abu-Ali aus Ardistan zu seiner Rechten Platz nehmen und vertraute ihm die Leitung der Propaganda an; Hasan, Sohn Adams aus Qasran, hieß er zu seiner Linken sitzen und Kya Ba-Dscha'far, den Kommandeur seiner Armee, sich gegenüber. Er ermahnte alle vier feierlich, so lange in Harmonie und Eintracht zu handeln, bis der Imam erscheinen und von seinem Königreich Besitz ergreifen werde. Und in der Nacht zu Mittwoch, dem 6. Rabi' II 518 [Freitag, 23. Mai 1124], stürzte er sich in das Feuer Gottes und Seiner Hölle.«[40]

Es war das Ende einer bemerkenswerten Karriere. Ein — ihm keineswegs wohlgesonnener — arabischer Biograph beschreibt Hasan-i Sabbah als »scharfsinnig, geschickt, versiert in Geometrie, Arithmetik, Astronomie, Magie und anderen Disziplinen«.[41] Die von persischen Chronisten zitierte ismailische Biographie betont seine Askese und Abstinenz: »Während der 35 Jahre, die er in Alamut wohnte, wurde dort weder offen noch insgeheim Wein getrunken.«[42] Seine Strenge erfuhren nicht allein seine Gegner. Einer seiner Söhne wurde wegen Weintrinkens exekutiert, ein anderer aufgrund der (später als haltlos erwiesenen) Beschuldigung getötet, er habe zum Mord an dem daʿi Husain Qaʿini angestiftet. »Und er pflegte öfter auf die Exekution seiner Söhne hinzuweisen, um jeden von dem Gedanken abzubringen, er habe Propaganda aus persönlichen Interessen gemacht oder auch nur einen derartigen Gedanken gehabt.«[43]

Hasan-i Sabbah war ebenso sehr Denker und Schreiber wie Mann der Tat. Sunnitische Autoren haben zwei seiner Schriften aufbewahrt: ein autobiographisches Fragment und einen Auszug aus einem theologischen Traktat.[44] Später lebende Ismailiten haben ihn als Begründer der *daʿwa dschadīda,* der Neuen Verkündigung, verehrt. Darunter versteht man die reformierte ismailische Lehre, wie sie nach dem Bruch mit Kairo propagiert und innerhalb der Nizari-Ismaʿilijja bewahrt und weiterentwickelt wurde. Spätere nizarische Schriften enthalten allerlei Passagen, die Zitate oder Zusammenfassungen von Hasans Lehren sein könnten.

Hasan-i Sabbah hat stets nur beansprucht, Repräsentant des Imams zu sein, nie dieser selbst. Nach dem Verschwinden des Imams war er der *hudscha,* der ›Beweis‹, d.h. die Quelle des Wissens über den verborgenen Imam in seiner Zeit, das lebendige Zwischenglied zwischen den manifesten Imamen der Vergangenheit und der Zukunft, der Kopf der daʿwa. Die ismailische Doktrin ist wesentlich auf Autorität gegründet. Der Gläubige hat kein Recht, nach Belieben auszuwählen; er muß dem *ta'līm,* der autorisierten Lehre, folgen. Fundamentaler Ursprung aller Unterweisung ist der Imam, deren unmittelbare Quelle sein beglaubigter Repräsentant. Die Menschen können weder ihren Imam wählen, wie die Sunniten sagen, noch über die Wahrheit in Glaubens- und Rechtssachen richten. Gott setzt den Imam ein, und der Imam ist der Bewahrer der Wahrheit; nur er kann über Vernunft und Offenbarung befinden. Genaugenommen kann dies nur der ismailische Imam, aufgrund der Natur seines Amtes und seiner Lehre — daher ist er allein der wahre Imam. Seine Rivalen sind Usurpatoren gewesen, deren Nachfolger Sünder und ihre Lehren Lüge.

Diese Doktrin, mit ihrer Insistenz auf Loyalität und Gehorsam und ihrer Verwerfung der Welt, so wie sie ist, wurde zu einer mächtigen Waffe in der Hand einer geheimen und revolutionären Opposition. Die schmerzhaften Realitäten des Fatimiden-Kalifats in Ägypten waren zu einem Hindernis für die ismailischen Ansprüche geworden. Der Bruch mit Kairo und die Übertragung der Treuepflicht auf einen geheimnisvollen verborgenen Imam setzten die bisher gefesselten Kräfte ismailischer Leidenschaft und Devotion frei. Es war Hasan-i Sabbahs Leistung, sie zu wecken und zu führen.

4. Die Mission in Persien

Der Tod eines seldschukischen Sultans markierte gewöhnlich das unmittelbare Ende aller aktuellen Aktion und eröffnete eine Periode das Konflikts und der Unsicherheit, in der sich den inneren und äußeren Feinden des Staates günstige Gelegenheiten zur Erreichung ihrer Ziele boten. Nicht wenige dürften beim Tode Hasan-i Sabbahs erwartet haben, daß auch dem ismailischen Fürstentum dieses klassische und jämmerliche Schicksal muslimischer Regierungen beschieden sei.

Als Sultan Sandschar 1126, zwei Jahre nach Busurgumids Regierungsantritt, einen Angriff startete, bestand Gelegenheit, diese Annahme zu überprüfen. Sandschar hatte seit 1103, dem Jahr der Expedition gegen Tabas, keine Aktion gegen die Isma'ilijja unternommen und schien eher zu einem gewissen Einvernehmen mit ihr bereit. Für die Attacke von 1126 ist kein unmittelbarer casus belli bekannt. Vielleicht ist seine Entscheidung, diese gefährliche und unabhängige Macht an den Grenzen und sogar innerhalb der Grenzen seines Reiches nicht länger zu tolerieren, nur aus seiner wachsenden Selbstsicherheit und der vermuteten Schwäche der Ismailiten unter ihrem neuen Führer zu erklären. Eine bedeutsame Rolle kam dabei dem Wesir des Sultans, Mu'in al-Din Kaschi, zu, einem Verfechter harter Maßnahmen.

Der erste Angriff wurde offenbar im Osten vorgetragen. »In diesem Jahr gab der Wesir den Befehl zum Krieg gegen die Ismailiten; sie sollten, wo immer man sie fände, getötet, ihr Besitz geplündert und ihre Frauen in die Sklaverei geführt werden. Er sandte eine

Armee gegen Turaitith [in Quhistan], das in ihren Händen war, und eine gegen Baihaq in der Provinz Nischapur ... Er brachte gegen alle ihre Hochburgen Truppen auf den Weg und befahl ihnen, alle Ismailiten zu töten, denen sie begegnen sollten.«[1] Solche Formulierungen legen den Schluß nahe, daß den Sektierern die Rechte verweigert werden sollten, die das muslimische Gesetz bei innermuslimischen Kriegen Gefangenen und Zivilisten einräumt, und daß sie wie Ungläubige behandelt werden sollten, die Tod oder Sklaverei zu gewärtigen haben. Der arabische Chronist berichtet von zwei Erfolgen: zum einen von der Eroberung des ismailischen Dorfes Tarz bei Baihaq, wo die Bevölkerung durchs Schwert gerichtet wurde und ihr Anführer sich durch einen Sprung vom Minarett der Moschee selbst tötete; zum andern von einem Überfall auf Turaitith, wo die Truppen »viele töteten, viel Beute machten und sich dann zurückzogen«. Klar ist, daß die Kampagne nur beschränkte und keineswegs entscheidende Resultate zeitigte. Im Norden war sie gar ein Mißerfolg. Eine Expedition gegen Rudbar, die Schirgirs Neffe leitete, wurde zurückgeschlagen; den Feinden mußte viel Beute überlassen werden. Eine andere, durch Kräfte aus der Region unterstützte Attacke wurde ebenso abgewehrt, einer der seldschukischen Kommandeure dabei gefangengenommen.

Die Rache der Ismailiten ließ nicht lange auf sich warten. Zwei fidaʿis fanden als Reitknechte Zugang zum Haushalt des Wesirs und gewannen durch ihr Geschick und ihre offenkundige Frömmigkeit sein Vertrauen. Ihre Stunde kam, als der Wesir sie zu sich befahl, um zwei Araberpferde auszusuchen, die er dem Sultan zum persischen Neujahr schenken wollte. Sie stachen zu. Es war der 16. März 1127. »Er war ein Wohltäter und bewies lobenswerte Absichten bei ihrer Bekämpfung«, sagte Ibn al-Athir. »Gott schenkte ihm das Martyrium.«[2] Derselbe Historiker berichtet von einer Strafexpedition Sandschars gegen Alamut, bei der 10000 Ismailiten umkamen. Das ist wahrscheinlich frei erfunden, denn weder ismailische noch andere Quellen erwähnen diese Expedition.

Am Ende der Kampagne war die Isma'ilijja stärker als zuvor. In Rudbar hatte sie ihre Position durch den Bau einer neuen, mächtigen Festung — Maimundiz genannt[3] — verstärkt und ihr Territorium erweitert, besonders durch den Erwerb Talaqans. Im Osten überfielen ismailische Truppen, wahrscheinlich aus Quhistan, 1129 Sistan.[4] Im selben Jahr fand es Mahmud, der Seldschukensultan von Isfahan, klüger, in Friedensverhandlungen einzutreten; er lud dazu einen Gesandten aus Alamut ein. Unglücklicherweise wurde dieser Gesandte, als er mit einem Kollegen den Sultanspalast verließ, vom Isfahaner Mob gelyncht. Der Sultan entschuldigte sich, lehnte aber die Verantwortung für den Mord und auch Busurgumids Ersuchen ab, die Mörder zu bestrafen. Die Ismailiten antworteten mit einem Angriff auf Qaswin, wo sie, nach Angaben ihrer eigenen Chronik, 400 Menschen töteten und enorme Beute machten. Zwar versuchten die Einwohner der Stadt einen Gegenangriff, ergriffen aber, wie die Chronik weiter berichtet, die Flucht, als einer ihrer Emire fiel.[5] Ein Angriff Mahmuds auf Alamut kurze Zeit später blieb ohne jedes Ergebnis.

1131 starb Sultan Mahmud, und sofort begannen zwischen seinen Brüdern und seinem Sohn die üblichen Diadochen-Kämpfe. Einige Emire, die dem neuen Sultan Ma'sud feindlich gegenüberstanden, verbündeten sich mit al-Mustarschid, dem Kalifen von Bagdad. 1139 wurde dieser zusammen mit seinem Wesir und einer Anzahl von Würdenträgern von Ma'sud bei Hamadan gefangengenommen. Der Sultan ließ seinen vornehmen Gefangenen nach Maragha bringen und soll ihn dort mit Respekt behandelt haben — verhinderte aber nicht, daß eine größere Gruppe von Ismailiten in das

Lager eindrang und den Kalifen umbrachte. Nun war ein Abbasiden-Kalif, dem Titel nach das Oberhaupt des sunnitischen Islams, ein naheliegendes Ziel für Assassinendolche, wenn dazu Gelegenheit bestand. Aber das Gerücht beschuldigte Maʿsud der Komplizität bzw. der absichtlichen Unachtsamkeit und klagte sogar Sandschar, nominell noch immer Oberlehnsherr der seldschukischen Herrscher, an, das Verbrechen angestiftet zu haben. Dschuweini tut sein Bestes, um beide von dieser Anklage zu entlasten: »Einige kurzsichtige und übelwollende Gegner Sandschars beluden ihn mit der Verantwortung für diese Tat. Aber, ›beim Herrn der Kaʿba, die Astrologen logen!‹ Die Güte von Sultan Sandschars Charakter und die Reinheit seines Wesens, wie sie durch sein Leben nach der Schariʿa und nach dem hanafitischen Glauben bezeugt wird, sein Respekt für das Kalifat sowie seine Barmherzigkeit und sein Mitleid sind zu offenkundig, als daß man ihn, den Urquell der Milde und des Erbarmens, dermaßen verleumden könnte.«[6]

In Alamut wurde die Nachricht vom Tod des Kalifen mit Begeisterung aufgenommen. Man feierte sieben Tage und Nächte, rühmte die Gefährten und schmähte Namen und Embleme der Abbasiden.

Auch wenn die Liste der Assassinenmorde während der Herrschaft Busurgumids relativ kurz ist, enthält sie doch gewichtige Namen: außer dem Kalifen den Präfekten von Isfahan, den Gouverneur von Maragha (kurz vor der Ankunft des Kalifen in der Stadt umgebracht), den Präfekten von Täbris und den Mufti von Qaswin. Dieser Wechsel von der Quantität zur Qualität war nicht der einzige Wechsel im ismailischen Fürstentum. Anders als Hasan-i Sabbah war Busurgumid in Rudbar kein Fremder, sondern ein Einheimischer; er hatte zudem nicht, wie Hasan, ein Vorleben als Untergrundagitator geführt, sondern großenteils als Anführer und Administrator. Er verstand sich als territorialer Herrscher und wurde, wie die folgende Geschichte zeigt, auch von anderen als solcher akzeptiert: Eines Tages floh der Emir Jarankusch, wiewohl ein alter und erbitterter Gegner der Isma'ilijja, mit seinen Anhängern nach Alamut, weil er sich durch die wachsende Macht der Chorasmschahs (des Schahs von Chorasm) verdrängt fühlte. Der Schah verlangte seine Auslieferung und argumentierte, er sei stets ein Freund, Jarankusch dagegen ein Feind der Ismailiten gewesen — aber Busurgumid weigerte sich. »Ich kann nicht jemanden als Feind betrachten«, sagte er, »der sich unter meinen Schutz begibt.«[7] Der ismailische Chronist der Herrschaft Busurgumids findet ein offenkundiges Vergnügen in der Schilderung solcher Beispiele von Großmut, die eher einen ritterlichen Landesherrn denn einen Revolutionsführer widerspiegeln.

Diese Rolle des ismailischen Landesherrn spielte Busurgumid bis zur Unterdrückung der Häresie aus. Der Chronik zufolge erschien 1131 ein Schiit namens Abu Haschim in Dailam und sandte Propagandabriefe bis nach Chorasan. Busurgumid ließ ihm eine Ermahnung übermitteln und wies ihn auf die Gottesbeweise hin. Abu Haschims Antwort: »Was du sagst, ist Unglaube und Ketzerei. Wenn du hierher kommst und wir diskutieren, wird die Falschheit deines Glaubens dir einleuchten.« Die Ismailiten schickten als Antwort eine Armee, die ihn besiegte. »Sie fingen Abu Haschim, überzeugten ihn mit genügend Beweisen und verbrannten ihn.«[8]

Die lange Regierungszeit Busurgumids endete mit seinem Tod am 9. Februar 1138. Dschuweini hat das Ergebnis drastisch kommentiert: »Er verharrte auf dem Thron der Unwissenheit und regierte über den Irrtum bis zum 26. Dschumada 532 [9.2.1138], als er von der Ferse der Verdammnis zertreten und das Höllenfeuer mit seinem Kadaver genährt wurde.«[9] Bezeichnend für die neue Qualität ismailischer Politik ist die Tatsache, daß Busurgumids Sohn Muhammad, den er erst drei Tage vor seinem Tod zum Erben bestimmt hatte, problemlos seine Nachfolge antreten konnte. Seine Feinde seien auf die Nachricht von seinem Tod hin »froh und übermütig geworden«[10], weiß der ismailische Chronist zu berichten. Sie sollten bald merken, daß sie sich zu früh gefreut hatten.

Das erste Opfer unter der neuen Regierung war ein weiterer Abbasside: der Ex-Kalif al-Raschid, Sohn und Nachfolger des ermordeten al-Mustarschid. Wie sein Vater war er in seldschukische Querelen verwickelt und schließlich durch eine vom Sultan zusammengerufene Versammlung von Richtern und Juristen feierlich abgesetzt worden. Al-Raschid hatte daraufhin den Irak verlassen, um seine Verbündeten in Persien zu treffen, und erholte sich gerade in Isfahan von einer Krankheit, als seine Mörder — Männer aus Chorasan, die in seinem eigenen Dienst arbeiteten — ihn trafen. Auch dieser Kalifentod, der erste ›Sieg‹ der neuen Regierung, löste in Alamut ein siebentägiges Freudenfest aus.[11]

Während der Ära Muhammads verzeichnet die Ehrentafel insgesamt 14 Assassinate. Das neben dem Kalifen prominenteste Opfer war der Seldschuken-Sultan Daʿud, den vier syrische ›Gefährten‹ 1143 in Täbris erstachen. Behauptet wurde, die Mörder seien von Zangi, dem Beherrscher Mosuls, geschickt worden, der sein Reich nach Syrien hin ausdehnte und fürchtete, mit Daʿud in Konflikt zu geraten. Es erscheint indes kurios, daß ein Mord in Nordwestpersien von Syrien aus und nicht in dem viel näher liegenden Alamut geplant worden sein soll. Andere Opfer waren ein Emir an Sandschars Hof und einer seiner Verbündeten, ein Prinz aus dem Hause des Chorasmschahs, regionale Herrscher in Georgien und Mesanderan, ein Wesir sowie die Kadis von Quhistan, Tiflis und Hamadan, welche die Tötung von Ismailiten autorisiert und gefördert hatten.

Im Vergleich zu den großen Tagen Hasan-i Sabbahs war dies eine magere Ausbeute. Sie spiegelt die wachsende Bedeutung lokaler und territorialer Probleme für die Isma'ilijja, denen in ismailischen Chroniken denn auch ein besonderer Stellenwert zukommt. Statt der großen Staatsaffären, die kaum erwähnt werden, finden wir hier umständliche Berichte von lokalen Konflikten mit Nachbarherrschern, ausgeschmückt mit exakten Aufstellungen der Rinder, Schafe, Esel und anderer Dinge, die im Kampf erbeutet wurden. Die Ismailiten verstanden es nicht nur, während einer Serie von Überfällen und Gegen-Überfällen zwischen Rudbar und Qaswin ihr Gebiet zu behaupten und 1143 sogar einen Angriff des Sultans Mahmud auf Alamut zurückzuschlagen; sie waren auch in der Lage, neue Festungen nahe dem Kaspisee zu erobern bzw. zu bauen. Überdies scheinen sie ihre Aktivitäten auf zwei neue Gebiete ausgedehnt zu haben: nach Georgien, wo sie Überfälle verübten und Propaganda betrieben, und nach dem heutigen Afghanistan, dessen Herrscher sie aus persönlichen Gründen zur Entsendung einer Mission einlud. Der Nachfolger des Herrschers ließ nach dessen Tod (1161) Missionare wie Missionierte töten.

Zwei Feinde waren besonders hartnäckig: der Herrscher von Mesanderan und der seldschukische Gouverneur von Rajj, Abbas, der in dieser Stadt ein Massaker an Ismailiten organisierte und ihre Territorien mit Krieg überzog. Beide sollen Türme aus Ismailitenschädeln gebaut haben. 1146/47 wurde Abbas — »auf ein Zeichen von Sultan Sandschar hin«, wie der ismailische Chronist bemerkt[12] — durch Sultan Mas'ud umgebracht, während er zu Besuch in Bagdad weilte. Sein Kopf wurde nach Chorasan geschickt. Es gibt mehrere Indizien dafür, daß Sandschar hier mit der Isma'ilijja konspirierte, die doch zu anderen Zeiten sein Gegner war — etwa als er einen Versuch unterstützte, in einem der Sektenzentren von Quhistan den sunnitischen

Glauben wieder einzuführen. Hier wie anderswo ging es gewöhnlich um regionale und territoriale Streitfragen. Bemerkenswert ist, daß auch in den übrigen ismailischen Burgen und Grundherrschaften, wie in Alamut, die Macht vom Vater auf den Sohn übertragen wurde und die Konflikte, in welche die Machthaber sich verstrickt fanden, oft rein dynastischer Natur waren.

Insgesamt schien der Ismailismus von aller Leidenschaft verlassen. Zwischen den ismailischen Fürstentümern und den sunnitischen Monarchien herrschte ein faktisches Patt, eine stillschweigende gegenseitige Akzeptanz. Vom großen Kampf zur Überwindung der alten Ordnung, zur Schaffung eines neuen Millenniums im Namen des verborgenen Imams waren nichts als Grenzstreitigkeiten und Viehbeutezüge übriggeblieben. Die Festungen, ursprünglich als Speerspitzen im großen Angriff auf das sunnitische Imperium konzipiert, waren zu Zentren lokaler Sektendynastien geworden, wie sie in der islamischen Geschichte nicht ungewöhnlich sind. Es gab sogar eine eigene ismailische Münze. Sicherlich praktizierten die fida'is weiterhin den Meuchelmord — aber sozusagen als Nebentätigkeit; die Hoffnungen der Gläubigen waren damit kaum zu befeuern. Unter ihnen gab es noch immer solche, die sich nach den glorreichen Zeiten Hasan-i Sabbahs zurücksehnten, nach der Hingabe und den Abenteuern der früheren Kämpfe, nach der religiösen Inbrunst, die sie vorwärtstrieb. Sie fanden ihren Führer in Hasan, dem Sohn und erklärten Erben Muhammads, des Herrn von Alamut, der es schon früh verstanden hatte, sie zu beeinflussen.

»Als er nahezu mündig geworden war, erwachte der Wunsch in ihm, die Lehren Hasan-i Sabbahs und seiner eigenen Vorfahren zu studieren; und ... er verstand es ausgezeichnet, ihnen die Grundlagen ihres Glaubens zu erläutern ... Mit ... seiner Beredsamkeit gewann er einen großen Teil dieses Volkes. Da sein Vater die Kunst der Beredsamkeit gänzlich vermissen ließ, erschien sein Sohn hochgelehrt neben ihm; deshalb . . . suchte die Menge seine Führung. Und weil sie von seinem Vater ähnliche Reden nie gehört hatten, begannen sie zu glauben, er sei der von Hasan-i Sabbah angekündigte Imam. Die Zuneigung der Menschen zu Hasan wurde immer stärker, und sie wetteiferten miteinander, ihm als ihrem Führer zu folgen.«[13]

Muhammad, der sich als konservativer Ismailit verstand, mißfiel diese Entwicklung.

»Er war streng um die Beachtung der Grundsätze bemüht, die sein Vater und Hasan-i Sabbah für die Ausübung der Propaganda im Namen des Imams und für das Leben nach dem muslimischen Gesetz aufgestellt hatten, und betrachtete das Verhalten seines Sohnes als unvereinbar mit diesen Grundsätzen. Deshalb tadelte er ihn öffentlich und erklärte dem zusammengerufenen Volk: ›Ich bin nicht der Imam, sondern einer seiner da'is, und dieser Hasan ist mein Sohn. Wer immer seine Worte hört und ihnen glaubt, ist ein Ungläubiger und Atheist.‹ Mit dieser Begründung ließ er einige, die an das Imamat seines Sohnes geglaubt hatten, durch alle denkbaren Torturen und Martern bestrafen. Bei anderer Gelegenheit ließ er auf Alamut 250 Menschen töten und ihre Leichen auf die Rücken von 250 weiteren binden, die des gleichen Vergehens beschuldigt waren; diese ließ er dann von der Burg jagen. Auf solche Weise entmutigte und unterdrückte er sie.«[14]

Hasan wartete seine Zeit ab und verstand es, seines Vaters Argwohn zu zerstreuen. Nach Muhammads Tod (1162) trat er dessen Nachfolge an, ohne daß sich Widerstand regte. Er war jetzt etwa 35 Jahre alt.

Seine Regierungszeit war zunächst ereignisarm und allenfalls gekennzeichnet durch eine gewisse Lockerung in der strengen Observanz des Heiligen Gesetzes, wie sie zuvor in Alamut praktiziert worden war. Aber dann, zweieinhalb Jahre nach der Machtübernahme, in der Mitte des Fastenmonats Ramadan, proklamierte Hasan das Millennium.

Ismailische Berichte über das Ereignis sind in der späteren Sektenliteratur und überdies, in etwas abgewandelter Form, in persischen Chroniken zu finden, die nach dem Fall von Alamut entstanden. Sie erzählen eine erstaunliche Geschichte: Am 17. Ramadan, dem Tag der Ermordung Alis, im Jahre 559 (8.8.1164), als, unter der Aszendenz der Jungfrau, die Sonne im Zeichen des Krebses stand, ließ Hasan auf dem Hofplatz von Alamut eine Kanzel errichten, die nach Westen gewandt und an jeder der vier Ecken mit einem großen weißen, roten, gelben oder grünen Banner versehen war. Menschen aus verschiedenen Regionen, die er nach Alamut gerufen hatte, waren auf dem Hofplatz versammelt — die aus dem Osten auf der rechten, die aus dem Westen auf der linken Seite und die aus dem Norden, aus Rudbar und Dailam, der Kanzel gegenüber. Da diese nach Westen gerichtet war, wandten die Versammelten den *Rücken* nach Mekka. »Dann, gegen Mittag«, berichtet ein ismailischer Traktat, »kam der Herr — Friede sei mit ihm —, bekleidet mit einem weißen Gewand und einem weißen Turban, von der Burg herunter, näherte sich der Kanzel von der rechten Seite und bestieg sie in höchst würdevoller Weise. Er sprach dreimal Grüße aus, zuerst an die Leute aus Dailam, dann an die zur Rechten, schließlich an die zur Linken. Darauf setzte er sich, erhob sich dann wieder und sprach, das Schwert in der Hand, mit lauter Stimme.« Sich an »die Bewohner der drei Welten: *dschinn,* Menschen und Engel« wendend, verkündete er, er habe eine Botschaft vom verborgenen Imam erhalten, mit neuen Instruktionen. »Der Imam unserer Zeit hat euch seinen Segen und sein Erbarmen gesandt und euch seine auserwählten Diener genannt. Er hat euch von der Bürde des Heiligen Gesetzes befreit und euch zur Auferstehung geführt.« Überdies habe der Imam Hasan, den Sohn Muhammads, des Sohnes Busurgumids, zu »seinem Stellvertreter, daʿi und Beweis ernannt. Unsere Partei muß ihm folgen und ihm gehorchen in geistlichen und weltlichen Dingen, seine Befehle als bindend anerkennen und wissen, daß sein Wort unser Wort ist.«[15] Nach Beendigung seiner Rede stieg Hasan von der Kanzel herunter und vollzog die beiden Kniefälle des festlichen Gebets. Dann forderte er die Versammelten auf, das Fasten abzubrechen, sich an einer zuvor gedeckten Tafel zum Bankett niederzulassen und fröhlich zu sein. Boten wurden nach Ost und West ausgesandt, um die gute Nachricht zu verbreiten. In Quhistan wiederholte der Kommandeur der Festung Muʿminabad die Zeremonie von Alamut und proklamierte sich selbst zum Stellvertreter Hasans (ließ die Kanzel allerdings in der entgegengesetzten Richtung aufstellen). »Und an dem nämlichen Tag, da man in Muʿminabad, diesem Ketzernest, solche Schande kundtat und solche Infamie verkündete, spielte das Volk Harfe und Flöte und trank, auf den Stufen der Kanzel und um sie herum sitzend, öffentlich Wein.«[16] Auch in Syrien wurde die Botschaft vernommen und das Ende des Heiligen Gesetzes gefeiert.

Die feierliche und rituelle Übertretung des Gesetzes — die Gläubigen mit dem Rücken nach Mekka, das mittägliche Bankett mitten in der Fastenzeit — bildet den Kulminationspunkt chiliastisch-antinomistischer Entwicklungen, die im Islam immer wieder begegnen und im Christentum offenkundige Parallelen haben. Das Gesetz hat seinen Zweck erfüllt, seine Herrschaft ist zu Ende; die Rätsel der Welt sind gelöst, die Gnade des Imams hat den Sieg davongetragen. Indem er die Gläubigen zu persönlich erwählten Dienern macht, bewahrt er sie vor der Sünde; indem er die Auferstehung proklamiert, rettet er sie vorm Tode und führt sie lebendig in jenes spirituelle Paradies, das die Erkenntnis der Wahrheit und die Schau des göttlichen Wesens ist.

»Im Mittelpunkt dieses unnützen Glaubens ... steht, entsprechend den Auffassungen der Philosophen[17], die Meinung, daß die Welt ungeschaffen, die Zeit unendlich und die Auferstehung rein geistiger Natur ist. Paradies und Hölle erklären sie ... auf eine Weise, die diesen Begriffen eine lediglich spirituelle Bedeutung läßt. Auf dieser Grundlage behaupten sie, daß die Auferstehung vollendet ist, wenn die Menschen sich bei Gott versammeln, alle Geheimnisse und Wahrheiten der Schöpfung offen zutage treten und alle Akte der Unterwerfung hinfällig werden. Denn in dieser Welt sei nur äußerliche Aktion und keine Rechenschaft; in der künftigen Welt aber sei keine Aktion, und jeder werde zur Rechenschaft gezogen. Dies ist die von Hasan verkündete spirituelle Auferstehung, wie sie in allen Religionen und Sekten geweissagt und erwartet wird. Sie befreit die Menschen konsequenterweise von den Pflichten, die die Schari'a ihnen auferlegt, denn in dieser Phase müssen sie sich in jeder Weise Gott zuwenden und die ritualisierten religiösen Vorschriften, die eingefahrenen Gebetsformen hinter sich lassen. Die Schari'a bestimmt, daß die Menschen fünfmal am Tage zu Gott beten und sich Ihm hingeben sollen. Diese Forderung ist nach Hasan eine reine Formalität. Im Hinblick auf die Auferstehung, sagt er, muß man Gott im Herzen tragen und die Seele stets Seiner Gegenwart zugewandt halten; nur dies sei das wahre Gebet.«[18]

Diese Wendung der Dinge veränderte den Status des Herrn von Alamut auf bedeutsame Weise. In der Predigt auf dem Burghof wurde er jetzt als Stellvertreter des Imams und Lebendiger Beweis angesprochen; als Bringer der Auferstehung *(qijāma)* war er der *qā'im,* eine beherrschende Gestalt in der ismailischen Eschatologie. Raschid al-Din zufolge ließ Hasan nach seiner öffentlichen Proklamation Schriften zirkulieren, in denen es hieß, er sei, während er nach außen hin nur als Enkel Busurgumids bekannt sei, in der esoterischen Realität der Imam der Zeit, der Sohn des letzten Imams vom Stamm Nizars. Einige Autoren haben die Ansicht vertreten, daß Hasan damit keine physische Abkunft von Nizar beanspruchte — diese wäre im Zeichen der Auferstehung ohne Bedeutung gewesen —, sondern eine Art spirituelle Nachkommenschaft. Tatsächlich hat es in früheren messianischen Bewegungen im Islam Präzedenzfälle für solche Ansprüche gegeben, auf spirituellem oder adoptivem Wege vom Hause des Propheten abzustammen. Die spätere ismailische Tradition ist jedoch einmütig der Überzeugung, daß Hasan und seine Nachkommen wirkliche Deszendenten Nizars waren; lediglich über die Art und Weise seiner Einsetzung gibt es einige Differenzen. Er selbst genießt besondere Verehrung und wird stets *Hasan ʿalā dhikri-hiʾl-salām* genannt — ›Hasan, Friede seinem Andenken‹.

Die meisten Ismailiten nahmen die neue Doktrin umgehend an. Einige allerdings wehrten sich dagegen, vom Joch des Gesetzes befreit zu werden. Um sie zur Freiheit zu zwingen, wandte Hasan die strengsten Strafen an. Er »wies in Anspielungen wie deutlichen Erklärungen immer wieder darauf hin, daß die Verhältnisse in der Zeit der Auferstehung sich gegenüber der Zeit des Gesetzes umgekehrt hätten: Wurde damals ein Mann dafür bestraft, gesteinigt und hingerichtet, daß er sich nicht dem Gesetz unterwarf und betete, sondern der Regel der Auferstehung folgte, daß Gesetzestreue und Gebet nur spirituell seien — so werde er jetzt obligatorisch gezüchtigt, gesteinigt und hingerichtet, wenn er sich am Gesetz orientiere und an physischen Gebeten und Riten festhalte.«[19]

Unter denen, die sich dennoch verweigerten, war auch Hasans Schwager, Sproß einer adligen Familie aus Dailam. Dschuweini zufolge war er einer »jener Männer, deren Herzen noch den Duft von Frömmigkeit und Religion vernehmen konnten ... Dieser Mann war außerstande, die Verbreitung solch schandbarer Irrtümer noch länger zu ertragen. Gott sei ihm gnädig und belohne ihn für seine guten Absichten! Am Sonntag, dem 6. Rabiʿ I 561 [9. 1. 1166] erstach er den Verführer Hasan in der Burg Lamasar und schickte ihn aus dieser Welt ›in Gottes loderndes Feuer‹«.[20]

Hasans Nachfolger war sein 19jähriger Sohn Muhammad, der sogleich versicherte, sein Vater und damit auch er selbst seien Abkömmlinge Nizars und somit Imame. Er soll ein fruchtbarer Autor gewesen sein, während dessen langer Regierungszeit die Lehre von der Auferstehung weiterentwickelt und vertieft wurde. Anscheinend blieb sie aber von bemerkenswert geringer

Außenwirkung. Es ist bezeichnend, daß die gesamte Auferstehungsepisode von Alamut in der zeitgenössischen sunnitischen Historiographie unerwähnt bleibt und erst nach der Zerstörung der Burg bekannt wurde, als die Schriften der Isma'ilijja in die Hände sunnitischer Gelehrter fielen.

Politisch war die Regierungszeit Muhammads II. ereignisarm. Die Männer von Alamut überfielen weiterhin ihre Nachbarn, und die Assassinen töteten einen Kalifen von Bagdad — aber Wesentliches geschah nicht. Raschid al-Din und andere Autoren erzählen eine Geschichte über Fachr al-Din Rasi, den großen sunnitischen Theologen. In seinen Vorlesungen vor Theologiestudenten in Rajj legte Fachr al-Din besonderes Gewicht auf die Widerlegung und Verhöhnung der ismailischen Lehren. Als er dies hörte, beschloß der Herr von Alamut, damit müsse Schluß sein. Er sandte einen fida'i nach Rajj, der sich als Student ausgab. Sieben Monate lang wohnte dieser Fachr al-Dins Vorlesungen bei, bis er endlich eine Gelegenheit fand, seinen Lehrer — unter dem Vorwand, ein schwieriges Problem mit ihm diskutieren zu wollen — allein in seinem Zimmer aufzusuchen. Der fida'i zog sofort einen Dolch und bedrohte den Theologen damit.

»Fachr al-Din sprang zur Seite und rief: ›Mann, was willst du?‹ Der fida'i entgegnete: ›Ich möchte Euer Ehren den Bauch aufschlitzen, weil Ihr uns vom Katheder aus verhöhnt habt.‹« Es kam zu einem Kampf, bei dem der fida'i den Theologen zu Boden warf und auf seiner Brust zu sitzen kam. Solcherart bedrängt, versprach Fachr al-Din Reue und die umgehende Einstellung seiner Angriffe. Der fida'i wollte das gern glauben, und als Fachr al-Din noch einmal feierlich Besserung gelobt hatte, zog er einen Sack mit 365 Golddinaren hervor: Dies, und die gleiche Summe jedes Jahr von neuem, sei der Lohn für seine Willfährigkeit. Von jetzt an hütete Fachr al-Din sich sehr vor beleidigenden Ausdrücken in bezug auf die Ismaʿilijja, wenn er in seinen Vorlesungen auf islamische Sekten zu sprechen kam. Einer seiner Studenten, der diese Veränderung bemerkte, wollte den Grund dafür wissen und bekam zur Antwort: »Es ist nicht ratsam, schlecht über die Ismailiten zu reden, denn sie haben gewichtige und schlagende Argumente auf ihrer Seite.«[21]

Dies mag eine Fabel sein; gleichwohl ist bemerkenswert, daß Fachr al-Din Rasi in seinen Schriften zwar die ismailischen Lehren ablehnt, aber einen sunnitischen Theologen hart kritisiert, weil dieser sie mit fanatischen und ignoranten Beschimpfungen zu widerlegen versuche, und einen andern für die korrekte Zitierung eines ismailischen Textes lobt.[22]

Inzwischen war es in den östlichen Ländern des Islams zu großen politischen Veränderungen gekommen. Das seldschukische Großsultanat, das eine Zeitlang die Einheit des sunnitischen Islams wiederhergestellt und sein Ziel neu definiert hatte, war in Auflösung begriffen; an seine Stelle traten allmählich Fürstentümer neuer Art, gegründet von seldschukischen Prinzen und Offizieren, zunehmend aber auch von Häuptlingen nomadisierender Turkmenenstämme, die durch mehrere Wellen türkischer Völkerwanderung von Zentralasien zum Mittleren Orient geschwemmt worden waren. Die türkische Expansion hatte für den Augenblick ihre territorialen Grenzen erreicht; die Struktur des Türkenreiches der Seldschuken zerfiel — aber türkische Einflußnahme und Kolonisation gingen weiter, konsolidierten und stärkten die bereits errungenen Machtpositionen. Der Wechsel der Regimes brachte keine substantielle Veränderung; die neuen Fürsten fanden es einfacher, an der politischen, militärischen und administrativen Praxis der Seldschuken festzuhalten, wozu auch die Bindung an die religiöse Orthodoxie gehörte. Hier und da, wo die Türken in der Minderheit waren, erhoben sich regionale Gruppen persischer, kurdischer oder arabischer Herkunft und behaupteten eine gewisse Unabhängigkeit; im großen und ganzen aber waren die türkischen Fürsten — wie sehr sie auch durch politische Abhängigkeiten entzweit sein mochten — überaus erfolgreich in ihrem Bemühen, die alteingesessenen Herren des Landes zu verdrängen und zu ersetzen.

Gegen Ende des 12. Jahrhunderts erschien im Osten eine neue Macht. Südlich des Aralsees lag das Land Chorasm, Schauplatz einer alten und blühenden Zivilisation und durch einen Wüstengürtel vor den politischen Turbulenzen geschützt, die die Nachbarländer erschütterten. Wie der größte Teil Innerasiens war es von Turkvölkern erobert und kolonisiert worden; die regierende Dynastie stammte von einem türkischen Sklaven ab, den der seldschukische Großsultan Malikschah als Gouverneur dorthin geschickt hatte. Die Herrscher waren vom Glück begünstigt und hatten ihre Identifikation mit dem Land dadurch unterstrichen, daß sie den alten einheimischen Titel Chorasmschah (Schah von Chorasm) angenommen hatten — zunächst als Vasallen der großen Mächte, später als unabhängige Fürsten. In dem sonst herrschenden Chaos war die blühende und gut gerüstete chorasmische Monarchie ein Hafen der Sicherheit. Bald fühlte sich der Monarch verpflichtet, die Segnungen seiner Herrschaft auch auf andere Länder und Völker auszudehnen. Um 1190 besetzte der Chorasmschah Tekisch Chorasan; er wurde so zum Gebieter Ostpersiens und zu einem wesentlichen Machtfaktor im Islam. Kalif al-Nasir in Bagdad, hart bedrängt vom letzten Seldschuken in Persien, Tughrul II., bat Tekisch um Hilfe und lieferte den chorasmischen Heeren so den Anlaß zu weiterem Vordringen nach Westen, bis zur Einnahme von Rajj und Hamadan. In Rajj wurde Tughrul dann besiegt und getötet.

Für anderthalb Jahrhunderte nach der Ankunft der Seldschuken war das von ihnen errichtete Großsultanat ein konstitutives Element im islamischen Sicherheitssystem gewesen. Der Tod des letzten Seldschuken schuf nun ein Machtvakuum — und der siegreiche Chorasmschah war offenkundig die zu dessen Füllung geeignetste Persönlichkeit. Folglich sandte er eine Botschaft an den Kalifen al-Nasir und verlangte als Sultan von Bagdad anerkannt zu werden. Al-Nasir hatte jedoch andere Pläne, und so fand sich Tekisch, der vom Alliierten des Kalifen zu dessen Protektor aufzusteigen gehofft hatte, plötzlich in der Rolle seines Feindes wieder.

Seit der Thronbesteigung al-Nasirs 1180 hatte das abbasidische Kalifat einen zweiten Frühling erlebt. Drei Jahrhunderte lang waren die Kalifen nicht mehr als Marionetten gewesen — zwar die nominellen Führer des sunnitischen Islams, aber ganz in der Hand der Militärbefehlshaber, der Emire und später der Sultane. Das Erlöschen des seldschukischen Einflusses im Irak lieferte al-Nasir jetzt eine Gelegenheit, die er schnell ergriff. Er hatte zwei Ziele: einmal die religiöse Einheit des Islams unter der Autorität des Kalifen wiederherzustellen; zum andern im Irak ein kalifisches Fürstentum unter der faktischen Herrschaft des Kalifen zu errichten — eine Art Kirchenstaat, frei von jeder äußeren Kontrolle oder Einflußnahme, von dem aus er seine religiöse Politik zu betreiben gedachte. Dieses zweite, enger gefaßte Ziel verfolgte er durch politische und militärische Aktionen gegen Tughrul und später gegen Tekisch. Das erste und hauptsächliche Ziel einer islamischen Renaissance suchte er durch eine Reihe religiöser, sozialer und erzieherischer Initiativen zu erreichen, zu denen auch Annäherungsversuche sowohl an die Zwölfer-Schia wie an die Isma'ilijja gehörten. Mit diesen Versuchen war er überraschend erfolgreich.

Am 1. September 1210 starb der Herr von Alamut, Muhammad II., möglicherweise durch Gift. Nachfolger war sein Sohn Dschalal al-Din Hasan, der bereits zu Lebzeiten seines Vaters Zeichen der Unzufriedenheit mit den Lehren und Praktiken der Auferstehung hatte erkennen lassen und seit langem schon wünschte, in der großen Bruderschaft des Islams akzeptiert zu werden. Hören wir Dschuweini:

»Schon in seiner Kindheit hatte sein Vater ihn zur Nachfolge designiert. Als er älter und verständiger wurde, verwarf er seines Vaters Glauben und fühlte sich von den ketzerischen und libertinistischen Praktiken abgestoßen. Muhammad erriet diese Gefühle bald, und es kam zu einer gewissen Feindschaft zwischen beiden. Sie begegneten einander mit Furcht und Mißtrauen ... Nun begann Dschalal al-Din Hasan — sei es wegen der Orthodoxie seiner Überzeugungen, sei es aus Feindschaft gegen seinen Vater — gegen diesen zu konspirieren: Er sandte heimliche Botschaften an den Kalifen von Bagdad und an die Sultane und Herrscher anderer Länder, in denen er erklärte, er sei im Gegensatz zu seinem Vater gläubiger Muslim und werde, wenn er zur Herrschaft komme, die Ketzerei beseitigen und die Observanz des Islams wiederherstellen ... Unmittelbar nach seinem Regierungsantritt bekannte sich Dschalal al-Din zum Islam, tadelte seine Untertanen streng, weil sie noch an der Ketzerei festhielten, verbot ihnen das für die Zukunft und drängte sie, den Islam anzunehmen und den Regeln der Schari'a zu folgen. Er sandte Boten zum Kalifen von Bagdad, zu Muhammad Chorasmschah sowie den Maliks und Emiren im Irak und anderswo, um ihnen diese Veränderungen anzuzeigen. Und weil er schon zu Lebzeiten seines Vaters vorgearbeitet und seinen Standpunkt allgemein klargestellt hatte, glaubte man ihm jetzt — besonders in Bagdad, wo ein Dekret erlassen wurde, das seine Konversion zum Islam verkündete, und wo ihm jede Art von Gunst erwiesen wurde ... Er wurde bekannt unter dem Namen ›Dschalal al-Din, der Neumuslim‹, und während seiner Herrschaft wurden seine Anhänger Neumuslime genannt.«[23]

Einem Psychologen dürfte übrigens auffallen, daß Dschalal al-Din, während er in scharfem Gegensatz zu seinem ismailischen Vater stand, eine intensive Bindung an seine inbrünstig sunnitische Mutter hatte.

Die Bewohner von Qaswin hegten verständlicherweise einige Zweifel an der Echtheit dieser Konversion ihrer alten Nachbarn und Feinde, und Dschalal al-Din hatte seine liebe Not, sie von seiner Aufrichtigkeit zu überzeugen. Er wandte sich direkt an die Notabeln der Stadt und lud sie ein, eine Delegation nach Alamut zu entsenden, um die Bibliothek zu inspizieren und diejenigen Werke zu entfernen, die sie mißbilligten. Dazu gehörten Schriften von Hasan-i Sabbah und Dschalal al-Dins eigenen Vorfahren.

»Er befahl, daß diese Werke in Gegenwart der Qaswiner und auf ihr Verlangen hin verbrannt werden sollten; dabei stieß er Flüche und Verwünschungen gegen seine Ahnen und die Autoren dieser Propaganda aus. Ich habe in den Händen der Notabeln und Kadis von Qaswin einen Brief gesehen, den Dschalal al-Din Hasan diktierte; darin spricht er von seiner Konversion zum Islam, seiner Unterwerfung unter die Vorschriften der Schariʿa und seiner Befreiung von der Ketzerei und den Überzeugungen seiner Ahnen und Vorgänger. Am Kopf des Briefes standen einige Worte in seiner eigenen Handschrift über seine Befreiung vom Irrglauben, und den Namen seiner Ahnen hatte er den Fluch beigefügt: ›Möge Gott ihre Gräber mit Feuer füllen!‹«[24]

Dschalal al-Dins Mutter begab sich um 1212/13 auf die Wallfahrt nach Mekka. In Bagdad wurde sie mit viel Respekt und Ehrerbietung behandelt. Unglücklicherweise fiel ihr Aufenthalt in der Heiligen Stadt mit dem Mord an einem Vetter des Scherifen zusammen. Der Scherif, der seinem Vetter sehr ähnlich sah, war sicher, daß er selbst als Opfer ausersehen und der Mörder ein vom Kalifen gegen ihn entsandter Assassine war. Voller Wut attackierte er die irakischen Pilger und erlegte ihnen eine hohe Geldbuße auf, die zum größten Teil von der Dame aus Alamut bezahlt wurde. Trotz dieses Mißgeschicks gelang es Dschalal al-Din, seine muslimischen Bündnisse aufrechtzuerhalten. Er schloß Freundschaft mit dem Herrscher von Arran und Aserbeidschan, tauschte Geschenke und Hilfe verschiedenster Art mit ihm aus und stellte ihm Truppen gegen den gemeinsamen Feind, den Herrscher von Westpersien, zur Verfügung. Bei dieser Aktion war auch der Kalif beteiligt, den beide gemeinsam um Hilfe gebeten hatten.

Auch in anderer Hinsicht erwies der Kalif sich als hilfreich. »Nachdem er sich anderthalb Jahre lang im Irak, in Arran und Aserbeidschan aufgehalten hatte, begab Dschalal al-Din sich nach Alamut zurück. Während seiner Reisen und Aufenthalte in diesen Ländern war seine Konversion zum Islam allgemein akzeptiert worden, und die Muslime pflogen ungezwungenen Umgang mit ihm. So geschah es, daß er die Emire von Gilan um die Hände ihrer Töchter bat.« Die Emire schreckten gleichwohl davor zurück, auf die Wünsche dieses ihnen noch immer suspekten Freiers einzugehen, wagten aber auch nicht, ihn zurückzuweisen, und kamen schließlich überein, ihre Zustimmung vom Votum des Kalifen abhängig zu machen. Ein Bote wurde von Alamut nach Bagdad geschickt und kam mit einem Brief des Kalifen zurück, in dem dieser die Emire autorisierte, Dschalal al-Din ihre Töchter anzuvertrauen — »im Einklang mit den Gesetzen des Islams«. Nun stand seiner Heirat mit vier gilanischen Prinzessinnen nichts mehr im Wege; eine von ihnen hatte das Privileg, den nächsten Imam zu gebären.[25]

Dschalal al-Dins religiöse, militärische und Heirats-Abenteuer unterstreichen die bemerkenswerte Stärke seiner Position. Durch ein Edikt, das nicht weniger plötzlich und radikal war als das, welches die Auferstehung einführte, schaffte er sie wieder ab, restaurierte das islamische Gesetz — und fand Gehorsam, in Quhistan und Syrien ebenso wie in Rudbar. Während seiner Kriegszüge verließ er Alamut, was keiner seiner Vorgänger getan hatte, und blieb anderthalb Jahre lang weg, ohne daß es Probleme gab. Statt Mörder zur Tötung von höheren Beamten und Theologen auszuschicken, entsandte er Armeen zur Eroberung von Provinzen und Städten, und durch den Bau von Moscheen und Bädern in den Dörfern trug er dazu bei, daß sein Herrschaftsgebiet, das vordem als Assassinenlager gegolten hatte, ein angesehenes Königreich wurde, das durch eheliche Bande mit seinen Nachbarn liiert war.

Wie andere Territorialfürsten schloß Dschalal al-Din Bündnisse und wechselte sie. Anfangs scheint er den Chorasmschah unterstützt zu haben; er ließ sogar in Rudbar Bittgebete für ihn sprechen. Dann war er dem Kalifen ergeben und half ihm auf verschiedene Art und Weise — bis zur gewaltsamen Beseitigung eines rebellischen Emirs im Dienste des Chorasmschahs und eines Scherifen in Mekka. Später erkannte er frühzeitig die neue, furchtbare Macht aus dem Fernen Osten und versäumte nicht, sich bei ihr einzuschmeicheln. Die Ismailiten »sagten, Dschalal al-Din habe an den aus Turkestan aufgebrochenen Weltherrscher Dschingis-Chan, noch bevor er die islamischen Länder erreicht hatte, insgeheim Kuriere gesandt und in Briefen seine Unterwerfung und Ergebenheit angeboten. Ob diese Behauptung der Ketzer wahr ist, ist ungewiß; fest steht aber, daß der erste Herrscher diesseits des Oxus, der bei Dschingis-Chans Einmarsch in die Länder des Islams Gesandte zu ihm schickte, seine Dienstpflicht anbot und seine Ergebenheit beteuerte, Dschalal al-Din war.«[26]

Dschalal al-Din Hasan starb im November 1221, nach einer Regierungszeit von nur elf Jahren. »Er starb an der Ruhr, aber man mutmaßte, seine Frauen hätten ihn, mit stillschweigender Duldung seiner Schwester und einiger Verwandter, vergiftet. Der Wesir, den er noch rechtzeitig zum Administrator des Königreichs und zum Vormund seines Sohnes Ala al-Din bestimmt hatte, ließ auf diesen Verdacht hin viele von seinen Verwandten, seine Schwester, seine Frauen, seine Freunde und Ratgeber hinrichten; einige ließ er verbrennen.«[27]

Dschalal al-Dins Rückkehr zur Schariʿa und seine Anpassung an Orthodoxie und Kalifat sind verschiedenartig interpretiert worden. Für Dschuweini und andere sunnitische Historiker in Persien waren sie Ausdruck einer wirklichen religiösen Bekehrung bzw. des Wunsches, den Irrglauben, den falschen Kurs seiner Vorgänger aufzugeben und sein Volk auf den Weg des wahren Islams zurückzuführen, von dem es so weit abgeirrt war. Auch der Kalif scheint von Hasans Rechtgläubigkeit überzeugt gewesen zu sein; bei der Förderung seiner Heiraten in Gilan und dem ehrenhaften Empfang für seine Mutter während der Wallfahrt nach Mekka ging er jedenfalls weit über das bei einem Bündnispartner Übliche hinaus. Sogar die Zweifler von Qaswin waren von Dschalal al-Dins Ernsthaftigkeit überzeugt. Joseph v. Hammer hingegen, sechs Jahrhunderte später, zur Zeit Metternichs, in Wien lebend, teilte diese Überzeugung nicht und bezog einen konträren Standpunkt:

»Es ist also mehr als wahrscheinlich, daß Dschelaleddins mit so vielem Geräusche verkündigte Bekehrung der Ismailiten zum Islam, und öffentliche Abschwörung der Lehre der Ruchlosigkeit nichts als Heuchelei und wohlberechnete Politik gewesen sey, um den Orden, welchen unbesonnene Aufklärungssucht dem Bannfluch der Priester und der Achtserklärung der Fürsten preißgegeben hatte, wieder in unverdächtigen Credit, und statt der Großmeisterwürde den Fürstentitel auf sein Haupt zu bringen. So läugneten die Jesuiten, als ihnen die Verweisungsbefehle des Parlaments und die Auflösungsbulle des Vatikans drohten, als sich von allen Seiten die Stimmen der Kabinette und der Konsistorien wider die Grundsätze ihrer Moral und Politik erhob[en], die Lehre des gesetzmäßigen Aufruhrs und des Königsmords, die in einigen ihrer Casuisten unvorsichtig verlautet hatte, und sie verdammten öffentlich die Maximen, welche sie dennoch als die wahren Ordensregeln insgeheim beobachteten.«[28]

Wie aber dachten die Ismailiten selbst über diese Veränderungen? Schließlich bildeten sie, auch wenn es nach außen hin so scheinen mochte, nicht bloß ein territoriales Fürstentum unter einem lokalen Herrscher; noch weniger waren sie einfach eine Bande von Verschwörern und Mördern. Vielmehr waren sie gläubige Anhänger einer Religion mit einer stolzen Vergangenheit und einer kosmischen Mission — und wie alle wahrhaft Gläubigen wollten sie die Festung ihrer Integrität unversehrt erhalten. Deshalb war es nötig, alle jene Veränderungen — vom Gesetz zur Auferstehung, von der Auferstehung zu einem ansatzweisen Sunnismus und von da zurück zu einem an die Schariʿa gebundenen Ismailismus — als religiös wert- und sinnvoll erscheinen zu lassen.

Einen Ausweg bot der Rückgriff auf zwei Prinzipien: auf die Lehre von der *taqijja,* d.h. der Verbergung des wahren Glaubens im Angesicht der Gefahr, und auf die alte ismailische Idee vom steten Wechsel zwischen Verbergung und Enthüllung. Den alternierenden Perioden von Verbergung und Enthüllung entsprechen die Perioden von äußerem Gesetz und innerer Wahrheit, deren jede von einem Imam ins Werk gesetzt wird, der eine neue Ordnung begründet. »Jede Periode eines Propheten der äußeren Formen des Heiligen Gesetzes«, heißt es in einem ismailischen Werk des 13. Jahrhunderts, »heißt Periode der Okkultation, und jede Periode eines *qāʾim,* der im Besitz der inneren Wahrheiten der Gesetze ist, heißt Periode der Resurrektion *(qijāma).*«[29] Mit dem Regierungsantritt Dschalal al-Dins (1210) habe eine neue Periode der Okkultation begonnen. Diesmal seien nicht, wie in früheren Perioden der Okkultation, die Imame selbst verborgen gewesen, sondern nur die wahre Natur ihrer Mission. Sei aber die innere Wahrheit verborgen, so bedeute es recht wenig, welche äußere Form der Observanz bevorzugt werde.

Dschalal al-Dins Nachfolger war sein einziger Sohn Ala al-Din Muhammad, ein neunjähriger Junge. Faktischer Herrscher von Alamut freilich war noch für einige Zeit Dschalal al-Dins Wesir, der die Politik der Anpassung an die sunnitische Umwelt zunächst weiterverfolgt zu haben scheint. Aber ein gewisser Rückschlag begann sich abzuzeichnen. Die Observanz des Heiligen Gesetzes wurde im ismailischen Herrschaftsgebiet nicht länger erzwungen, und es gibt sogar Berichte, daß sie aktiv verhindert wurde. Dschuweini und andere persische Historiker schreiben diese Veränderung dem neuen Imam zu:

»Zwar war Ala al-Din nur ein Kind und hatte noch keine Bildung genossen, aber nach ihrem Irrglauben ... ist der Imam im Wesen gleich, sei er nun ein Kind, ein junger oder ein alter Mann, und was er sagt oder tut ..., muß richtig sein ... Deshalb konnte, was immer Dschalal al-Din unternahm, von keinem Sterblichen mißbilligt werden ... Auch mochten sie nicht zulassen, daß er gezüchtigt, ermahnt oder gegängelt wurde ... Die Staatsgeschäfte gerieten unter den Einfluß von Frauen, und die Fundamente, die Ala al-Dins Vater gelegt hatte, gerieten ins Wanken ... Jene, die aus Furcht vor seinem Vater Islam und Schari'a angenommen hatten, aber in ihren verderbten Herzen und schwarzen Seelen noch immer dem gottlosen Irrglauben seines Großvaters anhingen ..., sahen nun keinen mehr, der sie vor der Sünde bewahren und davon abschrecken konnte ... So kehrten sie zur Ketzerei zurück und stellten deren Macht wieder her ... Und die übrigen, die den Islam aus Überzeugung angenommen hatten ..., fürchteten sich und ... verbargen wieder, daß sie Muslime waren ...

Nachdem dieses Kind fünf oder sechs Jahre lang regiert hatte, wurde es von der Melancholie befallen ... Niemand wagte ihm zu widersprechen ..., alle Berichte über Vorgänge innerhalb und außerhalb des Reiches wurden vor ihm geheimgehalten. Kein Ratgeber wagte auch nur irgendein Wort verlauten zu lassen ... Diebstahl, Straßenraub und Überfälle kamen in seinem Königreich tagtäglich vor, teilweise mit seinem Einverständnis; und er meinte, er könne solche Taten mit trügerischen Worten oder Geldgeschenken ungeschehen machen. Als diese Dinge aber jedes Maß überschritten hatten, wurden sein Leben, seine Frauen und seine Kinder, sein Haus und schließlich sein Königreich und der Wohlstand in ihm vom Wahnsinn mitgerissen.«[30]

Trotz all dieser Schwierigkeiten gab es Persönlichkeiten, die imstande waren, die Geschäfte der Sekte zu führen, und insgesamt war die Ära Ala al-Dins eine Zeit intellektueller und politischer Aktivität. Eine der anerkannten Pflichten — und Ruhmestaten — muslimischer Herrscher war stets die Förderung von Wissenschaft und Gelehrsamkeit, und die ismailischen Imame waren in dieser Beziehung keineswegs rückständig. Die Bibliothek von Alamut war berühmt (selbst der so überaus feindselige Dschuweini gesteht sein Interesse an ihr) und zog gerade in dieser Zeit eine Anzahl auswärtiger Gelehrter an. Der wohl bedeutendste unter ihnen war der Philosoph, Theologe und Astronom Nasir al-Din Tusi (1201–74), der sich eine Reihe von Jahren in Alamut aufhielt. Er galt in dieser Zeit als Ismailit und schrieb in der Tat ismailische Traktate, die innerhalb der Sekte noch immer maßgeblich sind. Später behauptete er, Zwölfer-Schiit zu sein, dessen Verbindung mit der Isma'ilijja nicht freiwillig zustande gekommen sei. Ob das eine oder das andere Bekenntnis ein Ausdruck von *taqijja* war, bleibt ungewiß.

Während der ersten Jahre von Ala al-Dins Regierungszeit war die Situation in Persien günstig für eine weitere ismailische Expansion. Das chorasmische Reich erbebte unter dem Schock der mongolischen Invasion, und während der letzte Chorasmschah, Sultan Dschalal al-Din, vergeblich versuchte, seinen zusammenbrechenden Staat zu erhalten, dehnten die Ismailiten den ihrigen erfolgreich aus. Etwa zu dieser Zeit bemächtigten sie sich der Stadt Damghan nahe der Festung Girdkuh, und sie scheinen auch versucht zu haben, Rajj zu nehmen, wo der Chorasmschah 1222 ein Massaker an ihren da'is befahl. Er war es auch, der sie 1227 zu einem zeitweiligen Waffenstillstand und zur Tributzahlung für Damghan zwang.

Kurz vor diesem Ereignis war ein chorasmischer Offizier namens Orchan einem Assassinenmord zum Opfer gefallen — als Repressalie für Überfälle auf ismailische Siedlungen in Quhistan. Nasawi, der Biograph des Chorasmschahs Dschalal al-Din, hat ein lebendiges Bild von der Szene gezeichnet:

»Drei fida'is griffen Orchan außerhalb der Stadt an und töteten ihn. Dann gingen sie, den Namen Ala al-Dins rufend, mit gezogenem Dolch in die Stadt und gelangten schließlich zum Tor des

Wesirs Scharaf al-Mulk. Sie betraten den Palast und gingen zum Flügel des Diwans, konnten den Wesir aber nicht finden, weil er sich gerade im Sultanspalast aufhielt. Sie verwundeten einen Diener und stürzten wieder hinaus; dabei stießen sie Kampfrufe aus und rühmten sich ihres Erfolgs. Das Volk warf von den Dächern der Häuser Steine auf sie, bis sie zerschmettert und sterbend liegenblieben. Bis zum letzten Atemzug riefen sie: ›Wir opfern uns für unsern Herrn Ala al-Din‹.«[31]

Zur gleichen Zeit war Badr al-Din Ahmad, ein Gesandter aus Alamut, auf dem Weg zum Sultan. Als er von dem Vorfall hörte, wurde er natürlich unsicher im Hinblick auf den Empfang, den man ihm bereiten würde. So schrieb er dem Wesir und bat ihn um Rat, ob er seine Reise fortsetzen oder umkehren solle. Der Wesir, um sein eigenes Leben fürchtend, war nur zu glücklich, einen ismailischen Gesandten empfangen zu können, weil er sich von dessen Gegenwart Sicherheit von dem furchtbaren Schicksal erhoffte, das Orchan widerfahren war. Deshalb nötigte er den Gesandten, zu ihm zu kommen, und versprach alles in seiner Macht Stehende zu tun, um ihm bei seiner Mission zu helfen. Er schloß sich ihm an und bemühte sich auf der gemeinsam fortgesetzten Reise nach Kräften, das Wohlwollen seines unheimlichen Gastes zu gewinnen. Aber die neue Freundschaft wurde durch einen unglücklichen Zwischenfall gestört:

»Als sie die Ebene von Serab erreicht und sich zu einer kleinen Zecherei niedergelassen hatten, sagte Badr al-Din, vom Wein erhitzt: ›Sogar in deiner eigenen Armee hier haben wir unsere fida'is; sie sind gut getarnt und gelten als eure Leute. Einige sind in den Ställen, einige im Dienst von des Sultans oberstem Herold.‹ Scharaf al-Mulk wollte sie unbedingt sehen und reichte, zum Zeichen sicheren Geleits, Badr al-Din sein Halstuch herüber. Dieser rief aus dem in der Nähe lagernden Heer fünf fida'is zusammen, von denen einer, ein anmaßender Inder, Scharaf al-Mulk ansprach: ›Ich hätte dich an dem und dem Tag an dem und dem Ort töten können; ich tat es nur nicht, weil ich noch keinen Hinrichtungsbefehl hatte.‹ Auf diese Worte hin entledigte sich der Wesir seines Gewandes, setzte sich im Hemd vor sie hin und fragte: ›Warum all dies? Was will Ala al-Din von mir? Wegen welcher Sünden und Fehler dürstet er nach meinem Blut? Ich bin sein Sklave, wie ich des Sultans Sklave bin. Hier sitze ich vor euch — tut mit mir, was ihr wollt.‹ «[32]

Der Sultan erfuhr von diesem Zwischenfall und geriet in Zorn über Scharaf al-Mulks Verhalten; er befahl ihm, die fünf fida'is sofort zu ergreifen und lebendig zu verbrennen. Vergeblich bat der Wesir für sie um Gnade — er mußte schließlich dem Befehl gehorchen.

»Vor dem Eingang seines Zeltes wurde ein großes Feuer entzündet, in das man die fünf Männer warf. Als sie brannten, schrien sie: ›Wir opfern uns für unsern Herrn Ala al-Din!‹, bis ihre Seelen aus ihren Körpern fuhren, die zu Asche verbrannt und vom Winde verweht wurden.«[33]

Als zusätzliche Vorsichtsmaßnahme ließ der Sultan den obersten Herold hinrichten, zur Strafe für seine Nachlässigkeit. Nasawi persönlich hat die Nachwirkungen der Affäre erlebt:

»Eines Tages war ich bei Scharaf al-Mulk in Bardha'a, als ein Gesandter aus Alamut erschien und sagte: ›Du hast fünf unserer Männer verbrennen lassen. Wenn dir dein Leben lieb ist, mußt du für jeden von ihnen 10000 Dinare bezahlen.‹ Diese Worte entsetzten und verängstigten Scharaf al-Mulk so sehr, daß er unfähig zu jederlei Gedanken oder Tat war. Er überschüttete den Gesandten mit großzügigen Geschenken und allen denkbaren Ehren und befahl mir, ein Dekret zu verfassen, dem zufolge der jährliche Tribut von 30000 Dinaren, den die Ismailiten an den Sultan zu zahlen hatten, um 10000 Dinare verringert wurde. Scharaf al-Mulk drückte dem Dekret sein Siegel auf.«[34]

Die Einigung zwischen dem Chorasmschah und der Isma'ilijja erwies sich indes als nicht sehr weittragend. Es kam auch jetzt immer wieder zu Streitigkeiten unter ihnen, während die ismailischen Beziehungen zu den Hauptfeinden der Chorasmier: dem Kalifen im Westen und den Mongolen im Osten freundlich blieben. 1228 reiste der ismailische Diplomat Badr al-Din über den Amu-Darja ostwärts zum mongolischen Hof; eine westwärts ziehende siebzigköpfige Karawane der Ismailiten wurde von Chorasmiern gestoppt und massakriert, bloß weil ein mongolischer Gesandter nach Anatolien sie begleitete. Der Hader zwischen beiden Kontrahenten zog sich über mehrere Jahre hin; von Zeit zu Zeit wurde er durch Kämpfe, Mordanschläge oder Verhandlungen belebt.

Einmal wurde Nasawi als Gesandter nach Alamut geschickt, um den Restbetrag des für Damghan fälligen Tributs einzufordern. Er beschreibt seine Mission mit einer gewissen Genugtuung:

»Ala al-Din begünstigte mich deutlich vor allen anderen Gesandten des Sultans und behandelte mich mit viel Aufmerksamkeit und Freigebigkeit. Er war sehr großzügig und gab mir an Geschenken und Ehrengewändern doppelt so viel, wie sonst üblich ist. ›Dies ist ein ehrenwerter Mann‹, sagte er. ›Großzügigkeit einem solchen Mann gegenüber ist niemals Verschwendung.‹ Der Wert dessen, was mir in Form von Geld und Waren geschenkt wurde, beträgt annähernd 3000 Dinare. Dazu zählen zwei Ehrengewänder, jedes bestehend aus einer Mütze, einer Robe aus Atlas, einem mit Atlas gesäumten Pelz und einem Umhang aus Seidenkrepp; zwei Gürtel im Wert von 200 Dinaren; 70 Rollen Tuch; zwei Pferde mit Sattel, Zaumzeug und Harnisch; 1000 Dinare in Gold; vier in Schabracken gehüllte Pferde; eine Bogensehne aus baktrischem Kamelhaar sowie 30 Ehrengewänder für mein Gefolge.«[35]

Selbst wenn hierbei einige Übertreibung im Spiel sein sollte, wird doch klar, daß der Herr von Alamut mit den guten Dingen dieser Welt wohlversehen war.

Der Zwist mit dem Chorasmschah war nicht die einzige Sorge der Ismailiten. In ihrer unmittelbaren Nähe kam es zu Zusammenstößen mit den Herrschern von Gilan, waren doch die Beziehungen zu diesen durch die pauschale Hinrichtung der gilanischen Prinzessinnen nach dem Tode Dschalal al-Din Hasans nicht gerade verbessert worden; überdies hatten die Ismailiten ein Stück gilanisches Territorium rund um Tarim annektiert. Auf der anderen Seite waren ihre Beziehungen zu den alten Feinden in Qaswin einigermaßen friedlich. Ala al-Din Muhammad war zur allgemeinen Überraschung der ergebene Schüler eines Scheichs in Qaswin, dem er jährlich 500 Golddinare schenkte. Der Scheich gab das Geld für Essen und Trinken aus und antwortete auf Vorwürfe der Qaswiner, er lebe vom Geld der Ketzer: »Die Imame lehren, daß es gerecht ist, Blut und Geld der Ketzer zu nehmen; so muß es doppelt gerecht sein, wenn diese das Geld freiwillig hergeben.« Ala al-Din ließ die Qaswiner nicht im Zweifel darüber, daß er nur dem Scheich zuliebe die Stadt verschone; »wäre er nicht dort, ich würde den Staub von Qaswin korbweise nach Alamut bringen lassen.«[36]

Über allen Kriegszügen, Überfällen und Mordanschlägen hatten die Ismailiten ihr primäres Ziel der Verkündigung und Bekehrung nicht aus den Augen verloren. Gerade zu dieser Zeit konnten sie einen ihrer bedeutsamsten Erfolge verbuchen: die Ausbreitung ihres Glaubens nach Indien. Die Alte Verkündigung der mustaʿlischen Ismaʿilijja war dort über Generationen fest eingewurzelt gewesen, besonders im Küstengebiet von Gudscharat; nun brachte ein persischer Missionar die Neue Verkündigung zum indischen Subkontinent, der später das Hauptzentrum der Sekte werden sollte.

Dschuweini und andere sunnitische Geschichtsschreiber aus Persien haben ein extrem negatives Bild von Ala al-Din Muhammad gezeichnet, das ihn als degenerierten Trunkenbold mit Phasen von Melancholie und geistiger Umnachtung erscheinen läßt. Sie berichten auch, daß er in seinen letzten Jahren mit Rukn al-Din Churschah, seinem ältesten Sohn, in Konflikt geriet, den er schon als Kind zum Nachfolger im Imamat designiert hatte. Später habe er diese Bestimmung rückgängig machen und einen seiner anderen Söhne designieren wollen; die Ismailiten hätten sich jedoch, »im Einklang mit ihren Grundsätzen, geweigert, dies zu akzeptieren, und erklärt, daß nur die erste Berufung gültig sei.«[37] Seinen Höhepunkt habe der Konflikt 1255 erreicht. In diesem Jahr

»verschlimmerte sich Ala al-Dins Verrücktheit, ... und sein Zorn auf Rukn al-Din wuchs ... Rukn al-Din glaubte sein Leben in Gefahr ... und wollte aus diesem Grund fliehen; er beabsichtigte, sich zu den Burgen in Syrien zu begeben, sich ihrer zu bemächtigen und später auch Alamut, Maimundiz und die anderen Burgen in Rudbar in Besitz zu nehmen, die voll von Schätzen und Vorräten waren; dann ... wollte er den Aufstand wagen ... Die meisten Minister und Würdenträger in Ala al-Dins Reich hatten begonnen, sich zu fürchten, denn keiner war seines Lebens mehr sicher. Rukn al-Din gelang es, sie mit folgender Rede auf seine Seite zu ziehen: ›Das üble Verhalten meines Vaters hat bewirkt, daß das mongolische Heer einen Angriff auf das Königreich plant. Mein Vater tut nichts. Ich werde mich von ihm trennen und Boten zu dem Beherrscher der Welt [dem Mongolen-Chan] und zu den Beamten seines Hofes entsenden, die meine Unterwerfung und Ergebenheit übermitteln sollen. Und künftig werde ich niemandem in meinem Reich üble und feindselige Handlungen gestatten [und so sicherstellen], daß Land und Volk überleben.‹ «[38]

In dieser heiklen Lage einigten sich die Führer der Isma'ilijja darauf, Rukn al-Din zu unterstützen, sogar gegen die Anhänger seines Vaters; ihr einziger Vorbehalt war, daß sie nicht die Hand gegen Ala al-Din selbst erheben wollten. Der Imam war, auch im Zustand geistiger Umnachtung, noch immer sakrosankt, und ihn anzurühren wäre Sakrileg und Verrat gewesen.

Glücklicherweise wurde niemand — außer einigen wenigen — vor eine so schreckliche Entscheidung gestellt. Einen Monat nach jener Einigung wurde Rukn al-Din krank und lag hilflos im Bett. Während er so sichtbar handlungsunfähig war, wurde sein Vater, nach Dschuweini sinnlos betrunken und schlafend, von unbekannten Gegnern ermordet. Man schrieb den 1. Dezember 1255. Das Assassinat am Chef der Assassinen in dessen eigener Hochburg ließ natürlich wilde Spekulationen und Anklagen ins Kraut schießen. Einige Gefolgsleute des toten Imams, die man zur Zeit des Mordes in seiner Nähe gesehen hatte, wurden hingerichtet. Es wurde sogar behauptet, daß eine Anzahl seiner engsten Vertrauten gegen ihn konspiriert und

Fremde aus Qaswin nach Alamut gebracht habe, um die Tat auszuführen. Schließlich einigte man sich auf einen Schuldigen:

»Nach Ablauf einer Woche lagen so eindeutige Zeichen und Hinweise vor, daß die Bestimmung des Täters leichtfiel ... Einmütig wurde festgestellt, daß Hasan aus Mesanderan, Ala al-Dins privilegiertester Günstling, sein unzertrennlicher Gefährte bei Tag und Nacht und Kenner aller seiner Geheimnisse, die Person sei, die ihn getötet habe. Überdies wurde erzählt, daß Hasans Frau, die Ala al-Dins Mätresse war und vor der Hasan die Einzelheiten des Mordanschlages nicht verborgen hatte, Rukn al-Din ins Vertrauen gezogen hatte. Wie auch immer — eine Woche später wurde Hasan hingerichtet, d.h., er wurde zusammen mit dreien seiner Kinder — zwei Töchtern und einem Sohn — verbrannt. Nun regierte Rukn al-Din an seines Vaters Statt.«[39]

Während der letzten Jahre von Ala al-Din Muhammads Regierungszeit war die entscheidende Konfrontation der Ismailiten mit ihren schrecklichsten Feinden, den Mongolen, immer näher gerückt. Um 1218 hatten die Heere Dschingis-Chans den Sir-Darja erreicht und waren unmittelbare Nachbarn des Chorasmschahs geworden. Ein Grenzzwischenfall lieferte bald den Vorwand für einen weiteren Vormarsch nach Westen. 1219 führte Dschingis-Chan seine Armeen über den Sir-Darja und in die islamischen Länder hinein. Bereits 1220 hatte er die alten Muslimstädte Samarkand und Buchara erobert und den Amu-Darja erreicht; im folgenden Jahr überquerte er ihn, nahm Balch, Merw und Nischapur und beherrschte damit das östliche Persien. Der Tod des Großchans (1227) brachte nur eine kurze Atempause. 1230 führte sein Nachfolger einen neuen Angriff gegen den wankenden chorasmischen Staat; etwa 1240 hatten die Mongolen auch Westpersien überrannt und fielen in Georgien, Armenien und Nord-Mesopotamien ein.

Der alles entscheidende Angriff kam dann um die Mitte des 13. Jahrhunderts. Der Großchan Mongke entsandte aus der Mongolei eine neue Expedition unter

Führung seines Bruders Hülägü (eines Enkels Dschingis-Chans) mit dem Befehl, die Ismailiten und alle muslimischen Länder zu unterwerfen. Innerhalb weniger Monate brausten die langmähnigen mongolischen Reiter durch Persien und rissen alles mit sich; im Januar 1258 sammelten sie sich vor Bagdad. Der letzte Kalif bat, nach einem kurzen und nutzlosen Versuch, Widerstand zu leisten, vergeblich um Schonung. Die Mongolen stürmten, plünderten und verbrannten die Stadt, und am 20. Februar wurde der Kalif mit allen Blutsverwandten, die nur aufzufinden waren, hingerichtet. Das Haus der Abbasiden, für ein halbes Jahrtausend die Spitze des sunnitischen Islams, hatte aufgehört zu regieren.

Die Imame von Alamut standen, wie auch andere muslimische Herrscher der Zeit, keineswegs in zielstrebiger Opposition zu den heidnischen Invasoren. Schon der Kalif al-Nasir, in Kämpfe mit dem Chorasmschah verwickelt, war nicht unzufrieden über das Erscheinen eines neuen und gefährlichen Feindes am andern Ende des chorasmischen Reiches gewesen — und sein Alliierter, der Imam Dschalal al-Din Hasan, hatte sich in der ersten Reihe derer befunden, die Goodwill-Botschaften an den Chan schickten. Gelegentlich bewiesen die Ismailiten aber auch Solidarität mit ihren sunnitischen Nachbarn angesichts der neuen Gefahr. Als Dschingis-Chan Westpersien eroberte, wurden sunnitische Flüchtlinge vom Oberhaupt der Sekte in Quhistan großzügig aufgenommen und in Schlupfwinkeln versteckt. Von diesem Sektenführer sagt ein Besucher, der Historiker Minhadsch-i Siradsch Dschusdschani:

»Ich fand einen Mann von unendlicher Gelehrsamkeit vor ... voller Weisheit, vertraut mit Wissenschaft und Philosophie, wie es im Gebiet von Chorasan keinen zweiten gab. Er tat sehr viel für bedürftige Fremde und Reisende; Muslime in Chorasan, die mit ihm in Berührung kamen, pflegte er unter seinen Schutz und seine Obhut zu nehmen. Unter seinen Schutzbefohlenen waren auch einige der ausgezeichnetsten Ulemas von Chorasan ..., und er behandelte sie alle mit Ehrerbietung und Respekt und erwies ihnen manche Freundlichkeit. Man sagt, daß während jener zwei oder drei Jahre der Anarchie in Chorasan 1000 Ehrengewänder und 700 reich geschmückte Pferde aus seinem Bestand an Ulemas und bedürftige Fremde verschenkt wurden.«[40]

Daß der Sektenführer all dies tun konnte, legt den Schluß nahe, daß die ismailischen Zentren von jederlei Angriff verschont wurden. Übrigens führte seine Freigebigkeit bald dazu, daß seine Untertanen sich in Alamut beschwerten und einen Gouverneur verlangten — und erhielten —, der weniger verschwenderisch mit ismailischem Geld gegenüber Fremden umginge. Minhadsch-i Siradsch Dschusdschani, der all dies berichtet, war im Dienst der Herrscher von Sistan und besuchte die Zentren der Isma'ilijja in Quhistan dreimal: auf zwei diplomatischen Missionen, bei denen es um die Wiedereröffnung von Handelswegen ging, und auf einer Einkaufstour, um »Kleidung und andere notwendige Dinge« zu kaufen, die in Ostpersien »infolge des Einfalls der Ungläubigen« rar geworden waren.[41] Man sieht: Die Ismailiten von Quhistan nutzten ihr Privileg, nicht angegriffen zu werden, sehr vorteilhaft.

Gleichwohl war die — wie auch immer zustande gekommene — Verständigung zwischen Ismailiten und Mongolen nicht von Dauer. Die neuen Herren aus Asien konnten eine längere Unabhängigkeit dieser gefährlichen und militanten Religionsfanatiker nicht dulden; dafür sorgten auch die zahlreichen frommen Muslime unter ihren Freunden und Verbündeten, die nicht müde wurden, sie an die Gefahren zu erinnern, welche die Isma'ilijja repräsentierte. Der oberste Kadi von Qaswin z. B. soll in einem Panzerhemd vor dem Chan erschienen sein und erklärt haben, er müsse dieses Hemd wegen der permanenten Gefahr von Mordanschlägen Tag und Nacht tragen.

Solche Warnungen blieben nicht unbeachtet. Eine zum Reichstag der Mongolen entsandte ismailische

Delegation wurde abgewiesen. Der mongolische Militärgouverneur in Persien meldete dem Chan, seine hartnäckigsten Feinde seien der Kalif und die Ismailiten. Im Karakorum wurden Sicherheitsvorkehrungen getroffen, um den Chan vor Assassinenangriffen zu schützen. Als Hülägü 1256 seine Expedition nach Persien unternahm, waren die Burgen der Sekte sein erstes Ziel.

Noch vor seiner Ankunft hatten die mongolischen Armeen in Persien mit muslimischer Unterstützung Angriffe auf ismailische Basen in Rudbar und Quhistan unternommen, aber nur begrenzte Erfolge erzielt. Ein Vormarsch in Quhistan wurde durch eine ismailische Gegenattacke gestoppt, während ein Angriff auf die mächtige Festung Girdkuh gänzlich scheiterte. Die in den Burgen konzentrierten Truppen hätten mongolischen Angriffen zweifellos länger widerstehen können — aber der neue Imam entschied anders.

Eine der zwischen Rukn al-Din Churschah und seinem Vater strittigen Fragen war die gewesen, ob man mit den Mongolen kämpfen oder kollaborieren solle. Seit er an der Macht war, suchte er mit seinen muslimischen Nachbarn Frieden zu schließen; »gegen die Anordnungen seines Vaters begann er Grundlagen für die Freundschaft mit diesen Völkern zu legen. Ebenso sandte er Boten in alle seine Provinzen und befahl seinen Leuten, sich wie Muslime zu verhalten und die Straßen zu sichern.«[42] Nachdem er so seine Position nach innen gestärkt hatte, schickte er eine Botschaft an Jasaʿur Nojan, den mongolischen Kommandanten von Hamadan, in der er beteuerte, »er wolle, nachdem dieser jetzt zu regieren berufen sei, den Pfad der Unterwerfung beschreiten und den Staub des Treuebruchs vom Angesicht der Loyalität abwischen.«[43]

Jasaʿur riet Rukn al-Din, persönlich zu Hülägü zu gehen und seine Unterwerfung zu erklären. Der Imam entschied sich für einen Kompromiß: Er schickte seinen

Bruder Schahanschah. Noch bevor dieser bei Hülägü eintraf, versuchten die Mongolen einen Einfall in Rudbar, wurden aber von den aus befestigten Positionen heraus operierenden Ismailiten zurückgeworfen und zogen nach Zerstörung der Ernten wieder ab. Inzwischen waren jedoch weitere mongolische Truppenverbände in Quhistan einmarschiert, wo sie mehrere ismailische Zentren eroberten.

Jetzt traf in Alamut eine Botschaft Hülägüs ein, in welcher dieser seine Genugtuung über Schahanschahs Mission bekundete. Rukn al-Din, erklärte er, habe keine Verbrechen begangen; wenn er seine Burgen zerstöre, persönlich zu ihm komme und sich unterwerfe, würden die mongolischen Heere seine Territorien verschonen. Der Imam suchte Zeit zu gewinnen. Er ließ einige seiner Festungen schleifen, in Alamut, Maimundiz und Lamasar aber nur symbolische Zerstörungen vornehmen; überdies bat er um ein Jahr Aufschub für sein persönliches Erscheinen. Gleichzeitig gab er den Gouverneuren von Girdkuh und Quhistan Order, sich zum Chan zu begeben und ihre Unterwerfung zu erklären. Diese taten wie geheißen — aber Girdkuh blieb in ismailischer Hand. Nun sandte Hülägü eine erneute Botschaft an Rukn al-Din: Er erwarte ihn umgehend am Berge Demawend. Könne er binnen fünf Tagen dort nicht erscheinen, so solle er seinen Sohn vorausschicken.

Der Imam schickte seinen Sohn, einen siebenjährigen Jungen. Hülägü, vielleicht im Zweifel über dessen Identität, schickte ihn zurück mit der Begründung, er sei zu jung, und verlangte, Rukn al-Din solle einen andern von seinen Brüdern schicken, um Schahanschah auszulösen. Unterdessen waren die Mongolen wieder in Rudbar eingerückt, und als Rukn al-Dins Emissäre Hülägü erreichten, war er nur noch drei Tagesmärsche von Alamut entfernt. Nun stellte der Mongole ein Ultimatum: »Wenn Rukn al-Din die

Burg Maimundiz zerstöre und persönlich vor dem König erscheine, werde er, im Zeichen des bei Seiner Majestät üblichen Wohlwollens, freundlich und ehrenvoll empfangen werden; sei er aber außerstande, die Folgen seines jetzigen Handelns zu bedenken, so wisse Gott allein, was ihm widerfahren werde.«[44] Die mongolischen Armeen hatten inzwischen Belagerungsringe um die Burgen gelegt. Hülägü selbst leitete die Belagerung von Maimundiz, wo sich Rukn al-Din aufhielt.

Anscheinend hat es bei den Ismailiten Meinungsverschiedenheiten über die Frage gegeben, ob es weiser sei, zu kapitulieren und in Verhandlungen mit Hülägü die bestmöglichen Bedingungen zu erwirken — oder bis zum Ende zu kämpfen. Der Imam selber scheint klar die erstere Position vertreten zu haben. Er wurde darin von Ratgebern wie dem Astronomen Nasir al-Din Tusi unterstützt, der mit guten Gründen hoffte, nach einer Kapitulation seinen Frieden mit den Mongolen machen und unter ihrer Ägide eine neue Karriere starten zu können. Tusi, so wird berichtet, habe mit dem Argument, die Sterne stünden ungünstig, zur Kapitulation geraten; er war es dann auch, der den Belagerern Rukn al-Dins letzte Botschaft aus Maimundiz überbrachte, mit der die Kapitulationsverhandlungen eingeleitet wurden. Hülägü erklärte sich einverstanden, den Imam, seine Familie, seinen Hofstaat und seinen Schatz aufzunehmen. Rukn al-Din »bot«, sagt Dschuweini, »seine Schatzkammern an, um seine Ergebenheit zu beweisen. Diese waren nicht so prächtig gefüllt, wie das Gerücht behauptete, aber ihr Inhalt wurde, wie er war, aus der Burg gebracht. Das meiste verteilte der König unter seine Truppen.«[45]

Rukn al-Din wurde von Hülägü gut aufgenommen, der sogar seine persönlichen Vorlieben und Launen akzeptierte. Da er seine Leidenschaft für baktrische Kamele kannte, schenkte er ihm 100 Stuten dieser Rasse. Aber dem Imam reichte das Geschenk nicht; er interessierte sich für Kamelkämpfe und mochte nicht warten, bis die Stuten gefohlt hätten. Deshalb verlangte er 30 Hengste. Ein noch eindrucksvollerer Gunstbeweis war, daß ihm erlaubt wurde, ein mongolisches Mädchen zu heiraten, in das er sich verliebt hatte; ihm zuliebe erklärte er sich, keineswegs nur symbolisch, zum Verzicht auf sein Reich bereit.[46]

Hülägüs Interesse an Rukn al-Din war offenkundig. Die Ismailiten hielten weiterhin eine Reihe von Burgen und konnten ihm noch eine Menge Ärger bereiten. Ein ismailischer Imam, der sie zur Kapitulation aufforderte, war eine wertvolle Ergänzung des mongolischen Hofes. Seine Familie, sein Haushalt und seine Diener wurden in Qaswin einquartiert (die Kommentare der Qaswiner zu dieser Entscheidung sind nicht überliefert); er selbst begleitete Hülägü auf dessen weiteren Expeditionen.

Und er erwies sich als nützlich. Auf seinen Befehl hin kapitulierten die meisten Festungen in Rudbar und Quhistan, wodurch den Mongolen die immensen Kosten und der ungewisse Ausgang von Belagerung und Angriff erspart blieben. Daß es sich dabei, wie Berichte behaupten, um an die 100 Festungen gehandelt habe, ist sicher eine Übertreibung. In zwei Fällen — es handelte sich um die starken Bollwerke Alamut und Lamasar — weigerten sich die Kommandanten zu kapitulieren; vielleicht mißachteten sie den Befehl ihres Imams, weil sie annahmen, er handle unter Druck nach dem Prinzip der *taqijja*. Umgehend wurden beide Festungen von der mongolischen Armee eingeschlossen. Nach einigen Tagen änderte der Kommandant von Alamut seinen Standpunkt: »Die Besatzung schickte, nachdem sie den möglichen Folgen ihres Verhaltens und den Wechselfällen des Schicksals ins Auge gesehen hatte, einen Abgesandten, der um Schonung und annehmbare Bedingungen bat. Rukn al-Din intervenierte zu ihren Gunsten, und der König war bereit, über ihre Verbrechen hinwegzusehen. Am Ende des Monats Dhu'l-Qaʿda [Anfang Dezember 1256] kamen alle Bewohner dieses schändlichen Seminars, dieses Satansnestes mit ihrer beweglichen Habe von der Burg herunter. Drei Tage später hatte die Armee sie erstiegen und alles hinausgeschafft, was jene nicht wegtragen konnten. Man setzte die verschiedenen Gebäude rasch in Brand, und der Besen der Zerstörung fegte sie hinweg, bis sie dem Erdboden gleichgemacht waren.«[47] Lamasar hielt sich noch ein Jahr lang, bis es sich 1258 den Mongolen ergab. Die Ismailiten von Girdkuh, die Rukn al-Dins Befehlen nicht nachkamen, wurden sogar erst 1270 überwältigt.

Mit der Kapitulation der meisten Festungen wurde Rukn al-Din für die Mongolen überflüssig; der Widerstand von Lamasar und Girdkuh zeigte seine Nutzlosigkeit. So erhielt die mongolische Verwaltung von Qaswin Order, die Familie und die Dienerschaft des Imams zu töten. Er selbst begab sich auf eigenen Wunsch auf die lange Reise zur mongolischen Hauptstadt im Karakorum. Aber der Chan weigerte sich, ihn zu empfangen. »Es war unnötig, ihn eine so lange Reise machen zu lassen«, erklärte er; »unsere Gesetze sind wohlbekannt. Man lasse Rukn al-Din zurückkehren und dafür sorgen, daß die restlichen Burgen übergeben und niedergerissen werden. Dann mag ihm gestattet werden, seine Huldigung darzubringen.« Dazu freilich erhielt er keine Gelegenheit mehr. Am Rande der Changay-Kette wurde er, auf dem Rückweg nach Persien, ein Stück von der Hauptstraße heruntergeführt; man sagte ihm, hier finde ein Fest statt. Dann wurde er umgebracht. »Man zertrat ihn und seine Begleiter mit den Füßen und zerstückelte sie anschließend mit dem Schwert, und von ihm und seinem Stamm blieb keine Spur. Er wurde zu einer Geschichte auf den Lippen der Menschen und zu einem Stück Überlieferung in der Welt.«[48]

Die Vernichtung der Ismailiten in Persien war indes nicht so total, wie Dschuweini wahrhaben will. In den Augen der Sektierer folgte Rukn al-Dins kleiner Sohn ihm nach seinem Tod als Imam nach und begründete eine neue Reihe von Imamen, von der die Aga Khane des 19. Jahrhunderts in direkter Linie abstammen. Die Ismailiten blieben noch eine Weile aktiv und schafften es 1275 sogar für kurze Zeit, Alamut zurückzuerobern. Aber ihre Sache war verloren, und seitdem repräsentieren sie nur noch eine unbedeutende Sekte in den persischsprachigen Ländern, verstreut über Ostpersien, Afghanistan und die innerasiatischen Länder der heutigen Sowjetunion. In Rudbar sind sie ganz verschwunden.

Der Zerstörung von Alamut und dem endgültigen Niedergang der ismailischen Macht hat Dschuweini phantasievolle Bemerkungen gewidmet:

»In jener Ketzer-Bruthöhle von Alamut in Rudbar, der Heimstatt der gottlosen Anhänger Hasan-i Sabbahs, . . . ist kein Grundstein mehr auf dem andern geblieben. Und an dem Ort, wo nunmehr die Erneuerung blüht, schrieb der Maler der vergangenen Ewigkeit mit der Feder der Gewalt an die Vorhalle jedes Hauses den Vers: ›Jene ihre Häuser wurden wüst für ihre Sünden.‹[49] Auf dem Marktplatz des Königreichs jener Elenden aber stieß der Muezzin namens Schicksal den Ruf aus: ›Hinfort drum mit dem sündigen Volk!‹[50] Ihre unglücklichen Weiber sind, gleich ihrer leeren Religion, vollständig vernichtet worden. Und das Gold jener doppelzüngigen Heuchler, das so rein erschien, hat sich als gemeines Blei erwiesen.

Sollte heute noch irgendwo ein Assassine verblieben sein, so übt er, dank des ruhmvollen Weges, den der welterleuchtende König genommen hat, das Gewerbe eines Weibes aus; wo immer ein da'i erscheint, da ist auch ein Verkünder des Todes, und jeder *rafīq* ist zum Sklaven geworden. Die Verbreiter des Ismailismus sind gefallen unter dem Schwert der Soldaten des Islams . . . Die Könige der Griechen und der Franken, die vor diesen Verruchten in Furcht erbleichten, ihnen Tribut zahlten und sich dieser Schmach nicht einmal schämten, erfreuen sich jetzt eines süßen Schlafs. Und alle Bewohner der Erde, besonders aber die Gläubigen, sind von den üblen Machenschaften und dem schmutzigen

Irrglauben jener befreit worden. Wahrhaftig: Alle Glieder der Menschheit, ob hoch oder niedrig geboren, edel oder nichtswürdig, haben Anlaß zu gemeinsamer Freude. Und verglichen mit diesen Ereignissen ist die Geschichte von Dastans Sohn Rustam nur noch eine alte Fabel.[51]

So ist nun die Welt von der Schande, die sie beschmutzt hatte, endlich gereinigt. Wanderer können seitdem wieder ihrer Wege gehen, ohne sich zu fürchten, bedroht zu werden oder unbequeme Wegezölle zahlen zu müssen. Sie beten für das weitere Wohlergehen des glücklichen Königs, der jenes Übel mit Stumpf und Stiel ausrottete und keine Spur von ihm zurückließ. Wirklich, diese Tat war Balsam für die Wunden der Muslime und ein gründliches Heilmittel gegen die Krankheiten des Glaubens. Mögen die, die in späteren Zeiten leben, den Grad der Verletzung und die Verwirrung der Herzen erkennen, die jene bewirkten. Diejenigen, die in einigem Einvernehmen mit ihnen lebten, ob Könige früherer Zeiten oder gegenwärtige Herrscher, gingen in Furcht einher und zitterten um ihr Leben; diejenigen, die ihnen feind waren, fanden sich Tag und Nacht eingesperrt im Gefängnis des Grauens vor ihren schurkischen Günstlingen. Der Kelch war voll zum Überfließen. Es war wie ein Wind, der sich jetzt gelegt hat. Dies ist eine Warnung für die Nachdenklichen. Möge Gott ebenso mit allen Tyrannen verfahren!«[52]

5. Der Alte vom Berge

Als Hasan-i Sabbah noch in Alamut regierte und durch Worte und Waffen seiner Emissäre dem Volk und den Fürsten in Persien seine Botschaft nahebrachte, begaben sich einige seiner Anhänger auf eine lange, gefahrvolle Reise nach Westen, mitten durch Feindesland. Ihr Ziel war Syrien; ihre Absicht war es, die Neue Verkündigung zu den alteingesessenen Ismailiten in diesem Land zu tragen und den Krieg gegen die Seldschuken auszuweiten, der seit kurzem alle Länder von Kleinasien bis zu den Grenzen Ägyptens umfaßte.

Die Neue Verkündigung war in Persien entstanden, und ihre Repräsentanten hatten ihren ersten großen Erfolg in Ländern iranischer Sprache und Kultur errungen: in West- und Ostpersien sowie Zentralasien. Für einen ersten Expansionsversuch nach Westen bot sich vor allem Syrien an; der direkt an Westpersien angrenzende Irak schien weniger geeignet. Sicherlich gab es in den irakischen Städten Sympathisanten der Ismaʿilijja, aber die ebenen Flußtäler boten der ismailischen Strategie — Eindringen, Verschanzen, Angreifen — wenig Spielraum. In Syrien war es anders. Zwischen Taurus und Sinai erstreckte sich eine unebene Landschaft mit Bergen, Tälern und Wüsten, die eine überaus verschiedenartige Bevölkerung beherbergte. Es gab hier seit langem starke lokale Unabhängigkeitsbestrebungen. Anders als die benachbarten Flußtal-Staaten Irak und Ägypten war Syrien selten eine politische Einheit gewesen. Es bot ein Bild der Zerrissenheit, des religiösen und regionalen Partikularismus, periodisch wiederkehrender Konflikte und ständiger Veränderung.

Obwohl ihre gemeinsame Sprache Arabisch war, gab es bei den Syrern viele Konfessionen und Sekten, darunter mehrere der extremen Schia. Der erste schiitische Prätendent war hier im 8. Jahrhundert erschienen; gegen Ende des 9. und zu Beginn des 10. Jahrhunderts war die lokale Unterstützung für die verborgenen Imame der Ismailiten stark genug, um den Sitz ihres geheimen Hauptquartiers nach Syrien zu verlegen und von dort aus einen ersten Versuch der Machtergreifung zu wagen. Die Etablierung des Fatimiden-Kalifats in Ägypten und seine Expansion nach Asien ließ Syrien im späten 10. und im 11. Jahrhundert zeitweilig unter ismailische Herrschaft geraten; so war das Land für die Sektenpropaganda offen.

Neben den erklärten Ismailiten gab es dem Ismailismus nach Doktrin und Standpunkt nahestehende Sekten, die für die Emissäre aus Alamut ein fruchtbarer Boden bei ihren Rekrutierungsbemühungen waren — wie z. B. die Drusen im Libanongebirge und in den angrenzenden Gebieten, eine ismailische Dissidentengruppe, die erst kürzlich mit der Hauptsekte gebrochen hatte und noch weit entfernt von der starren Exklusivität späterer Zeiten war. Eine andere Gruppe potentieller Anhänger repräsentierten die Nusairi, auch Alawiten genannt — ursprünglich Zwölfer-Schiiten, aber stark von extremistischen Ideen beeinflußt; sie siedelten in dem Hügelland östlich und nordöstlich von Latakia und damals wohl auch in Tiberias und im Jordantal.

Zeit und Ort waren günstig gewählt. Die ersten Türkenscharen sollen 1064 nach Syrien eingedrungen sein. In den 70er Jahren des 11. Jahrhunderts erlebte das Land eine Invasion türkischer Freibeuter, denen später reguläre seldschukische Armeen folgten. Bald war ganz Syrien, außer einem von den Fatimiden kontrollierten Küstenstreifen, unter seldschukischer Herrschaft bzw. Suzeränität. Oberlehnsherr war Tutusch, der Bruder des Großsultans Malikschah.

1095 wurde Tutusch in einer Schlacht in Persien getötet, die sich aus einem Bruderkampf um das Großsultanat ergeben hatte. Das syrische Vorbild der regionalen Zersplitterung und die seldschukische Tradition des dynastischen Streits wirkten zusammen und zerstörten sein Reich. Wieder war Syrien in Kleinstaaten zerstückelt, die jetzt von seldschukischen Fürsten und Offizieren regiert wurden. Die bedeutendsten unter ihnen waren Tutuschs Söhne Ridwan und Duqaq, Regenten der rivalisierenden Städte Aleppo und Damaskus.

Genau in dieser Situation der Verwirrung und der wachsenden Konflikte erschien ein neuer Machtfaktor im Land: die ›fränkischen‹ Kreuzfahrer. Sie kamen über Antiocheia im Norden rasch die syrische Küste herunter, ohne auf ernsthaften Widerstand zu stoßen, und gründeten vier Lateinische Staaten mit den Zentren Edessa, Antiocheia, Tripoli und Jerusalem.

Die Ausdehnung der seldschukischen Macht auf Syrien brachte, wie schon in anderen Ländern des Orients, vielerlei sozialen Wandel und soziale Spannungen mit sich. Der Schock der fränkischen Eroberung verstärkte einerseits die schon vorhandene Hoffnungs- und Mutlosigkeit der Syrer, andererseits aber auch ihre Bereitschaft, die Träger messianischer Hoffnungsbotschaften willkommen zu heißen; das gilt besonders für jene, die durch ihre bisher praktizierte Religion bereits für die Annahme solcher Botschaften empfänglich waren. Die Fatimiden von Kairo hatten in Syrien noch immer Anhänger, die an der Alten Verkündigung der Isma'ilijja festhielten — aber die erbärmliche Schwäche des Kairoer Regimes und seine Unfähigkeit, der türkischen wie der fränkischen Bedrohung zu widerstehen, dürfte viele von ihnen veranlaßt haben, von nun an dem aktiveren, militanteren und, wie es schien, auch erfolgreicheren Zweig der Sekte anzuhängen. Ein Teil der Schiiten und die meisten Sunniten haben offenbar an ihrem alten Bekenntnis festgehalten. Aber auch von ihnen sammelten sich nicht wenige um die neue Bewegung, die allein eine wirksame Opposition gegen die Invasoren und Beherrscher des Landes zu repräsentieren schien.

Von Anfang an bedienten sich die Agenten von Alamut in Syrien der gleichen Methoden wie ihre Gefährten in Persien. Ihr Ziel war es, durch Eroberung oder auf anderem Wege in den Besitz von Festungen zu kommen, um von dort aus Terrorkampagnen zu starten. Zu diesem Zweck suchten sie, besonders in Gebirgsgegenden, den Eifer der Gläubigen anzustacheln und zu lenken; gleichzeitig verschmähten sie es aber auch nicht, mit Fürsten zusammenzuarbeiten, wo eine begrenzte und zeitweilige Allianz für beide Seiten nützlich schien.

Trotz solcher Hilfe und trotz gelegentlicher Erfolge erwies sich die Aufgabe in Syrien für die Ismailiten als erheblich schwieriger denn in Persien — teilweise vielleicht gerade, weil sie Perser waren und in fremder Umgebung wirkten. So war fast ein halbes Jahrhundert entschlossener Bemühung nötig, um nur das erste Ziel zu erreichen: die Inbesitznahme und Sicherung einer Anzahl von Festungen im zentralsyrischen Hochland, dem Dschebel Bahra (heute Dschebel Ansarieh). Ihre Befehlshaber, soweit sie bekannt sind, waren sämtlich Perser, abgesandt von Alamut und auf Weisung Hasan-i Sabbahs und seiner Nachfolger handelnd. Bei ihrem Kampf um die Etablierung ihrer Macht sind drei Phasen zu unterscheiden. Während der beiden ersten, die 1113 und 1130 endeten, operierten sie — mit der stillschweigenden Einwilligung der Beherrscher dieser Städte —, erst von Aleppo, dann von Damaskus aus und versuchten in den angrenzenden Gebieten Fuß zu fassen. Beide Phasen endeten mit Fehlschlägen. Während der dritten Phase, ab 1131, schafften sie es schließlich, die benötigten Basen in Besitz zu nehmen und zu befestigen.

Die Geschichte der syrischen Ismailiten, wie sie von syrischen Historikern erzählt wird, ist in erster Linie die Geschichte der von ihnen verübten Assassinate. Sie beginnt am 1. Mai 1103 mit dem sensationellen Mord an Dschanah al-Dawla, dem Beherrscher von Homs, in der großen Moschee der Stadt während des Freitagsgebetes. Die Angreifer waren als Sufis verkleidete Perser, die auf ein Zeichen des sie begleitenden Scheichs über ihr Opfer herfielen. In dem anschließenden Handgemenge wurden mehrere von Dschanah al-Dawlas Offizieren getötet, ebenso die Mörder. Bezeichnenderweise flohen die meisten Türken von Homs nach Damaskus.

Dschanah al-Dawla war ein Feind von Ridwan, dem seldschukischen Beherrscher Aleppos, und die meisten Chronisten gehen darin einig, daß Ridwan bei dem Mord seine Hand im Spiel hatte. Einige teilen weitere Details mit: Der Anführer der Haschischijja bzw. der Assassinen, um (hier und im folgenden) den in Syrien gebräuchlichen Begriff zu benutzen, war ein Mann, der unter dem Namen al-Hakim al-Munajjim (›der Arzt-Astrologe‹) bekannt war. Er und seine Freunde waren aus Persien nach Aleppo gekommen, wo ihnen Ridwan erlaubte, ihre Religion zu praktizieren und zu propagieren, darüber hinaus auch die Stadt als Ausgangsbasis für weitere Aktivitäten zu benutzen. Aleppo bot den Assassinen unverkennbare Vorteile. Die Stadt hatte eine bedeutende zwölfer-schiitische Gemeinde und lag in angenehmer Nähe zu den Zentren der extremistischen Schia im Dschebel al-Summaq und im Dschebel Bahra. Ridwan, ein Mann von notorischer Laxheit in religiösen Dingen, sah in den Assassinen mögliche neue Bundesgenossen, die seine militärische Schwäche gegenüber seinen syrischen Rivalen vielleicht ausgleichen konnten.

Der ›Arzt-Astrologe‹ überlebte Dschanah al-Dawla nur um zwei bis drei Wochen. Sein Nachfolger als Assassinenführer war wieder ein Perser: Abu Tahir al-

Sa'igh (›der Goldschmied‹). Er konnte sich die Gunst Ridwans erhalten und Aleppo weiterhin als Stützpunkt benutzen. Von hier aus unternahm er eine Reihe von Versuchen, strategisch wichtige Punkte im Süden der Stadt zu besetzen. Dabei scheint er von lokalen Kräften unterstützt worden zu sein und sogar einige Orte, wenn auch nur kurzzeitig, in seine Gewalt gebracht zu haben.

Der erste dokumentarisch belegte Angriff galt 1106 Afamija. Der Beherrscher der Stadt, Chalaf ibn Mula'ib, war Schiit, möglicherweise Ismailit, aber Kairo, nicht Alamut ergeben. 1096 hatte er Afamija Ridwan weggenommen und seine Eignung als Basis für ausgedehnte und erfolgreiche Raubzüge demonstriert. Die Assassinen entschieden, daß Afamija ihren Bedürfnissen am ehesten entspreche, und Abu Tahir entwickelte einen Plan zur Tötung Chalafs und zur Einnahme der Zitadelle. Einige Einwohner der Stadt waren Ismailiten und durch ihren Anführer Abu'l Fath, einen Richter aus der Nachbarstadt Sarmin, in das Komplott eingeweiht. Eine Gruppe von sechs fida'is kam aus Aleppo, um den Angriff auszuführen. »Sie hatten sich von einem Franken Pferd, Maultier, Harnisch und Schild besorgt, kamen damit ... von Aleppo nach Afamija und sagten zu Chalaf ...: ›Wir sind gekommen, um in deine Dienste zu treten. Wir fanden einen fränkischen Ritter und töteten ihn; hier bringen wir dir sein Pferd, sein Maultier und seine Rüstung.‹ Chalaf hieß sie ehrenvoll willkommen und wies ihnen ein Haus auf der Zitadelle von Afamija, nahe der Stadtmauer zu. Sie bohrten ein Loch durch die Mauer und verabredeten sich mit den Einwohnern der Stadt ..., die durch das Loch zu ihnen hereinkamen. Dann töteten sie Chalaf und ergriffen Besitz von der Zitadelle.«[1] Dies geschah am 3. Februar 1106. Bald darauf kam Abu Tahir selbst aus Aleppo und übernahm das Kommando.

Freilich: So verheißungsvoll der Angriff auf Afamija verlaufen war — am Ende wurde er doch zum Fiasko.

Tankred, der Kreuzfahrer-Fürst von Antiocheia, hielt sich in der Nähe auf und sah die Gelegenheit, seinerseits Afamija anzugreifen. Er scheint über die Situation gut informiert gewesen zu sein; überdies führte er den Bruder Abu'l Faths als Gefangenen mit sich. Zunächst begnügte er sich damit, Tribut von den Assassinen zu erheben und sie dafür im Besitz der Stadt zu lassen. Im September 1106 allerdings kehrte er zurück, belagerte die Stadt und zwang sie zur Kapitulation. Abu'l Fath wurde gefangengesetzt, gefoltert und hingerichtet; Abu Tahir und seine Gefährten wurden ebenfalls gefangen, konnten sich aber freikaufen und nach Aleppo zurückkehren.

Diese erste Konfrontation der Assassinen mit den Kreuzfahrern und die Vereitelung ihres sorgfältig erwogenen Plans durch einen Kreuzfahrer-Fürsten scheint indes ihre Aufmerksamkeit keineswegs von muslimischen Zielen ab- und auf christliche hingelenkt zu haben. Ihr Kampf galt weiterhin den Führern, nicht dem Feinden des Islams. Ihr primäres Interesse blieb die Gewinnung von Operationsbasen, wem immer diese gehören mochten; ihr weiteres Ziel war es, die seldschukische Macht zu treffen, wo immer sie sich zeigte.

1113, in Damaskus, gelang ihnen der bis dahin ehrgeizigste Coup: Sie erstachen Mawdud, den seldschukischen Emir von Mosul und Kommandeur eines Expeditionsheeres, das offensichtlich nach Syrien geschickt worden war, um den syrischen Muslimen in ihrem ersten Kampf gegen die Kreuzfahrer beizustehen. Für die Assassinen stellte diese Expedition eine reale Gefahr dar. Und sie standen mit dieser Befürchtung nicht allein. Als Mawdud und seine Armee 1111 Aleppo erreicht hatten, ließ Ridwan die Stadttore vor ihnen schließen, und die Assassinen beeilten sich, ihm zu Hilfe zu kommen. Zeitgenössische Gerüchte besagen — darin sind christliche und muslimische Quellen einig —, daß die Ermordung Mawduds vom muslimischen Regenten von Damaskus unterstützt wurde.

Welche Gefahr der seldschukische Einfluß aus dem Osten für die Assassinen darstellte, wurde nach dem Tod ihres Gönners Ridwan am 10. Dezember 1113 deutlich. Ihre Aktivitäten in Aleppo hatten sie bei den Bewohnern der Stadt höchst unpopulär werden lassen; ein erfolgloser Anschlag auf das Leben eines wohlhabenden und erklärt antiismailischen Persers im Jahre 1111 z. B. hatte zu Massenausschreitungen gegen sie geführt. Nach Ridwans Tod verfolgte dessen Sohn Alp Arslan zunächst die Politik seines Vaters weiter und überließ ihnen sogar eine Burg an der Straße nach Bagdad. Aber der Umschlag kam bald. Ein Brief des seldschukischen Großsultans Muhammad warnte Alp Arslan vor der Bedrohung durch die Isma'ilijja und drängte ihn, sie zu zerschlagen. In der Stadt selbst übernahm Ibn Badi, Präfekt und Chef der Miliz, die Initiative und überzeugte den Regenten von der Notwendigkeit harter Maßnahmen. »Er verhaftete Abu Tahir, den Goldschmied, und tötete ihn, und er tötete den da'i Isma'il, den Bruder des Arzt-Astrologen, und mit ihm die Führer dieser Sekte in Aleppo. Er verhaftete etwa 200 Sektenmitglieder, warf sie ins Gefängnis und zog ihr Vermögen ein. Für einige wurde Fürsprache eingelegt; andere wurden freigelassen, wieder andere von den Zinnen der Zitadelle gestürzt oder hingerichtet. Einige entkamen und zerstreuten sich weit über das Land.«[2]

Trotz dieses Rückschlags und trotz des Mißerfolgs bei der Bemühung, sich auf Dauer eine befestigte Burg zu sichern, war die persische Ismailitenmission unter Führung Abu Tahirs nicht völlig fehlgeschlagen. Sie hatte mit lokalen Sympathisanten Kontakte geknüpft, Ismailiten anderer Richtungen und extremistische Schiiten in diversen syrischen Sekten für die Sache Hasan-i Sabbahs gewonnen. Sie konnte auf gewichtige lokale Unterstützung im Dschebel al-Summaq, im Dschasr und im Banu Ulaim zählen, d.h. in dem strategisch bedeutsamen Gebiet zwischen Schaisar und Sarmin. Sie hatte Stützpunkte in anderen Teilen Syriens und besonders entlang den Kommunikationswegen nach Alamut errichtet. Die Gegend zwischen Aleppo und Euphrat war damals wie später als Zentrum des extremen Schiismus bekannt, und obwohl es dafür keine zeitgenössischen Belege gibt, dürfte Abu Tahir die hier gebotenen Gelegenheiten nicht außer acht gelassen haben. Bezeichnend ist, daß schon im Frühjahr 1114 eine Truppe von annähernd 100 Assassinen aus Afamija, Sarmin und anderen Orten die muslimische Festung von Schaisar in einem Überraschungsangriff nehmen konnte, als sich der Kommandeur mit seinen Waffenknechten entfernt hatte, um die Osterfeiern der Christen zu beobachten. Die Angreifer wurden jedoch unmittelbar danach in einer Gegenattacke geschlagen und vernichtet.

Auch in Aleppo konnten die Assassinen sich, trotz des Debakels von 1113, bis zu einem gewissen Grade behaupten. 1119 wurde ihr Feind Ibn Badi aus der Stadt verbannt und floh nach Mardin; sie erwarteten ihn am Euphratübergang und töteten ihn zusammen mit seinen beiden Söhnen. Im folgenden Jahr verlangten sie eine Burg vom Beherrscher der Stadt. Dieser mochte sie ihnen weder überlassen noch verweigern; er sah keinen anderen Ausweg aus dieser mißlichen Lage als den, sie eilig zerstören zu lassen und dann zu behaupten, er habe die Zerstörung schon seit langem angeordnet. Der Offizier, der die Zerstörung vornehmen ließ, wurde einige Jahre später ermordet. Der ismailische Einfluß in Aleppo endete 1124, als der neue Herrscher den örtlichen Agenten des Großdaʿi verhaften und seine Anhänger aus der Stadt verbannen ließ. Diese verkauften ihren Besitz und zogen ab.

Nach der Hinrichtung Abu Tahirs verlagerte dessen Nachfolger Bahram die wesentlichen Aktivitäten der

Sekte nach Süden und spielte bald eine aktive Rolle in den politischen Angelegenheiten von Damaskus. Wie seine Vorgänger war Bahram Perser und überdies ein Neffe al-Asabadadis, der 1101 in Bagdad hingerichtet worden war. Eine Zeitlang »lebte er in äußerster Zurückgezogenheit und verkleidete sich ständig anders, so daß er von Stadt zu Stadt, von Burg zu Burg reiste, ohne daß jemand seine Identität erfuhr.«[3] Fast mit Sicherheit hatte er seine Hand im Spiel, als Bursuqi, der Gouverneur von Mosul, am 26. November 1126 in der großen Moschee der Stadt ermordet wurde. Unter den acht Assassinen, die, als Asketen verkleidet, über den Gouverneur herfielen und ihn niederstachen, waren auch Syrer. Kamal al-Din ibn al-Adim, ein Historiker aus Aleppo, erzählt zu dem Vorfall eine eigenartige Geschichte:

»Alle, die ihn überfielen, wurden getötet — mit Ausnahme eines Jünglings aus Kafr Nasih im Distrikt von Asas nördlich von Aleppo, der unverletzt entkam. Er hatte eine schon betagte Mutter, die, als sie hörte, daß Bursuqi ermordet und alle seine Attentäter, also auch ihr Sohn, getötet worden seien, voller Freude war, ihre Augenlider schminkte und ihrem Glück laut Ausdruck gab. Als ihr Sohn aber einige Tage später unversehrt zurückkam, wurde sie betrübt, raufte sich die Haare und schwärzte ihr Gesicht.«[4]

Aus demselben Jahr 1126 datieren die ersten eindeutigen Berichte über eine Kooperation zwischen den Assassinen und Tughtigin, dem türkischen Herrscher von Damaskus. Dem Damaszener Chronisten Ibn al-Qalanisi zufolge verstärkten Ismailitenscharen aus Homs und anderswo, »bekannt für ihren Mut und ihre Tapferkeit«, die Truppen Tughtigins bei einem erfolglosen Angriff auf Kreuzfahrer. Einige Jahre zuvor war Bahram unverkleidet in Damaskus aufgetaucht, hatte ein Empfehlungsschreiben Il-Ghasis, des Herrschers von Aleppo, vorgewiesen und war gut aufgenommen worden. Mit offizieller Protektion verschaffte er sich eine einflußreiche Stellung und verlangte, im Einklang mit der herrschenden Sektenstrategie, eine Burg Tughtigin überließ ihm die Festung Banjas, an der Grenze zum Lateinischen Königreich Jerusalem gelegen. Aber das war noch nicht alles. Auch in Damaskus selbst erhielten die Assassinen ein Gebäude — von den einen als ›Palast‹, von den anderen als ›Missionshaus‹ beschrieben —, das ihnen fortan als Hauptquartier diente. Der Damaszener Chronist schreibt die Hauptverantwortung für diese Entscheidung dem Wesir al-Mastagani zu, der zwar kein erklärter Ismailit, aber ein bereitwilliger Förderer ihrer Pläne gewesen sei und hinter den Kulissen der Macht eine verhängnisvolle Rolle gespielt habe. Tughtigin selbst habe die Aktionen der Assassinen mißbilligt, sie aber aus taktischen Gründen toleriert und auf eine günstige Gelegenheit für einen entscheidenden Schlag gegen sie gewartet. Andere Historiker teilen diese Einschätzung des Wesirs, kritisieren aber auch den Herrscher direkt und schreiben sein Verhalten weitgehend dem Einfluß Il-Ghasis zu, mit dem Bahram schon in Aleppo freundschaftliche Beziehungen unterhalten habe.

Bahram baute die Festung Banjas um und verstärkte sie; von ihr aus unternahm er dann eine Reihe militärischer und propagandistischer Aktionen in der näheren Umgebung. »In alle Richtungen«, sagt Ibn al-Qalanisi, »entsandte er seine Missionare, die eine große Zahl unwissender Landleute und närrischer Bauern, aber auch Pöbel und Abschaum verführten.«[5] Obwohl er bei seinen Unternehmungen wahrscheinlich auch einige andere Orte eroberte, kam Bahram mit seinen Anhängern bald in Schwierigkeiten. In dem Wadi al-Taim, in der Region von Hasbajja, wohnte eine aus Drusen, Nusairi und anderen Häretikern zusammengesetzte Bevölkerung, die für die ismailische Expansion ein fruchtbarer Nährboden schien. Baraq ibn Dschandal, einer ihrer Anführer, wurde in einen Hinterhalt gelockt und getötet; unmittelbar darauf bliesen Bahram und seine Truppen zum Angriff auf das Wadi. Aber sie trafen auf heftigen Widerstand, den Dahhak ibn Dschandal, der Bruder des Getöteten, organisierte. In dem hitzigen Gefecht wurden sie geschlagen und Bahram selbst getötet.

Sein Nachfolger war Isma'il, ein weiterer Perser, der seine Politik und seine Unternehmungen fortsetzte. Auch er wurde vom Wesir al-Masdagani unterstützt. Aber bald kam das Ende: Mit Tughtigins Tod im Jahre 1128 setzte eine antiismailische Reaktion ein, die der in Aleppo nach dem Tode Ridwans vergleichbar ist. Auch hier kam die Initiative vom Präfekten der Stadt, Mufarridsch ibn al-Hasan ibn al-Sufi, einem fanatischen Ismailitengegner und Feind des Wesirs. Von diesem und vom Militärgouverneur Jusuf ibn Firuz aufgestachelt, ließ Buri, der Sohn und Erbe Tughtigins, den Wesir beim Morgenempfang ermorden und seinen Kopf öffentlich zeigen. Auf diese Nachricht hin gingen Miliz und Mob tötend und plündernd gegen die Sektierer vor. »Am nächsten Morgen waren die Plätze und Straßen der Stadt von den Batini [= Ismailiten] befreit, und die Hunde jaulten und balgten sich um ihre Gliedmaßen und Leichen.«[6] Hinsichtlich der Zahl der Getöteten gehen die Angaben der Chronisten auseinander: 6000 nennt einer, 10000 ein anderer, 20000 ein dritter. In Banjas erkannte Isma'il, daß seine Position unhaltbar geworden war. Er übergab die Festung den Franken und floh auf fränkisches Territorium. Anfang 1130 starb er. Die oft wiederholte Geschichte, der Wesir und die Assassinen hätten sich zur Auslieferung von Damaskus an die Franken verschworen gehabt, beruht auf einer einzigen, nicht sehr zuverlässigen Quelle und dürfte eher eine böswillige Unterstellung sein.

Buri und seine Helfershelfer ließen äußerste Vorsicht walten, um der zu erwartenden Rache der Assassinen zu entgehen. Sie trugen Brünnen und umgaben sich mit schwerbewaffneten Leibwächtern. Doch es war vergebens. Da die syrische Mission zeitweilig desorganisiert schien, wurde der Vergeltungsschlag von Alamut aus vorbereitet. Am 7. Mai 1131 wurde Buri von zwei als türkische Soldaten verkleideten Persern, die in seine Dienste getreten waren, niedergestreckt. Ihre Namen sind auf der Ehrentafel von Alamut verzeichnet.[7] Die Assassinen wurden von den Leibwächtern sofort in Stücke gehackt, aber Buri starb im nächsten Jahr an seinen Wunden. Trotz dieses erfolgreichen Coups konnten die Ismailiten ihre frühere Position in Damaskus nie wieder zurückgewinnen — was sie in einer so extrem orthodoxen Stadt wohl auch nicht erhofften.

Während dieser Zeit bekämpften sie neben den Türken noch einen andern Feind. In ihren Augen war der noch immer in Kairo regierende Fatimiden-Kalif ein Usurpator; daher war es eine heilige Pflicht, ihn zu vertreiben und das Imamat der Nachkommen Nizars zu etablieren. In der ersten Hälfte des 12. Jahrhunderts gab es mehr als eine pro-nizarische Revolte in Ägypten, und obwohl diese Revolten unterdrückt wurden, verwandte die Kairoer Regierung viel Aufmerksamkeit auf die Abwehr nizarischer Propaganda bei ihren Untertanen. Der Kalif al-Amir ließ eine amtliche Erklärung veröffentlichen, in der er den Anspruch seines Hauses auf die Thronfolge verteidigte und den Standpunkt der Nizari zurückwies. Dieses Dokument erhielt in Damaskus einen interessanten Anhang. Als der Emissär aus Kairo es den dortigen Ismailiten vorlas, kam es zu einem Aufruhr; einer von ihnen brachte es seinem Anführer, der auf dem freigebliebenen Ende des Blattes eine Widerlegung anfügte. Diese Widerlegung verlas er vor einer Versammlung von Fatimiden-Anhängern in Damaskus. Jetzt erbat der Kairoer Emissär die Hilfe des Kalifen, um auf die Widerlegung zu antworten, und erhielt eine weitere Darlegung der musta'lischen Argumente. Nicht auszuschließen ist, daß diese Vorfälle im Zusammenhang mit dem Assassinat an einem Mann stehen, den man der Ausspionierung der Sekte im Auftrag der fatimidischen Regierung verdächtigte (1120).

Gegen die Argumente ihrer Rivalen in Kairo setzten die Assassinen die ihrigen: 1121 wurde al-Afdal, Generalissimus von Ägypten und Hauptverantwortlicher für die Ausbootung Nizars, von drei fida'is aus Aleppo umgebracht, 1130 sogar der Kalif al-Amir selbst, den zehn ›Gefährten‹ in Kairo niederstreckten. Er war ein notorischer Nizari-Hasser, und man hat erzählt, daß nach Bahrams Tode dessen Kopf, Hände und Ring nach Kairo gebracht worden seien und der Überbringer, ein Mann aus dem Wadi al-Taim, vom Kalifen Belohnungen und eine Ehrenrobe erhalten habe.

Über die Beziehungen der Assassinen zu den Franken in jener Zeit ist wenig bekannt. Es gibt in späteren muslimischen Quellen Berichte über Fälle assassinischer Kollaboration mit dem Feind — aber sie sind möglicherweise Ausdruck der Mentalität dieser Epoche, als der Geist fast aller orientalischen Muslime vom Heiligen Krieg für den Islam erfüllt war. Im Moment schienen die Assassinen nur die generelle Indifferenz des muslimischen Syrien in bezug auf Religionsspaltungen zu teilen. Daß die Dolche der fida'is fränkische Opfer gefunden hätten, ist nicht bekannt. Allerdings kamen ismailische Truppen bei mindestens zwei Gelegenheiten mit Kreuzfahrern in Konflikt. Andererseits suchten fliehende Sektenangehörige aus Aleppo und Banjas Zuflucht auf fränkischem Territorium. Daß Banjas, als es aufgegeben werden mußte, einem fränkischen und nicht einem muslimischen Befehlshaber ausgeliefert wurde, hatte indes aller Wahrscheinlichkeit nach nur geographische Gründe.

In den nächsten 20 Jahren vollzog sich der dritte, nunmehr erfolgreiche Versuch der Assassinen, befestigte Operationsbasen in Syrien zu gewinnen — diesmal im Dschebel Bahra, südwestlich des Dschebel al-Summaq, dem Schauplatz ihres ersten Versuchs. Bevor sie sich dort festsetzten, hatten die Franken vergeblich versucht, das Gebiet unter ihre Kontrolle zu bringen. Um 1132/33 verkaufte der muslimische Grundherr al-Kahf die Bergfestung Qadmus, die er ein Jahr zuvor den Franken entrissen hatte, an die Assassinen. Wenige Jahre später ging al-Khaf selbst zu ihnen über, nachdem er mit seinem Sohn und dessen Vettern in Streit um seine Nachfolge geraten war. 1136/37 wurde die fränkische Besatzung von Chariba durch Assassinen vertrieben, die ihrerseits kurzzeitig vom Gouverneur von Hama aus der Festung verjagt wurden, diese aber bald wieder unter ihre Kontrolle brachten. Masjaf, das wichtigste Assassinenbollwerk, wurde 1140/41 einem Gouverneur entrissen, den der Banu Munqidh eingesetzt hatte, nachdem er die Burg 1127/28 käuflich erworben hatte. Die übrigen Burgen — Chawabi, Rusufa, Qulaiʿa und Maniqa — dürften etwa zur gleichen Zeit in den Besitz der Assassinen übergegangen sein; über die genauen Daten sowie die Art und Weise des Erwerbs ist aber wenig bekannt.

In dieser Epoche der stillschweigenden Konsolidierung machte die Sekte wenig von sich reden; daher ist in Chroniken auch nicht viel verzeichnet. Nur sehr wenige Mitglieder sind namentlich bekannt. Der Käufer von Qadmus hieß Abu'l Fath; er war der letzte Großdaʿi vor Sinan. Ein kurdischer Assassine namens Ali ibn Wafa kooperierte mit Fürst Raimund von Antiocheia bei dessen Feldzug gegen Nur al-Din und fiel 1149 mit ihm auf dem Schlachtfeld von Inab. In dieser Zeit geschahen lediglich zwei Assassinate: 1149 fiel Dahhak ibn Dschandal, Kommandeur des Wadis al-Taim, der Rache der Assassinen für seinen erfolgreichen Widerstand gegen Bahram (1128) zum Opfer. Ein oder zwei Jahre später ermordeten sie Graf Raimund II. von Tripoli am Tor dieser Stadt — ihr erstes fränkisches Opfer.

Ihre Politik in diesen Jahren ist nur umrißhaft erkennbar. Gegenüber Zangi, dem Herrscher von Mosul, und seiner Dynastie konnten sie nur Feindschaft empfinden. Diese Dynastie hatte immer die mächtigsten türkischen Fürsten gestellt. Sie kontrollierten die Kommunikationswege zwischen Syrien und Persien, unterhielten freundschaftliche Beziehungen zu den seldschukischen Herrschern im Osten und stellten so eine ständige Bedrohung der assassinischen Macht dar, zumal sie auch immer wieder versuchten, nach Syrien vorzudringen. Mawdud und Bursuqi waren schon beseitigt, die Zangiden mehr als einmal bedroht worden. Als sie 1128 Aleppo besetzten, wurde die von ihnen ausgehende Gefahr noch größer. 1148 verbot Nur al-Din ibn Zangi die schiitischen Formeln, die bis dahin beim Gebetsruf gebraucht worden waren. Dieser Schritt, der heftige, aber wirkungslose Empörung unter den Ismailiten und anderen Schiiten der Stadt auslöste, kam einer offenen Kriegserklärung an die Häretiker gleich. Unter diesen Umständen ist es nicht überraschend, daß ein assassinisches Kontingent an der Seite Raimunds von Antiocheia kämpfte, der als einziger unter den syrischen Herrschern wirksamen Widerstand gegen die Zangiden leistete.

Inzwischen war der größte aller Assassinenführer in Syrien zur Macht gelangt. Sinan ibn Salman ibn Muhammad, bekannt geworden unter dem Namen Raschid al-Din, wurde in Aqral-Sudan, einem Dorf bei Basra, an der Straße nach Wasit, geboren. Er wird teils als Alchimist, teils als Schulmeister beschrieben; nach eigenen Angaben war er der Sohn eines der angesehensten Bürger von Basra. Ein zeitgenössischer syrischer Autor hat ihn besucht und ein Gespräch mit ihm geführt. Darin schildert Sinan seinen früheren Werdegang, seinen Bildungsweg und die Begleitumstände seiner syrischen Mission.

»Ich wurde in Basra aufgezogen, wo mein Vater zu den Notabeln gehörte. Die dort empfangene Bildung erfüllte mein Herz. Dann geschah zwischen mir und meinen Brüdern etwas, das mich veranlaßte, die Stadt zu verlassen. Ich hatte weder Vorräte noch ein Reittier. Mein Weg führte mich bis Alamut. Dort regierte Kija Muhammad, der zwei Söhne namens Hasan und Husain hatte. Er ließ mich mit ihnen unterrichten und stellte mich ihnen in bezug auf Unterhalt, Erziehung und Kleidung völlig gleich. Ich blieb, bis Kija Muhammad starb und Hasan sein Nachfolger wurde. Er befahl mir, nach Syrien zu gehen. Ich brach auf, wie ich von Basra aufgebrochen war, und vermied allermeist, mich einer Stadt zu nähern. Er hatte mir Anordnungen und Briefe mitgegeben. Ich kam nach Mosul, machte Halt an der Moschee der Zimmerleute und verbrachte die Nacht dort. Dann ging ich weiter, ohne eine Stadt zu betreten, bis ich Raqqa erreichte. Dort sollte ich einem unserer Gefährten einen Brief übergeben. Er stattete mich mit Vorräten aus und mietete mir ein Reittier bis Aleppo. Dort traf ich einen weiteren Gefährten, dem ich einen Brief überbrachte. Auch er mietete mir ein Reittier und schickte mich nach Kahf. Mein Befehl lautete, in dieser Festung zu bleiben, und ich blieb, bis Scheich Abu Muhammad, der Leiter der Mission, in den Bergen starb. Sein Nachfolger war — mit Zustimmung der meisten Gefährten, aber ohne Ernennung [aus Alamut] — Chwaja Ali ibn Mas'ud. Aber Abu Mansur, der Neffe von Scheich Abu Muhammad, und der Häuptling Fahd verschworen sich gegen ihn und ließen ihn erdolchen, als er sein Bad verließ. Die Führung wurde nun von beiden gemeinsam ausgeübt; die Mörder wurden verhaftet und gefangengesetzt. Dann kam aus Alamut der Befehl, die Mörder hinzurichten und Fahd zu entlassen. Gleichzeitig kam eine Botschaft und der Befehl, sie den Gefährten vorzulesen.«[8]

Die wesentlichen Punkte dieses Berichts werden durch andere Quellen bestätigt und überdies in Sinans legendärer Biographie genauer entfaltet. Dieser Biographie zufolge betrug seine Wartezeit in Kahf sieben Jahre. Ohne Zweifel war Sinan ein Protegé von Hasan *'alā dhikrihi'l-salām;* es ist bezeichnend, daß er sich 1162, als Hasan Herr von Alamut wurde, den Gläubigen in Syrien zu erkennen gab. Die Geschichte vom Konflikt um die Nachfolge reflektiert möglicherweise die Differenzen zwischen Hasan und seinem Vater.

Im August 1164 proklamierte Hasan in Alamut die Auferstehung und sandte Boten zu den Ismailiten in anderen Regionen, um ihnen die Nachricht zu verkünden. Sinan wuchs die Aufgabe zu, die neue Doktrin in Syrien einzuführen. Es gibt einen seltsamen Kontrast in der Art und Weise, wie die Proklamation in Persien und in Syrien aufgenommen wurde. In Persien wurde sie von den Ismailiten getreulich verbreitet — und die zeitgenössischen Sunniten scheinen sie kaum zur Kenntnis genommen zu haben; in Syrien dagegen scheinen die Ismailiten sie nachgerade vergessen zu haben — während die sunnitischen Historiker mit wollüstigem Schauder die Gerüchte wiederholen, die mit der Aufhebung der Schariʿa einhergehen. »Ich habe gehört«, schreibt einer, »daß er [Sinan] ihnen erlaubt hat, ihre Mütter, Schwestern und Töchter zu schänden, und daß er sie vom Fasten im Monat Ramadan befreit hat.«[9]

So sicher dieser Bericht, wie ähnliche andere, übertrieben ist, so klar ist es, daß das Ende des islamischen Gesetzes auch in Syrien proklamiert wurde und zu einer Reihe von Exzessen führte, die schließlich von Sinan selbst unterbunden wurden. »Im Jahre 572 [1176/77]«, schreibt Kamal al-Din, »gaben sich die Menschen im Dschebel al-Summaq der Schande und der Ausschweifung hin. Sie nannten sich ›die Reinen‹. Männer und Weiber vereinten sich zu Trinkgelagen; kein Mann enthielt sich seiner Schwester oder Tochter; die Weiber trugen Männerkleider, und eine von ihnen erklärte, Sinan sei ihr Gott.«[10] Der Herrscher von Aleppo schickte eine Armee gegen die ›Reinen‹ aus, woraufhin sie in die Berge flohen und sich verschanzten. Sinan lehnte jede Verantwortung für ihr Treiben ab. Er stellte eine Untersuchung an, bemühte sich, sie zur Aufgabe zu überreden, und führte schließlich selbst einen militärischen Angriff gegen sie an, bei dem sie vernichtet wurden. Nach anderen Quellen gab es in diesen Jahren noch weitere Gruppen von Ekstatikern. Wahrscheinlich ist, daß die spätere Legende vom Paradiesgarten der Assassinen auf vage Gerüchte und unklare Berichte über derartige Vorfälle zurückgeht.

Einmal etabliert, sah Sinan seine erste Aufgabe in der Konsolidierung seines neuen Machtbereichs. Er baute die Festungen Rusafa und Chawabi um und arrondierte sein Gebiet durch die Eroberung und Neubefestigung von Ulaiqa. »Er ließ in Syrien Festungen für die Sekte bauen«, schreibt ein arabischer Chronist. »Zu den neuen kamen alte, die er durch List in seinen Besitz gebracht, befestigt und uneinnehmbar gemacht hatte. Die Zeit arbeitete für ihn, und die Könige hüteten sich, seine Besitzungen anzugreifen — aus Furcht vor Mordanschlägen seiner Anhänger. Er regierte in Syrien etwa 30 Jahre lang. Mehrere Male sandte der Meister der Sekte Boten aus Alamut, um ihn zu töten, weil er fürchtete, Sinan könne dort die Macht usurpieren. Sinan ließ sie meistens hinrichten. Einige täuschte er und brachte sie davon ab, ihren Auftrag auszuführen.«[11] Man hat hieraus geschlossen, Sinan habe sich als einziger Assassinenführer in Syrien von der Autorität Alamuts losgesagt und eine gänzlich unabhängige Politik betrieben. Diese Auffassung wird durch theoretische Fragmente bestätigt, die seinen Namen tragen und die von syrischen Ismailiten bis in die jüngste Zeit aufbewahrt wurden. Darin findet sich kein Bezug auf Alamut, auf die dortigen Herrscher oder die nizarischen Imame; statt dessen wird Sinan selbst als höchster und gottgleicher Führer gefeiert.

Unsere Informationen über die assassinische Politik unter Sinan beziehen sich primär auf eine Reihe spezifischer Vorfälle, in die Assassinen verwickelt waren: auf die beiden Mordanschläge gegen Saladin, gefolgt von dessen ergebnislosem Angriff auf Masjaf; auf einen Mord und eine Brandstiftung in Aleppo, schließlich auf den Mord an Konrad von Montferrat. Unabhängig davon gibt es nur unklare Berichte über Drohbriefe an Nur al-Din und Saladin sowie eine Erwähnung durch Benjamin von Tudela, einen jüdischen Reisenden aus Spanien, der von einem Kriegszustand zwischen den

Assassinen und der Grafschaft Tripoli im Jahre 1167 berichtet.

Der Aufstieg Saladins zum Architekten der muslimischen Einheit und Orthodoxie und zum Helden des Heiligen Krieges ließ ihn notwendigerweise zum Hauptfeind der Assassinen werden. Daß diese jetzt die Zangiden in Mosul und Aleppo, seine wichtigsten Opponenten, mit freundlicheren Augen betrachteten, lag nahe. So beklagt Saladin in Briefen an den Kalifen in Bagdad, geschrieben 1181/82, denn auch, daß die Mosuler Herrscher sich mit den Ketzern verbündet hätten und sie als Vermittler im Verkehr mit den ungläubigen Franken benutzten. Er beschuldigt sie, den Assassinen Burgen, Land und ein Propagandazentrum in Aleppo versprochen zu haben und Emissäre gleichermaßen zu Sinan wie zu den Kreuzfahrern zu schicken. Schließlich betont er seine eigene Rolle als Verteidiger des Islams gegen die dreifache Gefahr des fränkischen Unglaubens, der ismailischen Ketzerei und des zangidischen Verrats. Der Autor der ismailischen Biographie Sinans, ohne Zweifel beeinflußt vom späteren Ideal des Heiligen Krieges, stellt seinen Helden dagegen als Mitstreiter Saladins im Kampf gegen die Kreuzfahrer dar.

Beide Urteile mögen zutreffen, aber für verschiedene Epochen. Saladin hat den Grad der Kollaboration zwischen seinen Gegnern wahrscheinlich übertrieben, um die Zangiden zu diskreditieren. Andererseits ist es nur natürlich, daß seine verschiedenen Feinde ihre Angriffe auf ihn koordinierten, statt sich gegenseitig zu bekämpfen. Die durch Wilhelm von Tyros verbreitete kuriose Geschichte, die Assassinen hätten erwogen, das Christentum anzunehmen, könnte sogar auf eine echte Annäherung zwischen Sinan und dem Königreich Jerusalem hindeuten.

Der erste Anschlag auf Saladins Leben geschah im Dezember 1174 oder im Januar 1175, während er Aleppo belagerte. Seinen Biographen zufolge sandte

Gümüschtigin, der die Stadt als Vormund des noch jungen zangidischen Herrschers regierte, Boten zu Sinan, die ihm Land und Geld als Äquivalent für die Ermordung Saladins anboten. Die von Sinan daraufhin ausgeschickten fida'is drangen an einem kalten Wintertag ins Lager des Sultans ein, wurden aber vom Emir von Abu Qubais, einem ihrer Nachbarn, erkannt. Als er sie zur Rede stellte, wurde er sogleich getötet. In dem anschließenden Tumult kamen viele zu Tode; Saladin selbst jedoch blieb unverletzt. Im nächsten Jahr machte Sinan einen weiteren Versuch. Am 22. Mai 1176 attackierten Assassinen, verkleidet als Soldaten seiner Armee, den Sultan während der Belagerung von Asas. Dank seines Harnischs trug er nur oberflächliche Stichwunden davon. Die Angreifer wurden durch seine Emire neutralisiert; einige von diesen fielen im Kampf. Auch dieser zweite Versuch soll, einigen Quellen zufolge, von Gümüschtigin angestiftet worden sein. Von nun ergriff Saladin raffinierte Sicherheitsvorkehrungen: Er schlief in einem speziell konstruierten hölzernen Turm und verbot jedem, den er nicht persönlich kannte, sich ihm zu nähern.

Ist es einerseits durchaus möglich, daß Sinan bei der Vorbereitung dieser beiden Mordanschläge mit Gümüschtigin kooperierte, so ist es andererseits doch unwahrscheinlich, daß dessen verlockende Vorschläge seine primären Beweggründe waren. Viel eher ist zu vermuten, daß er eigene Gründe hatte, Saladin zu beseitigen, aber die Hilfe Gümüschtigins akzeptierte, weil sie ihm materielle und taktische Vorteile brachte. Ähnliche Überlegungen dürfte Sinan angestellt haben, als die Anführer einer letztlich erfolglosen pro-fatimidischen Konspiration in Ägypten (1174) ihm schrieben, auf den gemeinsamen Glauben hinwiesen und zur Aktion gegen Saladin drängten (der Sultan berichtet dies in einem Brief an den Kalifen). Die nizarischen Ismailiten von Syrien und Persien fühlten sich den letzten Fatimiden in Kairo in keiner Weise verpflichtet, betrachteten diese vielmehr als Usurpatoren. Dennoch hatte der fatimidische Kalif al-Amir ein halbes Jahrhundert vorher versucht, sie zur Anerkennung seiner Souveränität zu bewegen. Die Nizari hatten dies verweigert, und al-Amir selbst war unter ihren Dolchen gefallen. Es ist also möglich, daß Sinan wiederum aus taktischen Gründen bereit war, mit den Verschwörern in Ägypten zu kollaborieren, aber unwahrscheinlich, daß er auch nach der definitiven Zerschlagung des Komplotts weiter in ihrem Sinne tätig sein würde. Ein ganz unmittelbares Motiv für Sinans Aktionen gegen Saladin könnte eine Geschichte liefern, die ein späterer Chronist berichtet hat (nicht aber zeitgenössische Autoren). Danach überfielen um das Jahr 1174/75 10000 der Nubuwijja, einem antischiitischen Orden im Irak, angehörende Berittene die ismailischen Zentren al-Bab und Busaʿa, schlachteten 13000 Sektenmitglieder ab und nahmen vielerlei Beute und Gefangene mit. Dies führte zu erheblicher Konfusion bei den Ismailiten, die Saladin ausnutzte, indem er Sarmin, Maʿarat Masrin und den Dschebel al-Summaq überfiel und einen Großteil der Bewohner tötete. Leider teilt der Chronist nicht mit, in welchem Monat die Ereignisse stattfanden; aber wenn, wie zu vermuten steht, Saladins Überfall geschah, während seine Armee sich nordwärts nach Aleppo bewegte, könnte hier eine Erklärung für die Feindseligkeit der Assassinen gegen ihn liegen. Auch ohne diese Erklärung ist indes plausibel, daß Saladins Hervortreten als bedeutendster Machtfaktor im muslimischen Syrien, als Repräsentant einer Politik der muslimischen Einigung ihn als gefährlichen Gegner erscheinen ließ.

Im August 1176 drang der Sultan, erfüllt vom Wunsch nach Vergeltung, auf ismailisches Gebiet vor und legte einen Belagerungsring um Masjaf. Daß er sich dann unverrichteter Dinge zurückzog, ist unterschiedlich erklärt worden. Sein Sekretär und Geschichtsschreiber Imad al-Din — dem die meisten anderen arabischen Autoren gefolgt sind — hat den Rückzug der Vermittlung durch Saladins Onkel, den Fürsten von Hama, zugeschrieben, der von seinen ismailischen Nachbarn um Intervention gebeten worden sei. Ein anderer Biograph nennt einen überzeugenderen Grund: den fränkischen Angriff auf die Bekaʿa-Ebene und die daraus folgende Notwendigkeit für Saladins Präsenz in diesem Gebiet. In Kamal al-Dins Geschichte von Aleppo ist es der Sultan selbst, der um die Vermittlung durch den Fürsten von Hama nachsucht und um Frieden bittet — offenbar als Folge des von der assassinischen Taktik ausgelösten Terrors. In der ismailischen Version fürchtet sich Saladin vor Sinans übernatürlichen Kräften; der Fürst von Hama verwendet sich für ihn und bittet Sinan, ihn sicher abziehen zu lassen; darauf übersendet dieser dem Sultan, der zuvor seinen Willen zum Rückzug erklärt hat, einen Geleitbrief, und die beiden werden die besten Freunde. Dieser Bericht ist offenkundig stark von Legenden umrankt, enthält jedoch insofern ein Wahrheitsmoment, als es irgendeine Art Übereinkunft gegeben haben muß. Jedenfalls hören wir nach dem Rückzug von Masjaf nichts mehr von direkten Aktionen der Assassinen gegen Saladin; hingegen gibt es einige Hinweise auf ein insgeheimes Zusammenspiel.

Bei den Historikern finden sich diverse Anekdoten, deren Funktion es offenkundig ist, Saladins Toleranz gegenüber den Assassinen zu erklären, vielleicht zu rechtfertigen. Eines Tages, heißt es da z. B., habe der Sultan einen Drohbrief an den Assassinenführer geschrieben. Dessen Antwort sei die folgende gewesen:

»Wir haben deinen Brief im ganzen und in allen Einzelheiten gelesen und Notiz von dem genommen, was du uns in Worten und Taten androhst. Bei Gott, es ist erstaunlich zu sehen, wie eine Fliege im Ohr des Elefanten schwirrt und eine Mücke auf Statuen einsticht. Andere vor dir haben ähnliche Dinge gesagt, und wir haben sie vernichtet; niemand konnte ihnen helfen. Willst du denn die Wahrheit abschaffen und der Lüge Raum geben? ›Wissen werden diejenigen, die Unrecht tun, in welcher Weise sie zu Allah zurückkehren sollen.‹[12] Solltest du wirklich befohlen haben, mir den Kopf abzuschlagen, und meine Burgen von den festen Bergen zu stoßen, so wisse, daß dies falsche Hoffnungen und eitle Phantasien sind, denn das Wesen kann nicht durch das Unwesentliche zerstört werden, ebenso wenig wie die Seele durch Krankheiten des Körpers. Wenden wir uns aber zurück zum Exoterischen, das die Sinne wahrnehmen, und lassen das Esoterische beiseite, das der Geist erkennt, so haben wir ein gutes Beispiel im Propheten Gottes, welcher sagte: ›Kein Prophet litt, was ich litt.‹ Du weißt, was seinem Stamm, seiner Familie und seiner Partei widerfuhr. Aber die Lage hat sich nicht verändert, und unsere Sache ist nicht fehlgeschlagen — gelobt sei Gott vom Anfang bis zum Ende. Wir sind unterdrückt und nicht die Unterdrücker; wir sind enteignet und nicht die Enteigner. ›Gekommen ist die Wahrheit und vergangen das Nichtige. Siehe, das Nichtige ist vergänglich.‹[13] Du kennst die äußere Wirkung unserer Aktionen und die Qualität unserer Männer, weißt, was sie in einem Augenblick vollbringen können und wie sehr sie die Intimität des Todes suchen. ›Sprich: ... So wünschet euch den Tod, wenn ihr wahrhaft seid.‹[14] Das Sprichwort sagt: ›Bedroht man eine Ente, wenn man sie in den Fluß wirft?‹ Bereite dich auf das Unglück vor, und zieh ein Kleid gegen die Katastrophe an, denn ich werde dich besiegen in deiner eigenen Stellung und Rache nehmen an dem Ort, da du wohnst. Du wirst sein wie ein Mann, der seine eigene Vernichtung ins Auge faßt, ›und dies fiele Allah nicht schwer‹.[15] Wenn du diesen unseren Brief gelesen hast, bleibe auf der Hut vor uns, bewege dich vorsichtig und lies den Anfang der Sure ›Die Bienen‹ und das Ende von ›Sād‹.«[16]

Noch erstaunlicher als dieser Brief ist eine Geschichte, die Kamal al-Din unter Berufung auf seinen Bruder erzählt:

»Mein Bruder (Gott sei ihm gnädig) berichtete mir, daß Sinan einen Boten aussandte zu Saladin (Gott sei ihm gnädig); jener hatte Auftrag, seine Botschaft nur unter vier Augen zu überbringen. Saladin ließ ihn durchsuchen und entließ, als man nichts Gefährliches bei ihm fand, sein Gefolge bis auf wenige Männer. Dann bat er ihn, seine Botschaft zu übergeben. Aber der Bote sagte: ›Mein Meister befahl mir, die Botschaft nicht zu übergeben [außer unter vier Augen]‹. Darauf schickte der Sultan alle Zurückgebliebenen bis auf zwei Mamelucken hinaus und forderte: ›Gib mir deine Botschaft‹. Er aber antwortete: ›Ich habe Auftrag, sie nur unter vier Augen zu übergeben.‹ Darauf Saladin: ›Diese beiden verlassen mich nicht. Wenn du willst, gib mir die Botschaft; wenn nicht, kehre zurück.‹ Der Bote antwortete: ›Warum schickst du diese beiden nicht auch hinaus, wie du die anderen hinausgeschickt hast?‹ ›Ich betrachte‹, gab der Sultan zurück, ›diese als meine Söhne; sie und ich sind eins.‹ Da wandte sich der Bote an die Mamelucken und fragte: ›Wenn ich euch im Namen meines Meisters befehlen würde, diesen Sultan zu töten — würdet ihr es tun?‹ Die beiden antworteten mit Ja, zogen ihre Schwerter und sagten: ›Befiehl uns, was du willst.‹ Sultan Saladin (Gott sei ihm gnädig) war wie vom Donner gerührt; der Bote aber verließ ihn und nahm die Mamelucken mit. Von nun suchte Saladin (Gott sei ihm gnädig) Frieden mit Sinan zu machen und in freundschaftliche Beziehungen mit ihm zu treten. Gott weiß, was am besten ist.«[17]

Das nächste Assassinat geschah am 31. August 1177. Das Opfer war Schihab al-Din ibn al-Adschami, der Wesir des Zangiden al-Malik al-Salih in Aleppo und Ex-Wesir von Nur al-Din ibn Zangi. Dieser Mord, begleitet von erfolglosen Anschlägen auf zwei Knappen des Wesirs, wird von syrischen Historikern Gümüschtigin zugeschrieben, der die Unterschrift al-Malik al-Salihs unter einem Brief an Sinan gefälscht habe, in dem dieser um die Entsendung von Assassinen bitte. Die genannten Historiker beziehen sich dabei auf das Bekenntnis der Mörder, die im Verhör erklärt hätten, sie führten nur die Befehle al-Malik al-Salihs selbst aus. Der Betrug sei im weiteren Verlauf der Korrespondenz zwischen den Zangiden und Sinan entdeckt worden, und Gümüschtigins Gegner hätten die Gelegenheit ergriffen, um seinen Sturz zu beschleunigen. Was immer an dieser Geschichte wahr sein mag — der Tod des Wesirs und die anschließenden Mißhelligkeiten dürften Saladin nicht unwillkommen gewesen sein.

Der Streit zwischen Aleppo und Masjaf hielt an. 1179/80 nahm al-Malik al-Salih den Assassinen al-Hadschira weg. Sinans Proteste blieben fruchtlos — woraufhin er Agenten nach Aleppo sandte, die an den

Marktplätzen Feuer legten und große Schäden anrichteten. Keiner der Brandstifter wurde gefaßt. Daraus läßt sich schließen, daß sie auch zu dieser Zeit noch auf Unterstützung in der Stadt rechnen konnten.

Am 28. April 1192 landeten die Assassinen ihren größten Coup: Sie erstachen in Tyros den Markgrafen Konrad von Montferrat, König von Jerusalem. Die meisten Quellen stimmen in der Auffassung überein, daß sich die Mörder, verkleidet als christliche Mönche, in das Vertrauen des Bischofs und des Markgrafen eingeschlichen hatten. Als sich dann eine Gelegenheit bot, stachen sie ihn nieder. Saladins Agent in Tyros berichtet, zwei Assassinen hätten im Verhör gestanden, daß der König von England den Mord angestiftet habe. Die meisten orientalischen und westlichen Quellen lassen wenig Zweifel, daß es tatsächlich zu einem solchen Geständnis kam. Richard Löwenherz' offenkundiges Interesse am Verschwinden des Markgrafen und die verdächtige Eile, mit der Graf Heinrich von Champagne Konrads Witwe heiratete und seine Nachfolge in Jerusalem antrat, rücken es ins rechte Licht. Man versteht ohne weiteres, daß es zu dieser Zeit weithin geglaubt wurde. Ob aber die Assassinen die Wahrheit sagten, ist eine andere Frage. Der zangidische Historiker Ibn al-Athir nennt die These, Richard habe die Tat zu verantworten, ein bloßes Gerücht unter den Franken. Hierbei ist allerdings Ibn al-Athirs Abneigung gegen Saladin in Rechnung zu stellen; anstelle Richards ist für ihn der Sultan der Anstifter. Er nennt sogar die Summe, die Sinan für die Tat erhalten habe, und behauptet, ursprünglich sei die Ermordung sowohl Konrads wie Richards geplant gewesen; die letztere habe sich aber als unmöglich erwiesen. Der ismailische Biograph Sinans schreibt diesem die Initiative zu und erklärt, er habe vorher Saladins Einverständnis eingeholt und in Kooperation mit ihm gehandelt. Dabei ist zu berücksichtigen, daß dieser Autor ein offenkundiges Interesse daran hat, seinen Helden als loyalen Mitstreiter Saladins im Heiligen Krieg erscheinen zu lassen. Er fügt übrigens die unwahrscheinliche Mitteilung an, Saladin habe den Assassinen als Belohnung für den Mordanschlag viele Privilegien eingeräumt, darunter sogar die Erlaubnis, Propagandazentren in Kairo, Damaskus, Homs, Hama, Aleppo und anderen Städten zu errichten. Vielleicht kommt in dieser Geschichte, allerdings in übertriebener Form, die Erinnerung an die Anerkennung durch, die Saladin den Assassinen nach der Einigung bei Masjaf zollte. Demgegenüber meint Imad al-Din, der Mord sei Saladin nicht gelegen gekommen, weil Konrad, wiewohl ein Führer der Kreuzfahrer, doch der Feind des noch gefährlicheren Richard gewesen sei und zur Zeit seiner Ermordung im Kontakt mit Saladin gestanden habe. Konrads Tod habe Richard von Furcht befreit und ihn zur Wiederaufnahme der Feindseligkeiten ermuntert. Vier Monate später habe er mit Saladin einen Waffenstillstand vereinbart, in den auf dessen Wunsch auch die assassinischen Gebiete einbezogen wurden.

Der Mord an Konrad von Montferrat war Sinans letzte Aktion. Zwischen 1192 und 1194 starb der gefürchtete ›Alte vom Berge‹, und ein Perser namens Nasr folgte ihm nach. Mit dem neuen Anführer scheint die Autorität von Alamut in Syrien wiederhergestellt und respektiert worden zu sein, bis die mongolische Eroberung ihr ein Ende setzte. Literarische Quellen und Inschriften in ismailischen Zentren Syriens haben die Namen mehrerer Großda'is überliefert, von denen die meisten als Gesandte aus Alamut bezeichnet werden.

Als Untertanen von Alamut waren die syrischen Assassinen natürlich auch von der neuen Politik Dschalal al-Dins betroffen, d.h. von der Restauration der Schari'a und dem Bündnis mit dem Kalifen von Bagdad. Im Jahre 1211 sandte der Herr von Alamut Botschaften nach Syrien und befahl seinen dortigen Anhängern, Moscheen zu bauen und die rituellen Gebete zu verrichten, sich alkoholischer Getränke, Drogen und anderer Dinge zu enthalten, die Fastenregeln und alle anderen Vorschriften des muslimischen Gesetzes zu beachten.

Es gibt nur wenige Informationen über den Einfluß, den die ›Reform‹ auf die Glaubensüberzeugungen und die religiösen Praktiken der Assassinen hatte. Die Allianz mit dem Kalifen scheint ihre Aktivitäten aber doch beeinträchtigt zu haben. Auffallend ist, daß in Syrien keine weiteren Mordanschläge auf Muslime unternommen wurden, hingegen noch mehrere Christen unter Assassinendolchen fielen. Der erste war Raimund, Sohn Bohemunds IV. von Antiocheia, getötet 1213 in der Kirche von Tortosa. Erfüllt von Rachedurst, legte Bohemund einen Belagerungsring um die Festung Chawabi. Aber die Assassinen standen jetzt mit den Nachfolgern Saladins auf gutem Fuß. Sie baten den Herrscher von Aleppo um Hilfe, und er schickte eine Truppe, um die Festung zu entsetzen. Als diese Expedition zunächst von den Franken zurückgeschlagen wurde, kam der Herrscher von Damaskus mit einer Armee zu Hilfe, die den Feind zum Abbruch der Belagerung und zum Rückzug zwang.

Inzwischen hatten die Assassinenführer ein Mittel gefunden, ihren speziellen Ruf in besonderer Weise auszubeuten. Unter Morddrohungen preßten sie muslimischen wie christlichen Herrschern Tributzahlungen ab — möglicherweise sogar kurzfristigen Levantebesuchern. Im Jahre 1227 empfing, arabischen Quellen zufolge, der Großdaʿi Madschd al-Din Agenten des Kaisers Friedrich II., der zu einem Kreuzzug nach Palästina gekommen war. Sie brachten Geschenke im Wert von fast 80000 Dinaren mit. Unter dem Vorwand, die Straße nach Alamut sei wegen der Überfälle der Chorasmier zu gefährlich, behielt Madschd al-Din die

Geschenke in Syrien und gab dem Kaiser den erbetenen Geleitbrief selbst. Gleichzeitig war er so vorsichtig, den Herrscher von Aleppo über die Mission des Kaisers zu informieren und ein gemeinsames Vorgehen mit ihm zu vereinbaren.

Die chorasmische Gefahr könnte auch einen anderen Vorfall erklären, der sich kurz zuvor ereignet haben dürfte: Madschd al-Din schickte einen Agenten zum Sultan der Rum-Seldschuken in Konia und ließ diesen ersuchen, den bisher nach Alamut entrichteten jährlichen Tribut von 2000 Dinaren an ihn zu zahlen. Der Sultan, unsicher, wie er sich zu verhalten habe, sandte einen Boten zu Dschalal al-Din. Der Herr von Alamut bestätigte, daß dieses Geld für Syrien bestimmt sei und forderte den Sultan zur Zahlung auf. Er zahlte.

Etwa zur gleichen Zeit wurden die Assassinen selbst gegenüber dem Johanniterorden tributpflichtig. Nach der Mission des Kaisers, berichtet der arabische Chronist, hätten die Johanniter von den Assassinen Tribut verlangt; diese hätten aber die Zahlung verweigert und erklärt: »Euer Herr, der Kaiser, gibt uns; wie könnt ihr dann von uns nehmen?« Daraufhin hätten die Johanniter sie mit Krieg überzogen und viel Beute mitgenommen. Aus dem Text geht nicht klar hervor, ob die Tributzahlung erst durch diesen Umstand ausgelöst oder bereits früher praktiziert wurde.[18]

Einen interessanten Hinweis auf das Ausmaß der Anerkennung, die den Assassinen inzwischen innerhalb der politischen Szene Syriens zugewachsen war, gibt Ibn Wasil, ein Einheimischer aus Zentralsyrien. Seinem Bericht zufolge hatte sich der Kadi von Sindschar, Badr al-Din, im Jahre 1240 den Zorn des neuen Sultans zugezogen. Er floh durch Syrien, erbat und erhielt Asyl bei den Assassinen. Deren Führer war damals Tadsch al-Din, ein aus Alamut entsandter Perser. Ibn Wasil zögert nicht hinzuzusetzen, er kenne diesen persönlich und sei ihm freundschaftlich verbunden.

Derselbe Tadsch al-Din wird in einer Inschrift in Masjaf (datiert: Dhu'l Qada 646 [Februar/März 1249]) namentlich genannt.

In den folgenden Jahren haben die Assassinen nur noch einmal von sich reden gemacht: bei ihrem Zusammentreffen mit Ludwig dem Heiligen. Dabei kann die Geschichte vom Assassinenanschlag auf den König, als dieser noch als Jüngling in Frankreich weilte, ebenso außer acht bleiben wie all die übrigen Geschichten von assassinischen Aktionen in Europa; es gibt dafür keine Belege. Der Bericht von Ludwigs Biographen Joinville allerdings ist von anderer Qualität und trägt alle Zeichen der Authentizität. Joinville berichtet von den Verhandlungen des Königs mit den Assassinen nach seiner Ankunft in Palästina. Assassinische Emissäre seien in Akkon vor Ludwig dem Heiligen erschienen und hätten ihn aufgefordert, an ihren Führer Tribut zu zahlen, »wie es der Kaiser von Deutschland, der König von Ungarn, der Sultan von Babylon [Ägypten] und alle anderen Jahr für Jahr tun, weil sie genau wissen, daß sie nur so lange leben werden, wie es ihm gefällt«.[19] Wünsche der König aber keinen Tribut zu zahlen, so seien sie zufrieden, wenn nur ihre eigene Tributzahlung an die Johanniter und die Templer erlassen werde. Der Grund für diesen Tribut, sagt Joinville, sei darin zu suchen, daß die beiden Orden von den Assassinen nichts fürchteten; werde einer ihrer Großmeister getötet, so trete umgehend ein gleich befähigter an seine Stelle, und der Assassinenchef wolle seine Männer nicht auf einem Feld opfern, wo ohnehin nichts zu gewinnen sei. Am Ende wurde die Tributzahlung an die Orden beibehalten, und der König tauschte Geschenke mit dem Großda'i aus. Bei dieser Gelegenheit traf auch der arabisch sprechende Mönch Yves le Breton mit dem Führer der Assassinen zusammen.

Der doppelte Angriff der Mongolen und des Mamelucken-Sultans Baibars von Ägypten machte dann der

Assassinenmacht ein Ende. Erwartungsgemäß verbündeten sich die syrischen Assassinen mit anderen Muslimen, um die mongolische Bedrohung abzuwehren; überdies suchten sie Baibars' Wohlwollen zu gewinnen, indem sie ihm Gesandte und Geschenke schickten.

Baibars zeigte sich anfänglich nicht offen feindselig. 1266 willigte er in einen Waffenstillstand mit den Johannitern und brachte sie dazu, auf die Tributzahlungen zu verzichten, die sie von diversen muslimischen Städten und Regionen erhielten, auch von den assassinischen Festungen. Deren Tribut betrug nach einer ägyptischen Quelle 1200 Dinare sowie 100 *mudd* Weizen und Gerste. Die Assassinen waren so vorsichtig, Emissäre zu Baibars zu schicken und ihm die 1200 Dinare, die sie vorher an die Franken gezahlt hatten, als Beitrag zum Heiligen Krieg anzubieten.

Aber Baibars, der die Befreiung des muslimischen Orients von der Doppelbedrohung durch die christlichen Franken und die heidnischen Mongolen als sein Lebenswerk ansah, konnte ein unabhängiges Operationsgebiet gefährlicher Häretiker und Mörder mitten im Herzen Syriens auf die Dauer nicht tolerieren. Schon um 1260 hatte er, wie sein Biograph berichtet, die assassinischen Territorien einem seiner Generäle als Lehen zugewiesen. 1265 ließ er die ›Geschenke‹ von Fürsten, die den Assassinen tributpflichtig waren, mit Steuern und Zöllen belegen; die Quellen nennen hier namentlich »den Kaiser Alfons, die Könige der Franken und des Yemen«.[20] Die Assassinen von Syrien, geschwächt und entmutigt durch das Schicksal ihrer syrischen Brüder, waren nicht mehr in der Lage, Widerstand zu leisten. Demütig nahmen sie die Maßnahme hin, zahlten Baibars sogar selber Tribut — und bald war er es, der sie, anstelle des gestürzten Herrn von Alamut, nach seinem Belieben zu fida'is ernannte und aussandte.

1270 löste er den alten Assassinenführer Nadschm al-Din, über dessen Haltung er unzufrieden war, ab und ersetzte ihn durch seinen willfährigen Schwiegersohn Sarim al-Din Mubarak, den Gouverneur von Ulaiqa. Der neue Chef, faktisch nur noch der Repräsentant des Sultans, wurde von Masjaf ferngehalten, das dieser jetzt direkt verwaltete. Aber Sarim al-Din wußte sich durch eine List in den Besitz der Festung zu setzen. Baibars vertrieb ihn und schickte ihn als Gefangenen nach Kairo, wo er starb, vielleicht durch Gift. Der jetzt abgeklärtere Nadschm al-Din wurde, gegen Zahlung eines jährlichen Tributs, wieder in sein Amt eingesetzt, das er zusammen mit seinem Sohn Schams al-Din versah. Beider Namen finden sich in einer aus dieser Zeit datierenden Inschrift in der Moschee von Qadmus.

Im Februar oder März 1271 ließ Baibars zwei Assassinen verhaften, die er verdächtigte, ihm nach dem Leben getrachtet zu haben. Es wurde gemunkelt, die beiden seien auf eine Botschaft hin von Ulaiqa zu Bohemund VI. von Tripoli gekommen, der sie dann beauftragt habe, den Sultan umzubringen. Schams al-Din wurde verhaftet und der Komplizität mit den Franken beschuldigt, dann aber wieder freigelassen, nachdem sein Vater beteuert hatte, er sei unschuldig. Die beiden Verdächtigen wurden ebenfalls aus der Haft entlassen; die Assassinenführer mußten jedoch einwilligen, ihre Burgen den Mamelucken zu übergeben und fortan an Baibars' Hof zu leben.

Nadschm al-Din begleitete den Sultan nach Kairo und starb dort 1274. Schams al-Din erhielt die Erlaubnis, sich nach Kahf zu begeben, »um seine Angelegenheiten zu ordnen«. Als er aber einmal dort war, begann er den Widerstand zu organisieren. Doch es war vergeblich. Im Mai 1271 bereits eroberten die Statthalter des Sultans Ulaiqa, im Juni Rusafa, und im Oktober ergab sich Schams al-Din, nachdem er die Hoffnungslosigkeit seiner Lage erkannt hatte. Zunächst wurde er wohlwollend empfangen. Als Baibars jedoch von einem Mordkomplott gegen einige seiner Emire hörte, ließ er Schams al-Din und seine Anhänger nach Ägypten deportieren. Die Belagerung der Festungen ging weiter. Noch im gleichen Jahr fiel Chawabi, alle übrigen bis 1273.

Nach der Unterwerfung der Assassinen scheint sich Baibars ihrer speziellen Fähigkeiten noch für kurze Zeit bedient zu haben. Schon im April 1271 soll er den Grafen von Tripoli mit Mord bedroht haben. Der Anschlag auf Prinz Eduard von England (1272) wurde von ihm angestiftet — vielleicht sogar bereits die Ermordung Philipps von Montfort in Tyros (1270). Einige spätere Chronisten sprechen davon, daß Mamelucken-Sultane Assassinen zur Beseitigung unliebsamer Gegner verwandt hätten; der im 14. Jahrhundert lebende maurische Reisende Ibn Battuta teilt dazu nähere Einzelheiten mit:

»Wenn der Sultan einen von ihnen zur Tötung eines Feindes auszusenden wünscht, so setzt er einen Blutpreis aus. Entkommt der Mörder nach der Erfüllung seiner Aufgabe, so gehört das Geld ihm; wird er ergriffen, so erhalten es seine Kinder. Sie verwenden vergiftete Messer, um ihre ausersehenen Opfer niederzustrecken. Bisweilen mißlingen ihre Anschläge, und sie werden selbst getötet.«[21]

Derartige Geschichten sind wahrscheinlich das Produkt von Legende und Argwohn und nicht ernster zu nehmen als die weiter im Westen verbreiteten Fabeln von bezahlten Morden, die der ›Alte vom Berge‹ im Auftrag europäischer Fürsten ins Werk setze. Nach dem 13. Jahrhundert gab es keine verbürgten Mordanschläge von im Sektenauftrag handelnden syrischen Assassinen mehr. Von nun an stagnierte der Ismailismus als eine unbedeutende Häresie in Persien und Syrien von kaum nennenswertem politischem Gewicht. Im 14. Jahrhundert spaltete sich die Linie der nizarischen Imame. Die syrischen und die persischen Ismailiten folgten je verschiedenen Prätendenten und hatten von diesem Zeitpunkt an keinen Kontakt mehr miteinander.

Im 17. Jahrhundert, nach der ottomanischen Eroberung Syriens, verzeichnen die ersten Kataster und Bevölkerungsregister, die für die neuen Herren angefertigt wurden, auch die *qilāʿ al-daʿwa* (Burgen der Mission), eine Gruppe von Dörfern im Westen von Hama, zu denen auch so alte und berühmte Zentren wie Qadmus und Kahf gehören; den Registern zufolge wohnen hier Angehörige einer bestimmten Sekte, deren unterscheidendes Merkmal die Zahlung einer speziellen Steuer sei.[22] Die Sektierer erscheinen erst im 19. Jahrhundert wieder im Buch der Geschichte. Zu dieser Zeit wird von normalen Konflikten berichtet, die sie mit ihren Herrschern, ihren Nachbarn und untereinander austragen. Von der Mitte des Jahrhunderts an bilden sie eine friedliche Landbevölkerung, die sich um Salamija, eine der Wüste abgewonnene neue Siedlung, niedergelassen hat. Gegenwärtig zählen sie etwa 50000 Köpfe. Ein Teil von ihnen hat den Aga Khan als Imam anerkannt.

6. Mittel und Zwecke

Die ismailischen Assassinen haben das Assassinat nicht erfunden; sie haben ihm nur ihren Namen geliehen. Der Mord als solcher ist so alt wie die Menschheit — das 4. Kapitel der Genesis symbolisiert dies schlagend. Dort erscheinen der erste Mörder und das erste Mordopfer als Brüder, Söhne des ersten Mannes und der ersten Frau. Politischer Mord geht mit der Entstehung politischer Autorität einher. Auf ihn wird zurückgegriffen, wenn ein Individuum mit Macht bekleidet ist und die Beseitigung dieses Individuums als einfaches und zeitsparendes Mittel erscheint, einen politischen Wechsel herbeizuführen. Gewöhnlich liegen solchen Morden persönliche, parteipolitische oder dynastische Motive zugrunde: Die Macht soll auf eine andere Person, eine andere Partei oder eine andere Familie übergehen. Morde dieser Art sind in autokratischen Monarchien des Ostens wie des Westens nicht ungewöhnlich.

Bisweilen wird der Mord — sei es von anderen, sei es vom Mörder selbst — als Pflicht betrachtet und mit ideologischen Argumenten gerechtfertigt. Das Opfer ist z. B. ein Tyrann oder ein Usurpator, den zu töten eine Tugend, kein Verbrechen sei. Derartige ideologische Legitimation kann sich politisch oder religiös artikulieren; in vielen Gesellschaften gibt es zwischen beiden Bereichen nur geringe Unterschiede. Im alten Athen verschworen sich zwei Freunde, Hermodios und Aristogeiton, zur Beseitigung des Tyrannen Hippias. Sie konnten aber nur dessen Bruder und Mitregenten töten und wurden beide hingerichtet. Nach dem Sturz des Hippias aber wurden sie zu Volkshelden, in Statuen verewigt und in Liedern gefeiert; ihre Nachkommen genossen Privilegien und Steuerfreiheit. Die Idealisierung des Tyrannenmords wurde Bestandteil der politischen Ethik von Griechen und Römern, fand Ausdruck in berühmten Morden wie denen an Philipp II. von Makedonien, Tiberius Gracchus und Julius Caesar. Das gleiche Ideal erscheint bei den Juden, verkörpert etwa in Ehud und Jehu und, hochdramatisch, in der schönen Judith, die zum Zelt des Unterdrückers Holofernes vordringt und ihm im Schlaf den Kopf abschneidet. Das Buch Judith entstand zur Zeit des Hellenismus und ist nur in seiner griechischen Version überliefert; Juden wie Protestanten verwerfen es als apokryph. Es ist aber in den Kanon der Römisch-Katholischen Kirche eingebunden und hat viele christliche Maler und Bildhauer inspiriert. Obwohl Judith keinen Platz in der religiösen Tradition der Juden hat, überlebte das durch sie repräsentierte Ideal des frommen Mordes und befeuerte die berühmten Sikarier (›Dolchmänner‹), eine Gruppe radikaler Zeloten zur Zeit der Eroberung Jerusalems, die mit frommem Eifer jeden umbrachten, der sich ihren Aktionen in den Weg stellte.

In der politischen Geschichte des Islams war der Königsmord — in ideeller wie in praktischer Hinsicht — seit den ersten Anfängen an der Tagesordnung. Von den vier ›legitimen‹ Kalifen, die dem Propheten in der Führung der islamischen Gemeinde folgten, wurden drei ermordet. Der zweite Kalif, Umar, wurde von einem christlichen Sklaven im Verfolg einer privaten Auseinandersetzung niedergestochen; deshalb dankte er Gott auf dem Sterbebett, daß es kein Gläubiger war, der ihn umgebracht hatte. Dieser Trost ward seinen Nachfolgern Uthman und Ali nicht zuteil: Sie wurden von muslimischen Arabern getötet — der erste von Meuterern, der zweite von einem religiösen Fanatiker. In beiden Fällen sahen die Täter sich als Tyrannenmörder, die die Gemeinde von einem illegitimen Herrscher befreiten, und beide fanden Anhänger, die diese Begründung billigten.

Das Problem spitzte sich im Verlauf des Bürgerkrieges zu, der Uthmans Tod folgte. Muʿawija, Gouverneur von Syrien und Verwandter des ermordeten Kalifen, verlangte die Bestrafung der Mörder. Ali, Uthmans Nachfolger im Kalifat, war unfähig oder nicht willens, dieses Verlangen zu unterstützen; seine Anhänger, im Bestreben, solche Untätigkeit zu rechtfertigen, behaupteten, ein Verbrechen liege nicht vor. Uthman sei ein Unterdrücker, sein Tod eine Hinrichtung gewesen, nicht ein Mord.[1] Das gleiche Argument wurde von der extremistischen Charidschiten-Sekte gebraucht, um den einige Jahre später begangenen Mord an Ali selbst zu legitimieren.

In einem gewissen Maß erkennt die islamische Tradition das Prinzip der berechtigten Revolte an. So sehr sie einerseits dem Souverän autokratische Macht zugesteht, so sehr vertritt sie andererseits den Standpunkt, daß die Untertanenpflicht aufhört, wenn jener Sündhaftes befiehlt; dann »darf es keinen Gehorsam gegenüber einem Geschöpf wider den Willen seines Schöpfers geben«. Da es aber kein verbindlich vorgeschriebenes Verfahren gibt, um die Rechtmäßigkeit eines Befehls zu überprüfen oder das Recht zum Ungehorsam gegenüber einem sündhaften Befehl wahrzunehmen, bleibt als Ausweg nur die Rebellion gegen den Herrscher — der Versuch, ihn gewaltsam zu überwinden oder zu entthronen. Ein Verfahren, das besonders schnell zum Ziel führt, ist seine Beseitigung durch Mord. Dieses Argument wurde oft, besonders von Sektierern, ins Feld geführt, um blutige Revolten zu rechtfertigen.

Nach dem Tode Alis und dem Regierungsantritt Muʿawijas wurden Morde an Herrschern seltener; wo sie vorkamen, lagen ihnen in aller Regel eher dynastische als revolutionäre Motive zugrunde. Andererseits beschuldigte jetzt die Schia die sunnitischen Kalifen der Anstiftung zum Mord an ihrem Imamen und anderen Mitgliedern der Familie des Propheten; ihre Literatur enthält lange Listen alidischer Märtyrer, deren Blut nach Rache schreie.

Als die Ismailiten ihre Emissäre auszuschicken begannen, um Usurpatoren und ihre Günstlinge zu töten, konnten sie sich folglich auf eine alte islamische Tradition berufen. Diese Tradition war niemals dominant und lange Zeit eher verborgen gewesen, hatte aber stets ihre spezifische Rangstelle gehabt, besonders in Kreisen sektiererischer Dissidenten und Extremisten.

Das alte Ideal des Tyrannenmordes, die religiöse Verpflichtung, die Welt von ungerechten Regenten zu befreien, hat sicherlich zur Praxis des Assassinats beigetragen, wie die Ismailiten sie betrieben. Aber sie gingen noch darüber hinaus. Die Tötung des auserwählten Opfers durch den fida'i war nicht nur ein frommer Akt; sie hatte zugleich eine rituelle, eine fast sakramentale Qualität. Es ist bedeutsam, daß die persischen wie die syrischen Assassinen bei all ihren Mordanschlägen stets den Dolch benutzten — niemals Gift[2], niemals Geschosse, obwohl es zweifellos Situationen gab, wo diese problemloser und sicherer gewesen wären. Der fida'i wurde fast immer ergriffen, machte gewöhnlich auch keinen Versuch zu fliehen; es gibt sogar Anzeichen dafür, daß es als schmachvoll galt, eine Mission zu überleben. Die Worte eines westlichen Autors im 12. Jahrhundert sind aufschlußreich: »Haben sich einige für einen solchen Tod entschieden . . ., so überreicht er selbst [d.h. der Anführer] ihnen Dolche, die sozusagen . . . geweiht sind . . .«[3]

Menschenopfer und Ritualmord haben keinen Platz in Recht, Tradition und Alltag des Islams. Gleichwohl haben beide eine lange Geschichte und sind in menschlichen Gesellschaften tief verwurzelt. Sie können an unvermuteter Stelle neu zutage treten. Ähnlich wie die vergessenen Tanzkulte der Antike im ekstatischen Ritual der tanzenden Derwische wieder auftauchen — und so die strenge Förmlichkeit des Islams herausfordern —, finden die antiken Todeskulte unter islamischen Vorzeichen neuen Ausdruck. Muslimischen Autoren zufolge behauptete im frühen 8. Jahrhundert ein Mann namens Abu Mansur al-Idschli, aus Kufa, der Imam zu sein; er lehrte, daß die Gesetzesvorschriften nur symbolische Bedeutung hätten und nicht im buchstäblichen Sinne befolgt zu werden brauchten. Himmel und Hölle hätten keine eigenständige Existenz; sie seien nur die Freuden und Leiden dieser Welt. Seine Anhänger praktizierten den Mord als religiöse Pflicht. Ähnliche Lehren und Praktiken wurden seinem Zeit- und Stammesgenossen Mughira ibn Saʿid und dessen Anhängern zugeschrieben. Beide Gruppen wurden von staatlichen Autoritäten zerschlagen. Auffällig ist, daß ihr Glaube ihnen nur eine einzige Waffe bei ihren mörderischen Riten erlaubte: Die eine Gruppe erdrosselte ihre Opfer mit Schlingen, die andere erschlug sie mit hölzernen Keulen. Erst mit der Ankunft des Mahdi sollte ihnen der Gebrauch von Stahl gestattet sein.[4] Beide Gruppen waren extreme Ausläufer der extremistischen Schia. Sie weisen schlagende Parallelen mit dem Antinomismus und dem Waffenkult der späteren Ismaʿilijja auf.

Als Wächter der esoterischen Mysterien, zu denen nur Eingeweihte Zugang haben, als Bringer des Heils, das die Kenntnis des Imams verheißt, als Träger des Versprechens messianischer Erfüllung und letztendlicher Befreiung von der Bürde des Daseins und dem Joch des Gesetzes stehen die Ismailiten in einer langen Tradition, die bis in die Anfänge des Islams und noch hinter sie zurückgeht, aber auch vorwärts bis in unsere Tage reicht — einer Tradition im Volk verwurzelter, das Gefühl ansprechender Kulte, die in scharfem Kontrast zur gelehrten und legalistischen Religion der herrschenden Orthodoxie stehen.

Es gab viele derartige Sekten und Gruppen vor den Ismailiten, aber sie waren die ersten, die eine effiziente und dauerhafte Organisation schufen — Zeichen einer neuen Zeit. Frühere Bruderschaften der Armen und Machtlosen waren zersplittert und bedeutungslos geblieben; sie hatten selten literarische Spuren hinterlassen, die allein sie dem Historiker bekannt gemacht hätten. In der atomisierten, unsicheren Gesellschaft des späteren Kalifats suchten die Menschen Trost und Sicherheit in neuen und stärkeren Formen der Vereinigung. Diese vermehrten sich, weiteten sich aus, erfaßten nach den unteren die mittleren, schließlich sogar die oberen Schichten der Bevölkerung—bis eines Tages der Kalif al-Nasir selbst einer dieser Vereinigungen feierlich beitrat und dadurch versuchte, sie in den Staatsapparat einzubinden.

Solcher Vereinigungen gab es viele. Einige waren vorwiegend regional, auf Städte oder Distrikte beschränkt und mit zivilen, polizeilichen oder gar militärischen Aufgaben ausgestattet. Einige mögen — in einer Gesellschaft, wo Berufsgruppen häufig mit lokalen, ethnischen oder religiösen Gruppen identisch waren — auch von ökonomischer Bedeutung gewesen sein. Oft erscheinen sie als Verbindungen von Jugendlichen oder jungen Männern, kennen Rangpositionen und Riten, um die Erreichung des Jünglings- und des Mannesalters zu markieren. Die meisten waren religiöse Bruderschaften, Organisationen von Anhängern heiliger Männer und von Teilnehmern an den von diesen geschaffenen Kulten. Gemeinsame Merkmale solcher Bruderschaften waren: die Übernahme von Glaubensinhalten und Praktiken, die sich in Volksreligionen fanden und von der Orthodoxie beargwöhnt wurden; feste Loyalitätsbande der Mitglieder untereinander und Ergebenheit gegenüber den Führern; ein System von

Initiationsriten und Ranggraden mit komplizierten Symbolen und Zeremoniellen. Die meisten dieser Gruppen waren zwar vag dissident, aber politisch inaktiv.

Die Ismailiten mit ihrer militanten Taktik und ihren revolutionären Zielen waren imstande, diese Organisationsform für den Versuch zu nutzen, die bestehende Ordnung umzustürzen und durch eine neue zu ersetzen. Dabei rückten sie nach und nach von der philosophischen Subtilität ihrer früheren Doktrinen ab und übernahmen religiöse Formen, die den Glaubensüberzeugungen der Bruderschaften näherstanden. In einem Punkt griffen sie, persischen Historikern zufolge, auf eine geradezu klösterliche Regel zurück: Die Kommandanten ihrer Burgen lebten, solange sie in diesem Amt waren, ohne Frauen.

Die Assassinen sind zumindest in einer Beziehung ohne historisches Beispiel: im geplanten, systematischen und langfristigen Einsatz des Terrors als politischer Waffe. Die irakischen ›Würger‹ waren neben ihnen ziellose Aktionisten bescheidenen Formats, ähnlich wie die indischen Thags, die mit jenen möglicherweise in Verbindung standen. Frühere politische Morde, wie spektakulär sie auch gewesen sein mögen, waren das Werk Einzelner oder bestenfalls kleiner Gruppen von Verschwörern mit begrenzten Absichten und Wirkungen. Zwar hatten auch sie die Techniken des Meuchelmords und der Konspiration weit entwickelt, den Mord zum Kunstwerk, zum Ritual, zur Pflicht erhoben. Aber die Assassinen kann mau wohl als die ersten wahren Terroristen ansehen. »Brüder«, sagt ein ismailischer Dichter, »wenn die Stunde des Triumphes kommt und das Glück dieser und der nächsten Welt uns begleitet, kann ein einzelner Krieger zu Fuß einen König in Angst und Schrecken versetzen, mag dieser auch über 100000 Berittene verfügen.«[5]

Das ist wahr. Jahrhundertelang hatte die Schia vergebens ihr Blut und ihre Energie für ihre Imame verschwendet. Es hatte unzählige Aufstandsversuche gegeben — von der Selbstopferung kleiner Ekstatikergruppen bis zu sorgfältig geplanten militärischen Operationen. Mit wenigen Ausnahmen waren alle gescheitert, zerschlagen worden von bewaffneten Kräften einer staatlichen Ordnung, die sich als stärker erwiesen hatte. Selbst die wenigen erfolgreichen Versuche brachten keine Befreiung der gestauten Gefühle, deren Ausdruck sie waren. Im Gegenteil: Einmal mit den Insignien der Macht und der Rückendeckung der islamischen Gemeinschaft versehen, wandten sich die Sieger gegen ihre eigenen Parteigänger und vernichteten sie.

Hasan-i Sabbah wußte, daß seine Verkündigung nichts gegen die erstarrte Orthodoxie der Sunniten auszurichten vermochte, daß seine Anhänger sich mit der bewaffneten Macht des Seldschukenreiches nicht erfolgreich messen konnten. Andere vor ihm hatten ihre Frustration in planlose Gewalttätigkeit, hoffnungslose Empörung oder grollende Passivität umgesetzt. Hasan fand einen neuen Weg, wie eine kleine Truppe disziplinierter und ergebener Männer wirksame Schläge gegen einen haushoch überlegenen Feind führen konnte. »Terrorismus«, sagt ein moderner Experte, »wird mit Hilfe einer eng begrenzten Organisation betrieben und durch ein konsequent durchgehaltenes Programm langfristiger Ziele inspiriert, in deren Namen der Terror verübt wird.«[6] Das war die Methode, die Hasan wählte, die er sehr wahrscheinlich erfunden hat.

»Der Alte vom Berge«, sagt Joinville mit Bezug auf den späteren Ismailitenführer von Syrien, »zahlte den Templern und den Johannitern Tribut, weil sie nichts von den Assassinen fürchteten — weil der Alte nichts profitieren konnte, wenn er den Großmeister der Templer oder der Johanniter töten ließ; denn er wußte sehr genau, daß dann, wenn er einen hätte töten lassen, ein anderer von gleicher Fähigkeit dessen Platz eingenommen hätte. Daher wollte er keine Assassinen auf einem Feld opfern, wo er ohnehin nichts gewinnen konnte.«[7] Die beiden Ritterorden waren geschlossene Institutionen mit festgefügter Struktur, Hierarchie und Loyalität, wodurch sie immun gegen Mordanschläge waren; daß eben diese Merkmale dem atomisierten, autokratisch-zentralisierten islamischen Staat mit seiner auf eine Einzelperson gerichteten, transitorischen Loyalität fehlten, machte ihn so überaus verwundbar.

Hasan-i Sabbahs politisches Genie befähigte ihn, die Schwäche der islamischen Monarchie zu durchschauen. Überdies hatte er genug administrative und strategische Begabung, mit terroristischen Attacken daraus Kapital zu schlagen.

Für eine Strategie des langfristigen Terrors waren zwei Voraussetzungen unabdingbar: Organisation und Ideologie. Benötigt wurde zum einen eine Organisation, um Angriffe vorzutragen und den unvermeidlichen Gegenschlägen zu widerstehen — zum andern ein Glaubenssystem (unter den gegebenen zeitlich-räumlichen Bedingungen notwendigerweise eine Religion), um die Angreifer zu inspirieren und bis zum Tode aushalten zu lassen.

Hasan verstand beide zu finden. Die reformierte ismailische Religion mit ihrer von Passion und Martyrium durchtränkten Vorgeschichte, ihren auf himmlische und irdische Vollendung zielenden Verheißungen war eine Grundlage, die denen Erhabenheit und Mut verlieh, die sie annahmen. Es war das in der menschlichen Geschichte bisher unbekannte Maß an Hingabe, an Todesbereitschaft und selbst Todessehnsucht im Dienste ihres Meisters, das den Assassinen zuerst die Aufmerksamkeit der Europäer sicherte und ihren Namen zum Symbol für Treue und Selbstaufopferung machte, bevor er zum Synonym für Mörder wurde.

In den Aktionen der Assassinen vereinigten sich kaltblütige Planung und fanatischer Glaubenseifer. Dabei sind mehrere Prinzipien zu unterscheiden. Die Eroberung von Burgen — z. T. früheren Räuberschlupfwinkeln — verschaffte ihnen ungefährdete Operationsbasen; das Gebot der Geheimhaltung, entwikkelt aus der alten Doktrin der *taqijja,* garantierte sowohl Sicherheit wie Solidarität. Die terroristischen Aktionen wurden durch religiöse und politische Kampagnen unterstützt. Ismailische Missionare fanden oder gewannen Sympathisanten unter der Land- und Stadtbevölkerung; ismailische Agenten suchten hochgestellte Muslime auf, deren Furcht oder Ehrgeiz geeignet schien, sie zu zeitweiligen Verbündeten zu machen.

Solche Bündnisse werfen eine zentrale Frage auf. Einigen Quellen zufolge sind von den zahlreichen in Persien und Syrien registrierten Assassinenmorden nicht wenige von Dritten angestiftet worden, oft in Verbindung mit Geldangeboten oder sonstigen Anreizen. Bisweilen liegen diesen Quellen angebliche, im Verhör zutage geförderte Geständnisse der ausführenden Mörder zugrunde. Dabei ist einerseits zu bedenken, daß die Assassinen als ergebene Diener einer frommen Sache nicht simple Halsabschneider gegen Bezahlung waren. Sie hatten ihr eigenes politisches Ziel: die Einsetzung des wahren Imams, und es ist sehr unwahrscheinlich, daß sie bzw. ihre Führer ausführende Organe im Dienste Dritter waren. Andererseits haben sich die weitverbreiteten Geschichten von der Mittäterschaft anderer — wie z. B. Berkjaruk und Sandschar im Osten, Saladin und Richard Löwenherz im Westen — so hartnäckig gehalten, daß sie eine gewisse Erklärung verlangen.

Einige dieser Geschichten sind schlicht wahr. In vielen Epochen und Weltgegenden hat es immer wieder ehrgeizige Menschen gegeben, die bereit waren, zur Erreichung ihrer Ziele auf gewalttätige Extremisten zurückzugreifen. Sie mögen deren Überzeugungen nicht geteilt, ja nicht einmal respektiert haben; gleichwohl meinten sie, sich ihrer bedienen zu können, und hofften — was gewöhnlich eine Illusion war —, diese gefährlichen Alliierten wieder loszuwerden, wenn sie ihre Schuldigkeit getan hätten. Ein Beispiel dafür ist Ridwan von Aleppo, ein Seldschukenfürst, der keine Skrupel hatte, seine sunnitische Lehnspflicht mit einer fatimidischen zu vertauschen und schließlich die Assassinen in seiner Stadt willkommen zu heißen, weil er sich von ihnen Unterstützung gegen seine Verwandtschaft und seinen Oberlehnsherrn erhoffte. Ein weiteres Beispiel sind die intriganten Wesire von Isfahan und Damaskus, die Macht und Terror der Assassinen für ihren persönlichen Machtzuwachs zu nutzen suchten. Bisweilen war das Handlungsmotiv eher Furcht als Ehrgeiz, so bei dem erbärmlich furchtsamen Wesir des Chorasmschahs Dschalal al-Din, den Nasawi beschrieben hat.[8] Ebenso wie Wesire konnten Offiziere und Sultane so lange terrorisiert werden, bis sie nachgaben. Einige der spektakulärsten Geschichten über Geschick und Kühnheit der Assassinen scheinen den Zweck zu haben, das stillschweigende Einverständnis zwischen einem frommen sunnitischen Monarchen und den ismailischen Revolutionären zu rechtfertigen.

Die Motive von Männern wie Saladin und Sandschar waren etwas komplexer. Beide suchten den Ausgleich mit den Assassinen, und keiner von ihnen dürfte durch persönliche Furcht oder persönlichen Ehrgeiz dazu bewogen worden sein. Beide hatten sich großen Aufgaben verschrieben: Sandschar wollte das seldschukische Sultanat wiederherstellen und den Islam gegen die heidnischen Invasoren aus dem Osten verteidigen; Saladin gedachte die Einheit der Sunniten neu zu begründen und die christlichen Invasoren aus dem Westen zu verjagen. Beide müssen erkannt haben, daß ihre Reiche nach ihrem Tod auseinanderfallen und ihre

Pläne sich in nichts auflösen würden. Sie mögen der Auffassung gewesen sein, daß ein zeitweiliger Ausgleich mit einem letztlich doch weniger gefährlichen Feind gerechtfertigt sei, um ihre persönliche Sicherheit zu gewährleisten und damit die Chance zu wahren, die gestellten Aufgaben zu Ende zu führen.

Für die Assassinen selbst war das Kalkül weit simpler. Ihre Absicht war die Erschütterung und Zerschlagung der sunnitischen Ordnung; sofern einige Sunnitenführer, durch Überredung oder Terror, dazu gebracht werden konnten, ihnen zu helfen: um so besser. Selbst in ihrer durch entfesselten Terror gekennzeichneten Frühzeit verschmähten die Herren von Alamut niemals die Hilfe anderer, wenn sie ihnen Vorteile brachte; später, als sie zu faktischen Territorialherrschern geworden waren, verstanden sie es, ihre Politik leicht und geschickt in das komplexe Mosaik der Allianzen und Rivalitäten innerhalb der muslimischen Welt einzupassen.

All dies heißt indes nicht, daß ihre Dienste käuflich bzw. daß die Geschichten von der Mittäterschaft anderer — auch die im Verhör mitgeteilten — sämtlich wahr gewesen wären. Möglich ist, daß die Anführer geheime Absprachen trafen, aber unwahrscheinlich, daß sie den einzelnen fida'i über Details informierten. Viel naheliegender ist die Annahme, daß der auf eine Mission ausgesandte Assassine mit einer ›Deckgeschichte‹ (wie man heute sagen würde) versehen wurde, die den Mordbefehl mit der passenden Persönlichkeit der aktuellen Szene in Verbindung brachte. Damit konnte man zugleich Mißtrauen im gegnerischen Lager säen. Die Mordanschläge auf den Kalifen al-Mustarschid und den Kreuzfahrer Konrad von Montferrat sind gute Belege für diese Annahme. Daß dabei der Verdacht auf Sandschar in Persien und Richard im Lager der Kreuzfahrer fiel, diente sicherlich einem nützlichen Zweck: der Erzeugung von Mißgunst und Zwietracht. Unabhängig davon können wir nicht sicher sein, daß die Assassinen jeden Mord, der ihnen zugeschrieben oder von ihnen in Anspruch genommen wurde, auch tatsächlich begangen haben. Mord aus privaten oder politischen Gründen war stets weit verbreitet, und die Assassinen dürften für eine Reihe nicht ideologisch motivierter Mordanschläge, mit denen sie nichts zu tun hatten, nur das Aushängeschild geliefert haben.

Sie selbst wählten ihre Opfer mit Sorgfalt aus. Einige sunnitische Autoren haben behauptet, sie hätten einen globalen Krieg gegen die gesamte muslimische Gemeinschaft geführt. »Wohlbekannt ist«, schreibt z. B. Hamdullah Mustawfi, »daß die Batini (mögen sie ihre gerechte Strafe erhalten) nichts unterlassen, um die Muslime in jedweder Art zu schädigen, und daß sie glauben, dafür reich belohnt zu werden. Keinen Mord zu begehen und nicht über Opfer zu triumphieren betrachten sie als große Sünde.«[9] Hamdullah, der dies um 1330 schrieb, präsentiert eine spätere Sichtweise, die bereits durch Mythen und weitverbreitete Legenden getrübt ist. Zeitgenössische Quellen in Persien wie Syrien dagegen lassen erkennen, daß der Terror der Assassinen sich gegen ganz spezifische Personen richtete und ganz spezifischen Zwecken diente, daß sie mit ihren sunnitischen Nachbarn aber relativ normale Beziehungen unterhielten — von einigen wenigen, ganz ungewöhnlichen Ausbrüchen des Volkszorns abgesehen. Das scheint auf die ismailischen Minoritäten in den Städten ebenso zuzutreffen wie auf die ismailischen Regionalfürsten in ihrem Verhältnis zu ihren sunnitischen Kollegen.

Die Opfer der Assassinen lassen sich in zwei Hauptgruppen unterteilen: Fürsten, Offiziere, hohe Beamte auf der einen, Kadis und ähnliche religiöse Würdenträger auf der anderen Seite. Gelegentlich zog auch eine Zwischengruppe, die der Stadtpräfekten, ihre Aufmerksamkeit auf sich. Mit wenigen Ausnahmen waren die Opfer sunnitische Muslime. Assassinen griffen im Normalfall keine Schiiten an, ob ›Zwölfer‹ oder andere; ebensowenig richteten sie ihre Dolche gegen einheimische Christen oder Juden. Es gab nur wenige Attakken gegen die Kreuzfahrer in Syrien. Im allgemeinen wurden Sinans Vereinbarung mit Saladin und Hasans Bündnis mit dem Kalifen respektiert.

Der Feind der Isma'ilijja war das sunnitische Establishment — das politische ebenso wie das militärische, bürokratische und religiöse. Assassinische Mordanschläge sollten es terrorisieren, schwächen, schließlich stürzen. Einige waren schlichte Racheakte oder sollten zur Warnung dienen — wie etwa die Tötung von sunnitischen Theologen, die gegen die Ismailiten gepredigt oder agiert hatten, in deren eigenen Moscheen. Andere Anschläge hatten unmittelbarere und spezifischere Anlässe — so die gegen die Befehlshaber von Armeen, die gegen die Ismailiten vorrückten, oder gegen die Kommandanten von Festungen, die sie einzunehmen versuchten. Bei der Ermordnung leitender Persönlichkeiten, wie z. B. des Großwesirs Nizam al-Mulk und zweier Kalifen, aber auch bei den Anschlägen auf Saladin flossen taktische und propagandistische Motive zusammen.

Viel schwieriger ist die Beantwortung der Frage, von wem und wie die Isma'ilijja Unterstützung erfuhr. Hier dürfte die Landbevölkerung an erster Stelle stehen. Die wichtigsten Operationsbasen der Sekte lagen in Burgen; sie war dort am erfolgreichsten, wo sie sich auf die Bevölkerung in deren Umgebung verlassen konnte — nicht nur bei der Unterstützung ihrer Aktionen, sondern auch bei der Rekrutierung aktiver Anhänger. In Persien wie in Syrien suchten ihre Agenten in Gegenden Fuß zu fassen, wo religiöse Devianz schon eine lange Tradition hatte. Solche Traditionen sind bemerkenswert langlebig und haben sich in einigen dieser Gegenden bis heute erhalten. Die Literatur der

Neuen Verkündigung weist, im Gegensatz zum gekünstelt-urbanen Intellektualismus der fatimidischen Theologie, vielerlei märchenhafte, mit Glaubensüberzeugungen der Bauern verflochtene Züge auf.

Ländlich-gebirgige Regionen boten die besten Voraussetzungen, um Hilfe und Nachschub für die Ismailiten zu mobilisieren und zu organisieren. Sie waren jedoch nicht allein auf diese Regionen beschränkt. Auch in den Städten hatte die Sekte natürlich Anhänger, die diskret halfen, wenn die von den Burgen herabgekommenen Emissäre es nötig hatten. Bisweilen waren, wie in Isfahan und Damaskus, diese Anhänger zahlreich genug, um sich offen am Kampf um die Macht zu beteiligen. Sie rekrutierten sich nicht, wie gewöhnlich angenommen wird, nur aus Mitgliedern der unteren Schichten, z. B. Handwerkern, oder gar Teilen des labilen, unsteten Pöbels. Diese Annahme stützt sich auf gelegentliche Erwähnungen von ismailischen Aktivisten niederer sozialer Herkunft und auf das generelle Fehlen von Belegen für Sympathisanten unter den bessergestellten Bevölkerungsgruppen, selbst unter solchen, denen die seldschukisch-sunnitische Ordnung gewisse Nachteile brachte. Es gibt jedoch vielerlei Anzeichen dafür, daß z. B. Kaufleute und Gelehrte mit der Schia sympathisierten; sie scheinen allerdings die passive Dissidenz der ›Zwölfer‹ der radikalen Subversion der Ismailiten vorgezogen zu haben.

Zweifellos waren die Führer und Lehrer der Isma'ilijja zum großen Teil gebildete Städter. Hasan-i Sabbah stammte aus Rajj und war Schriftgelehrter; Ibn Attasch war Arzt, ebenso wie der erste Emissär von Alamut in Syrien; Sinan war Schulmeister und nach eigenen Angaben Sproß einer Notabelnfamilie in Basra. Dennoch scheint die Neue Verkündigung nie jene verführerische Attraktivität besessen zu haben, die in früheren Zeiten Dichter, Philosophen und Theologen angezogen hatte. Vom 9. bis zum 11. Jahrhundert war der Ismailismus in seinen verschiedenen Formen wesentlich eine geistige Macht im Islam gewesen, die ebenso den Intellekt wie das Herz der Gläubigen ansprach; selbst ein so überragender Geist wie der Arzt und Philosoph Avicenna (980–1037) begegnete ihm mit Sympathie, wenn auch nicht mit offener Zustimmung. Im 12. und 13. Jahrhundert hat sich dies offenbar geändert. Nach dem Tode Nasir-i Chusraws (nach 1087) gab es in der ismailischen Theologie keine nennenswerte intellektuelle Figur mehr — und schon dessen Anhängerschaft hatte sich wesentlich auf Bauern und Bergbewohner in entlegenen Gegenden beschränkt. Unter Hasan-i Sabbah und seinen Nachfolgern bereitete die Isma'ilijja dem sunnitischen Islam gewaltige Schwierigkeiten politischer, militärischer und gesellschaftlicher Art, aber sie stellte keine geistige Herausforderung mehr dar. Ihre Religion wurde zunehmend magisch und gefühlsbetont, nährte chiliastische Erlösungshoffnungen, nahm, in eins damit, Elemente von Kulten der Entrechteten, Unterprivilegierten und Entwurzelten auf. Die ismailische Theologie hörte für alle Zeit auf, eine ernsthafte Alternative zur neuen Orthodoxie zu sein, die das intellektuelle Leben in den muslimischen Städten beherrschte. (Gleichwohl beeinflußten spirituelle Ideen und Einstellungen der Ismailiten indirekt weiterhin die persisch-türkische Mystik und Dichtung, und Elemente des Ismailismus lassen sich in späteren Ausbrüchen des revolutionären Messianismus nachweisen — etwa in der Derwisch-Revolte in der Türkei des 15. Jahrhunderts und im Babiten-Aufstand im Persien des 19. Jahrhunderts.)

Eine letzte Frage drängt sich dem modernen Historiker auf: Was bedeutet das alles? Aus religionswissenschaftlicher Perspektive kann man in der Neuen Verkündigung der Isma'ilijja die Wiederbelebung chiliastisch-antinomistischer Strömungen sehen, wie sie im Islam immer wieder auftreten und auch in anderen religiösen Traditionen Parallelen — möglicherwiese Vorläufer — haben. Freilich: Als der moderne Mensch aufhörte, der Religion die erste Rangstelle im Gesamt seiner persönlichen Angelegenheiten zuzuweisen, hörte er auch auf zu glauben, andere Menschen zu anderen Zeiten hätten Religion jemals so wichtig genommen. Er begann die großen religiösen Bewegungen der Vergangenheit auf Interessen und Motive hin zu untersuchen, die modernen Denkern akzeptabel erschienen.

Die erste große Theorie der ›wahren‹ Bedeutung muslimischer Häresien legte Graf Gobineau vor, der Vater des modernen Rassismus. Für ihn repräsentiert der Schiismus eine Gegenbewegung der indo-europäischen Perser gegen die arabische Vorherrschaft, gegen den erdrückenden Semitismus des arabischen Islams. Den Europäern des 19. Jahrhunderts, umgetrieben von Problemen nationaler Konflikte und nationaler Befreiung, schien eine solche Erklärung vernünftig und einleuchtend. Die Schia stand für Persien, das zuerst gegen arabische, dann gegen türkische Fremdherrschaft gekämpft hatte. Die Assassinen galten als Gruppierung militant-extremistischer Nationalisten, vergleichbar den terroristischen Geheimgesellschaften in Italien und Mazedonien im 19. Jahrhundert.

Wissenschaftlicher Fortschritt und veränderte politische Verhältnisse in Europa führten im 20. Jahrhundert zu einer gewissen Einschränkung dieser Theorie des rassisch-nationalen Konflikts. Neue Erkenntnisse zeigten, daß der Schiismus insgesamt und der Ismailismus im besonderen keineswegs ausschließlich persische Phänomene waren. Die Sekte hatte ihren Ursprung im Irak gehabt, das fatimidische Kalifat seine größten Erfolge in Arabien, Nordafrika und Ägypten gefeiert — und selbst der reformierte Ismailismus Hasan-i Sabbahs hatte, wiewohl in Persien und von Persern propagiert, eine breite Anhängerschaft im arabischen Syrien gewonnen und sogar die Turkvölker infiltriert, die von

Zentralasien zum Mittleren Orient gewandert waren. Nationalität allein ließ sich nach diesen Erkenntnissen nicht länger als hinreichende Erklärungsbasis für große geschichtliche Bewegungen behaupten.

In einer Reihe von Studien, deren erste 1911 erschien, bot der russische Gelehrte V. V. Barthold eine andere Erklärung an. Seiner Auffassung nach war die assassinische Bewegung ein Krieg der Burgen gegen die Städte, ein letzter und am Ende erfolgloser Versuch der persischen Landaristokratie, sich der neuen, städtisch geprägten Sozialordnung des Islams zu widersetzen. Das vorislamische Persien sei eine vom Rittertum geprägte Gesellschaft gewesen, zu der die Stadt als islamische Neuerung dann hinzugekommen sei. Wie die Ritter (und Raubritter) des mittelalterlichen Europa hätten die landbesitzenden Ritter Persiens, mit Unterstützung der Landbevölkerung, von ihren Burgen aus Krieg gegen diese fremdartige und usurpatorische Ordnung geführt. Die Assassinen seien eine Waffe in diesem Krieg gewesen.

Spätere (sowjet-)russische Gelehrte haben Bartholds Versuch einer ökonomischen Erklärung des Ismailismus revidiert und weiterentwickelt: Die Ismailiten seien nicht gegen die Städte als solche gewesen — schließlich hatten sie dort selbst Anhänger —, sondern gegen bestimmte dominierende Gruppen in den Städten: Kommandanten, militärische und zivile Notabeln, neue Feudalherren und von offizieller Seite begünstigte Theologen. Überdies konnte man die Ismailiten nicht mit dem alten Landadel auf eine Stufe stellen. Sie hatten ihre Burgen schließlich nicht geerbt, sondern erobert und Rückhalt nicht bei denen gefunden, die noch auf ihren Landgütern saßen, sondern bei jenen, die sie an neue Eigentümer verloren hatten — an Generalpächter, Beamte und Offiziere, die mit Landzuwendungen und Renten belohnt worden waren, auf Kosten des Kleinadels und der Bauern. Einige Autoren sahen im Ismailismus eine reaktionäre Ideologie, die die großen Feudalherren ersonnen hätten, um ihre Privilegien gegen den Egalitarismus des sunnitischen Islams zu verteidigen. Für andere war er der — je nach den Umständen variierte — Ausdruck von Bedürfnissen der verschiedenen Gruppen, die unter der ihnen aufgezwungenen seldschukischen Ordnung gelitten hätten: der früheren Oberschichten ebenso wie der unzufriedenen Massen in den Städten. Noch andere betrachteten ihn schlicht als ›Volks‹-Bewegung, die sich auf Handwerker, Besitzlose in den Städten und Bauern in Gebirgsregionen gestützt habe. Aus dieser Perspektive war die Proklamation der Auferstehung durch Hasan *ʿalā dhikrihiʾl-salām* ein Sieg der ›Volkskräfte‹ und eine Strafandrohung gegen diejenigen, welche weiterhin die Schariʿa beachteten, eine Maßnahme gegen feudale Elemente im ismailischen Machtbereich, die insgeheim der islamischen Orthodoxie angehangen und soziale Gleichheit abgelehnt hätten.[10]

Wie schon die früheren Versuche einer ethnischen Erklärung haben auch die Theorien von der ökonomischen Determiniertheit des Ismailismus unser Wissen über diesen bereichert. Sie haben neue und fruchtbare Felder der Forschung aufgezeigt. Aber sie leiden, wie ältere Theologien, an einem extremen Dogmatismus, der wenige Aspekte hervorhebt und andere vernachlässigt, im besonderen religions-, herrschafts- und gruppensoziologische. Auf der Hand liegt, daß wir unser Wissen vom Islam und seinen Sekten erweitern, unsere Forschungsmethoden verfeinern müssen, bevor wir entscheiden können, wie bedeutsam ökonomische Faktoren im Ismailismus waren und um welche Faktoren es sich handelte. Wissenschaftlicher Fortschritt und Alltagserfahrung zeigen indes, daß ökonomische eng mit nationalen Faktoren und beide wiederum mit psychischen und sozialen Determinanten verflochten sind. Monokausale Erklärungen scheinen unzureichend, wenn es darum geht, das komplexe Phänomen des Ismailismus in der komplexen Gesellschaft des mittelalterlichen Islams aufzuhellen. Die ismailische Religion hat sich über eine lange Zeit und ein weites Gebiet hinweg entwickelt; sie umfaßte in verschiedenen Epochen und an verschiedenen Schauplätzen sehr unterschiedliche Dinge. Die ismailischen Staaten waren territoriale Fürstentümer mit je eigenen internen Differenzen und Konflikten. Sie wiesen, wie andere mittelalterliche Gesellschaften auch, innerhalb ihrer sozialen und ökonomischen Ordnung eine komplexe, unbeständige Struktur von Eliten, Ständen und Klassen, von sozialen, ethnischen und religiösen Gruppen auf. Weder die Religion noch die Gesellschaft, in der diese sich entfaltete, sind bisher ausreichend erforscht.

Wie andere große Konfessionen und historische Bewegungen hat der Ismailismus aus verschiedenen Quellen geschöpft und verschiedenen Bedürfnissen gedient. Für einige war er ein Mittel zum Kampf gegen verhaßte Herrschaft — sei es, um eine alte Ordnung zu restaurieren; sei es, um eine neue zu schaffen. Für andere war er der einzige Weg zur Verwirklichung von Gottes Absichten auf Erden. Für manche Herrscher war er ein Mittel, um regionale Unabhängigkeit gegen fremde Einmischung zu sichern und zu behaupten — oder auch ein Weg zur Weltherrschaft. Er war Passion und Erfüllung, sollte einem monotonen und bitteren Leben Sinn und Würde geben; er war ein Evangelium der Befreiung und der Vernichtung, die Rückkehr zu den alten Wahrheiten und die Verheißung künftiger Erleuchtung.

Im Hinblick auf die Bedeutung der Assassinen in der Geschichte des Islams sollten vier Punkte mit angemessenem Nachdruck hervorgehoben werden:

1. Ihre Bewegung repräsentierte, unerachtet der zugrunde liegenden Triebkräfte, eine tiefreichende Be-

drohung der bestehenden politischen, sozialen und religiösen Ordnung.

2. Sie waren kein isoliertes Phänomen, sondern sind in einer langen Reihe messianischer Bewegungen zu sehen, wie sie — weitverbreitet und verborgen zugleich, von tiefsitzenden Ängsten vorwärtsgetrieben — von Zeit zu Zeit in Ausbrüchen revolutionärer Gewalt kulminieren.
3. Hasan-i Sabbah und seinen Parteigängern gelang es, die vagen Wunschideen, die phantastischen Glaubensüberzeugungen und die ziellose Wut der Unzufriedenen zu einer Ideologie umzuformen und zugleich in einer Organisation zu kanalisieren, die in früheren wie späteren Zeiten ohne Parallelen sind.
4. Letztendlich wohl am signifikantesten ist das totale Scheitern der Bewegung. Die Assassinen haben die bestehende Ordnung nicht umstürzen, sie haben nicht eine einzige Stadt von nennenswerter Größe halten können. Selbst ihre Herrschaftsgebiete waren nie mehr als unbedeutende Kleinstaaten, die im Laufe der Zeit von Eroberern überrannt wurden. Ihre Anhängerschaft bestand am Ende aus kleinen, friedlichen Gemeinden von Bauern und Händlern und bildet heute eine minoritäre Sekte unter vielen anderen.

Nichtsdestotrotz ist der unterirdische Strom der messianischen Hoffnung und der revolutionären Leidenschaft, der die Assassinen vorwärtstrieb, niemals versiegt. Ihre Ideale und ihre Methoden haben viele Nachahmer gefunden — bis zum heutigen Tag. Die gewaltigen Umwälzungen unserer Zeit bieten solchen Nachahmern neue Anlässe für ihre Wut, für messianische Träume und für den bewaffneten Angriff.

Anmerkungen

Verzeichnis der Abkürzungen

BIE	Bulletin de l'Institut égyptien (d'Egypte)
BIFAO	Bulletin de l'Institut français d'archéologie orientale
BSOAS	Bulletin of the School of Oriental [and African] Studies
EI (1)	Encyclopedia of Islam, 1. Auflage
EI (2)	Encyclopedia of Islam, 2. Auflage
IC	Islamic Culture
JA	Journal asiatique
JAOS	Journal of the American Oriental Society
JBBRAS	Journal of the Bombay Branch of the Royal Asiatic Society
JRAS	Journal of the Royal Asiatic Society
n. H.	nach der Hedschra
RCASJ	Royal Central Asian Society Journal
REI	Revue des études islamiques
RHC	Recueil des historiens des croisades
s.	persisches Sonnenjahr
SI	Studia Islamica
ZDMG	Zeitschrift der Deutschen Morgenländischen Gesellschaft

Transkription

Diakritische Zeichen wurden im Text weggelassen, erscheinen aber, zur Orientierung des fachkundigen Lesers, in den Anmerkungen. Soweit aus bereits veröffentlichten Übersetzungen zitiert wird, ist die dort verwandte Transkription leicht modifiziert worden, damit sie mit dem hier praktizierten System übereinstimmt.

1. Kapitel

Die Behandlung der Assassinen in der westlichen Literatur des Mittelalters wurde untersucht von C.E.Nowell in: ›The Old Man of the Mountain‹, in: *Speculum* XXII (1947), S.497ff., und von L.Olschki in: *Storia letteraria delle scoperte geografiche,* Florenz 1937, S.215ff. Eine kurze Übersicht über den Stand der wissenschaftlichen Erforschung der Assassinen und anderer Sekten enthält B.Lewis' Aufsatz ›The sources for the history of the Syrian Assassins‹, in: *Speculum* XXVII (1952), S.475ff. Bibliographische Zusammenfassungen der Literatur zum Ismailismus hat A.A.A. Fyzee vorgelegt: ›Materials for an Ismaili bibliography: 1920 bis 1934‹, in: *JBBRAS* XI (1935), S.59ff.; ›Additional notes for an Ismaili bibliography: 1936–38‹, in: *ibid.* XVI (1940), S.99ff. Neuere Aufsätze (nicht jedoch Bücher) hat J.D.Pearson aufgelistet in: *Index Islamicus 1906–1955,* Cambridge 1958, S.89ff., und in: *Supplements,* Cambridge 1962, S.29. Hinsichtlich Ursprung und Gebrauch des Terminus ›Assassine‹ (›assassin‹, ›assassino‹ etc.) sei auf einschlägige etymologische und historische Wörterbücher der englischen, französischen, italienischen u.a. europäischer Sprachen verwiesen, ferner auf den Artikel ›Hashishiyya‹ in: *EI(2).*

[1] Brocardus, ›Directorium ad passagium faciendum‹, in: *RHC,* E (*Documents arméniens* II), Paris 1906, S.496f.

[2] G.Villani, *Cronica* IX, S.290f.; Dante, *Inferno* XIX, 49–50. Zitiert nach: *Vocabulario della lingua italiana,* Artikel ›assassino‹.

[3] Der Bericht von Gerhard (vielleicht, wie der Herausgeber vermutet, irrtümlich für Burchard), dem stellvertretenden Bischof von Straßburg, wird zitiert in Arnold von Lübecks *Chronicon Slavorum* VII, 8 (in: W.Wattenbach [Hrsg.], *Deutschlands Geschichtsquellen,* Bd.II, Stuttgart u. Berlin 1907, S.240).

[4] Wilhelm von Tyros, *Historia rerum in partibus transmarinis gestarum* XX, 31 (in: J.P.Migne [Hrsg.], *Patrologia* CCI, Paris 1903, S.810f.).

[5] *Chronicon Slavorum* IV, 16 (in: Wattenbach, *op.cit.,* S.178f.).

[6] F.M.Chambers, ›The troubadours and the Assassins‹, in: *Modern Language Notes* LXIV (1949), S.245ff.

[7] *Ibid.*

[8] *Ibid.*

[9] Olschki, *op.cit.,* S.215.

[10] Wilhelm von Tyros, *Historia* ... XXIV, 27 (in: Migne, *op. cit.,* S.958f.).

[11] Matheus Parisiensis, *Chronica Majora* III, 57 (in: H.R.Luard

[Hrsg.], *Rerum britannicarum medii aevi scriptores,* London 1876, S. 488f.).

[12] Joinville, *Histoire de Saint Louis* LXXXIX (in: A. Pauphilet [Hrsg.], *Historiens et chroniqueurs du moyen age,* Paris 1952, S. 307ff.).

[13] M. N. Adler [Hrsg.], *The Itinerary of Benjamin of Tudela* (Originaltext mit Übersetzung), Oxford 1907, S. 53ff. Benjamin reiste sicherlich bis Bagdad, aber es ist möglich, daß seine Beschreibung Persiens von zweiter Hand stammt. Dies würde die Tatsache erklären, daß er die Ismailiten von Persien Untergebene derjenigen von Syrien nennt — statt umgekehrt.

[14] Bongars, *Gesta Dei per Francos,* Hannover 1611, S. 1062; zit. bei: Nowell, *op. cit.,* S. 515.

[15] W. W. Rockhill [Hrsg.], *The journey of William of Rubruck to the eastern parts of the world, 1253–55,* London 1900, S. 118, 222; C. R. Beazley [Hrsg.], *The texts and versions of John de Plano Carpini and William de Rubruquis,* London 1903, S. 170, 216, 324. Andere Fassungen sprechen von 400 Assassinen.

[16] *Die Reisen des Marco Polo,* Ullstein TB 20371, Frankfurt, Berlin u. Wien 1983, S. 41f.

[17] Ibn Mujassar, *Annales d'Egypte,* hrsg. v. H. Massé, Kairo 1919, S. 68; Al-Bondārī, Kurzfassung von 'Imād al-Dīn, *Histoire des Seldjoucides de l'Iraq,* in: M. Th. Houtsma [Hrsg.], *Recueil des textes relatifs à l'histoire des Seldjoucides,* Bd. I, Leiden 1889, S. 195; *Kitāb al-Radd 'alā'l-mulḥidīn,* hrsg. v. M. T. Dānischpazhūh, in: *Revue de la Faculté des Lettres, Université de Tabriz* XVII/3 (1344s.), S. 312. In einigen Fassungen von Marco Polos Bericht kommt das Wort ›Assassine‹ überhaupt nicht vor.

[18] Adler, *op. cit.,* S. 16f.

[19] Ibn Chaldūn, *Muqaddīma,* hrsg. v. E. Quatremère, Bd. I, S. 122, Beirut 1868, S. 122; Chalil al-Zahīri, *Zubdat Kāschf al-Mamalik,* hrsg. v. P. Ravaisse, Paris 1894, S. 49; Maqrīsī, *Kitāb al-Sulūk,* hrsg. v. M. M. Zijāda, Kairo 1934, Index. Vgl. auch Quatremères Bemerkungen in: *Rachideldin, Histoire des Mongols de la Perse,* Paris 1836, S. 122ff. Über den späteren Gebrauch des Ausdrucks vgl. E. W. Lane, *Modern Egyptians,* Bd. II, London 1871, S. 129; U. Igdemir, *Kuleli Vakasi,* Ankara 1937, S. 44; Cevdet, *Tezakir,* hrsg. v. C. Baysun, Ankara 1960, S. 83; ferner die Artikel ›Fidā'ī‹ und ›Fidā'īyyān-i Islām‹ in: *EI(2).*

[20] S. de Sacy, ›Mémoire sur la Dynastie des Assassins‹, in: *Mémoires de l'Institut Royal* IV (1818), S. 1ff. (= *Mémoires d'histoire et de littérature orientales,* Paris 1818, S. 322ff.).

[21a] J. von Hammer, *Geschichte der Assassinen aus morgenländischen Quellen,* Stuttgart u. Tübingen 1818, S. 340.

[21b] *Ibid.,* S. 2.

[21c] *Ibid.*, S. 338f.

[22] ›Mémoire sur les Ismaélis et les Nosairis de la Syrie, adressé à M. Silvestre de Sacy par M. Rousseau ...‹, in: *Cahier XLII, Annales de Voyages* XIV, Paris 1809/10, S. 271ff. Weitere Details bei Lewis, *op. cit.*, S. 477ff.

[23] W. Montheith, ›Journal of a journey through Azerbijan and the shores of the Caspian‹, in: *J. R. Geogr. Soc.* III (1833), S. 15ff.; J. Sheil, ›Itinerary from Tehrán to Alamút and Khurramabad in May 1837‹, in: *ibid.* VIII (1838), S. 430ff. Vgl. außerdem L. Lockhart, ›Hasan-i Sabbah and the Assassins‹, in: *BSOAS* V (1928–30), S. 689ff.; W. Ivanow, ›Alamut‹, in: *Geographical Journal* LXXVII (1931), S. 38ff.; F. Starck, *The valleys of the Assassins,* London 1934; W. Ivanow, ›Some Ismaili strongholds in Persia‹, in: *IC* XII (1938), S. 383ff.; W. Ivanow, *Alamut and Lamasar*; Teheran 1960; P. Willey, *The castles of the Assassins,* London 1963; L. Lockhart und M. G. S. Hodgson, Artikel ›Alamūt‹, in: *EI(2);* M. Sutūdah, ›Qal'a-i Alamūt‹, in: *Farhang-i Iran zamīn* III (1334s.), S. 5ff.

[24] *Annales de Voyages* XIV (1818), S. 279; zit. bei: St. Guyard, ›Un grand maître des Assassins‹, in: *JA,* Paris 1877, S. 57f.

[25] J. B. Fraser, *Narrative of a journey into Khorassan,* London 1825, S. 376f.

[26] *Ibid.*

[27] *Ibid.*

[28] Einen vollständigen Bericht über diese Ereignisse enthält die unveröffentlichte Magisterarbeit von Z. Noorally: *The first Agha Khan and the British 1838–1868 ...,* die im April 1964 der Universität London vorgelegt wurde. Das Arnould-Urteil, zuerst publiziert in Bombay 1867, findet sich wieder in A. S. Picklays *History of the Ismailis,* Bombay 1940, S. 113ff., und in A. A. A. Fyzees *Cases in Muhammadan Law,* Oxford 1965, S. 504ff.

[29] Pickley/Fyzee, *op. cit.*

[30] *Ibid.*

[31] E. Graffini, ›Die jüngste ambrosianische Sammlung arabischer Handschriften‹, in: *ZDMG* 69 (1915), S. 63f.

[32] W. Ivanow, ›Notes sur l'»Ummu'l-Kitāb« des Ismaéliens de l'Asie centrale‹, in: *REI* (1932), S. 418f.; V. Minorsky, Artikel ›Shughnan‹, in: *EI(1);* A. Bobrinskoy, *Sekta Isma'iliya v russkikh i bukharskikh predelakh,* Moskau 1902. Einen kurzen Bericht über eine neuere sowjetische Pamir-Expedition hat A. E. Bertels vorgelegt: ›Otcet o rabote pamirskoy ekspeditsii ...‹, in: *Izvestya Akad. Nauk Tadzhiksskoy SSR* 1962, S. 11ff. Eine Auflistung der bei der Expedition entdeckten Manuskripte haben

Bertels und M. Baqoev veröffentlicht: *Alfavitni Katalog Rukopisei obnaruzennykh v Gorno-Badakhshanskoy Avtonomnoy Oblasti Ekspeditsiei 1959–1963 gg.*, Moskau 1967.

2. Kapitel

Das umfassendste Buch über die Assassinen ist das von M. G. S. Hodgson, *The order of the Assassins*, Den Haag 1955. Obwohl es sich primär mit der Zeit nach 1094 beschäftigt, geht es auch einigermaßen auf die früheren Epochen ein. Einen guten Überblick über diese Zeit gibt W. Madelungs Artikel »Ismāʿīliyya« in: *EI(2)*. Einen knapperen Bericht über die religiöse Entwicklung der Sekte hat W. Ivanow vorgelegt: *Brief survey of the evolution of Ismailism*, Leiden 1952. Ivanow ist Autor zahlreicher Bücher und Aufsätze zur ismailischen Religion, Literatur und Geschichte. Eine historische Darstellung der Ismailiten mit speziellem Bezug auf Indien gibt J. N. Hollister: *The Shīʿa of India*, London 1953. A. S. Picklays *History of the Ismailis*, Bombay 1940, ist eine populäre Darstellung eines ismailischen Autors für ismailische Leser. Unter den neueren arabischen Beiträgen zum Thema seien genannt: zwei Bücher eines ismailischen Autors aus Syrien, M. Ghālib: *Taʾrīch al-daʿwa al-Ismāʿīlijja*, Damaskus o. J. (eine Geschichte), und *Aʿlām al-Ismāʿīlijja*, Beirut 1964 (ein biographisches Nachschlagewerk); ferner die umfassende Darstellung eines (nicht-ismailischen) ägyptischen Gelehrten, M. K. Hussain: *Ṭāʾifat al-Ismāʿīlijja*, Kairo 1959. Einzelne Aspekte der Frühgeschichte der Sekte haben untersucht: B. Lewis, *The origins of Ismāʿīlism*, Cambridge 1940; W. Ivanow, *Ismaili tradition concerning the rise of the Fatimids*, London u. Kalkutta 1942; derselbe, *Studies in early Persian Ismailism*, Bombay 1955; W. Madelung, ›Fatimiden und Bahrainqarmaten‹, in: *Der Islam* XXXIV (1958), S. 34ff.; derselbe, ›Das Imamat in der frühen ismailitischen Lehre‹, in: *ibid.* XXXVII (1961), S. 43ff.; P. J. Vatikiotis, *The Fatimid theory of state*, Lahore 1957. Weitere Aufsätze von Ivanow, Corbin und S. M. Stern finden sich aufgelistet in J. D. Pearsons *Index Islamicus 1906–1955*, Cambridge 1958. Es gibt viele Studien über Nasir-i Chusraw; diejenige von A. E. Bertels: *Nasir-i Khosrov i Ismailizm*, Moskau 1959, enthält eine breitangelegte Erörterung des historischen Hintergrundes und des zeitgenössischen Ismailismus. Ghazālīs polemisches Hauptwerk gegen die Ismāʿīlijja, geschrieben 1094/95 für den abbasidischen Kalifen al-Mustaẓhir, hat I. Goldziher analysiert: *Streitschrift des Gazālī gegen die Bāṭinijja-Sekte*, Leiden 1916. Einen andern antiismailischen Traktat Ghazālīs hat A. Ates in türkischer Übersetzung herausgegeben: ›Gazâlî'nin belini kıran deliller' i. Kitâb Kavāṣim al-Bāṭinīya‹, in: *Ilâhiyat Fakültesi Dergisi* (Ankara) I/II (1954), S. 23 ff. Beide Polemiken sind gegen die neuen Lehren der Ismailiten zu Ghazālīs Zeit gerichtet. Dessen Einstellung zum Ismailismus diskutiert W. Montgomery Watt, in: *Muslim intellectual; a study of al-Ghazali,* Edinburg 1963, S. 74 ff.

Zur Bedeutung der Ismailiten im größeren Rahmen der islamischen Religion und Geschichte seien erwähnt: H. Laoust, *Les schismes dans l'Islam,* Paris 1965; M. Guidi, *Storia delle religioni,* Bd. II, Turin 1936; A. Bausani, *Persia religiosa,* Mailand 1959; W. Montgomery Watt, *Islam and the integration of society,* London 1961; B. Lewis, *The Arabs in history,* rev. Ausgabe, London 1966 — ferner die entsprechenden Kapitel in *L'Elaboration de l'Islam,* Paris 1961, und in *The Cambridge Medieval History* IV/1, neue Ausgabe, Cambridge 1966.

[1] H. Hamdani, ›Some unknown Ismā'īli authors and their works‹, in: *JRAS* 1933, S. 365.

3. Kapitel

Die beste Beschreibung Ḥasan-i Ṣabbāḥs (arabische Form: Al-Ḥasan ibn al-Ṣabbāḥ) gibt M. G. S. Hodgson in *The order of the Assassins,* Den Haag 1955, und, kürzer gefaßt, im Artikel ›Ḥasan-i Ṣabbāḥ‹ in der *EI(2).* Frühere Berichte finden sich in den schon genannten allgemeineren Werken zum Ismailismus und in E. G. Brownes *Literary history of Persia from Firdawsī to Sa'dī,* London 1906, S. 201 ff. Ḥasans Kampf gegen die Seldschuken, eingebunden in den größeren Rahmen der Zeitereignisse, beschreibt I. Kafesoglu in seinem Buch über das seldschukische Reich zur Zeit Malikschāhs: *Sultan Meliksah devrinde büyük Selçuklu imparatorlugu,* Istanbul 1953. Eine populäre ismailische Darstellung gibt J. al-Muscati in *Hasan bin Sabbah,* engl. Übers. v. H. Hamdani, Karatschi 1958.

Ḥasan hat auch die Aufmerksamkeit moderner iranischer und arabischer Gelehrter erregt. N. Falsafī hat in *Čand Maqāla,* Teheran 1342 s., S. 403 ff., eine Beschreibung seiner Karriere, ergänzt durch einige Dokumente, vorgelegt, K. Kischāwarz eine halb populärwissenschaftliche, aber dokumentierte Biographie: *Ḥasan-i Ṣabbāḥ,* Teheran 1344 s. Von arabischer Seite gibt es zwei Bücher ismailischer Autoren aus Syrien: A. Tāmir, *Alā abwāb Alamūt,* Ḥarīṣa [1959], und M. Ghālib, *Al-Thā'ir al-Ḥimjarī al-*

Ḥasan ibn al-Ṣabbāḥ, Beirut 1966. Das erste ist ein historischer Roman, das zweite eine populäre Biographie.

Die höchst bedeutsame einzige Quelle für Ḥasans Leben ist seine Autobiographie, bekannt als *Sargusascht-i Sajjidnā* (›Die Abenteuer unseres Herrn‹). Von ihr ist bisher kein Originalexemplar ans Licht gekommen, aber sie stand persischen Historikern der Mongolenzeit zur Verfügung, die Zugang zu Beutestücken aus Alamūt und möglicherweise anderen ismailischen Festungen und Bibliotheken hatten. Drei von diesen Historikern haben sie benutzt und z.T. zitiert in ihren Beschreibungen Ḥasan-i Ṣabbāḥs und seiner Nachfolger, die weitgehend auf ismailischen Quellen fußen.

Der früheste und bekannteste dieser drei ist ʿAtā Malik Dschuweinī (1226–83), dessen Geschichte von M.M.Qaswīnī unter dem Titel *Ta'rīch-i Dschahān-guschā* (3 Bde., London 1912–37) herausgegeben und von J.A.Boyle ins Englische übersetzt wurde: *The history of the world-conqueror,* 2 Bde., Manchester 1958. Die Geschichte der Ismailiten erscheint im 3. Band der persischen und im 2. Band der englischen Ausgabe. Teilweise ist dieser Abschnitt auch, nach einem persischen Manuskript, von Ch. Defrémery ins Französische übersetzt worden — in: *JA,* 5e série, VIII (1856), S. 353ff., und XV (1860), S. 130ff. Dschuweinī beschreibt, wie er die ismailischen Chroniken in der Bibliothek der eroberten Festung Alamut fand, die ihn interessierenden Teile kopierte und die Originale dann vernichtete. Er scheint seinen Quellen getreulich zu folgen und nur darauf bedacht zu sein, Lob und Tadel ins Gegenteil umzukehren sowie die frommen Verwünschungen anzufügen, die einem orthodoxen Berichterstatter über eine heterodoxe Sekte angemessen sind.

Die zweite Hauptquelle ist der wenig später (1247–1318) lebende Historiker Raschīd al-Dīn. Er hat seiner Universalgeschichte einen weit ausholenden Bericht über die Ismailiten eingefügt, der klar erkennbar — teils direkt, teils indirekt — auf den gleichen Quellen basiert, die Dschuweinī benutzte. Er hatte jedoch breitere Informationen zur Verfügung als die im Text Dschuweinīs erscheinenden. Trotz einiger Auslassungen scheint er den ismailischen Quellentexten genauer zu folgen als dieser; viele Details, die Dschuweinī ausläßt, sind bei ihm erhalten. Raschīd al-Dīns Geschichte der Ismāʿīlijja war längere Zeit nur als Manuskript bekannt und wurde von Browne, Ivanow, Hodgson und anderen Gelehrten benutzt. 1958 wurde der persische Text von M.D. Sijāqī erstmals veröffentlicht: *Faṣli az Dschāmiʿ al-tāwārīch . . . tārīch-i firqa-i rafīqān va Ismāʿīlijjān-i Alamūt,* Teheran 1337s., und 1960 von M.T. Dānischpazhūh und M.M. Sandschānī zum zweitenmal: *Dschāmi al-tāwārīch; qismat-i Ismā'ilijjān ...,* Teheran 1338s. Wir beziehen uns hier auf die zweite Ausgabe. An früheren Veröffentlichungen über Raschīd al-Dīn seien genannt: R. Levy, ›The account of the Isma'ili doctrines in the *Dschami' al-tawarich* of Raschīd al-Dīn Fadlallah‹, in: *JRAS* 1930, S. 509ff.; H. Bowen, ›The *sargudhasht-i sayyidnā,* the »Tale of the Three Schoolfellows«, and the *wasaya* of the Niẓām al-Mulk‹, in: *ibid.* 1931, S. 771ff. Viel Kopfzerbrechen hat der Wissenschaft die Frage bereitet, wieso sich bei Raschīd al-Dīn eine vollständigere und genauere Wiedergabe von Quellen findet, die allein Dschuweinī gesehen und danach vernichtet hat. Browne nimmt an, Raschīd al-Dīn könne eine frühere und umfassendere Auswahl benutzt haben, die Dschuweinī zusammenstellte und dann verwarf (vgl. Hodgson, *op. cit.,* S. 73, Nr. 34). Möglicherweise ist dieses Kopfzerbrechen unbegründet: Es gab außer Alamūt weitere ismailische Burgen, von denen, wie man annehmen darf, einige Bibliotheken Kopien der historischen Werke der Sekte hatten. Raschīd al-Dīn könnte also unabhängig von Dschuweinīs Arbeit, die er offenkundig benutzt hat, auch direkt Kopien einiger von Dschuweinī verarbeiteter Bücher herangezogen haben.

1964 tauchte eine dritte Version der Autobiographie auf — die von Abu'l Qāsim Kāschānī, einem Zeitgenossen Raschīd al-Dīns. Den Text hat M. T. Dānischpazhūh veröffentlicht: *Tārīch-i Ismā'īlijja,* Täbris 1343s. Kāschānīs Text ist demjenigen Raschīd al-Dīns sehr ähnlich und könnte von diesem inspiriert sein. In einigen Punkten weicht er jedoch ab und enthält Details, die in beiden anderen Versionen fehlen.

Außer seiner Autobiographie scheint Ḥasan-i Ṣabbāḥ auch theologische Werke verfaßt zu haben. Keines davon ist in ursprünglicher Form überliefert. In der späteren ismailischen Literatur finden sich allerdings Fragmente in mehr oder weniger unterschiedlichen Versionen (vgl. dazu W. Ivanow, *Ismaili literature: a bibliographical survey,* Teheran ²1963), und eine wichtige Passage wird, in arabischer Überarbeitung, von al-Schahrastānī, einem sunnitischen Theologen des 12. Jahrhunderts, zitiert in *Al-Milal wa'l-niḥal,* hrsg. von W. Cureton, London 1846, S. 150ff., und von A. F. Muhammad, Kairo 1948, S. 339ff. (engl. Übers. bei Hodgson, *op. cit.,* S. 325ff.)

Zwei Dokumente von strittiger Authentizität sind in späteren persischen Sammlungen enthalten; sie scheinen einen Briefwechsel zwischen dem Sultan Malikschāh und Ḥasan-i Ṣabbāḥ darzustellen. Im ersten beschuldigt der Sultan Ḥasan, eine neue Religion zu schaffen, unwissende Bergbewohner in die Irre zu führen sowie den rechtmäßigen abbasidischen Kalifen des Islams verlassen und beleidigt zu haben. Er solle diesen üblen Weg verlassen und zum Islam zurückkehren, widrigenfalls sein Schloß zerstört und seine Anhänger vernichtet würden. In seiner höflichen, elegant formulierten, stark autobiographisch geprägten Antwort verteidigt Ḥasan seinen Glauben als den wahren Islam und nennt die Abbasiden Usurpatoren und Übeltäter, den fatimidischen Imam dagegen den wahren Kalifen. Er warnt den Sultan vor den falschen Ansprüchen der Abbasiden, den Intrigen Niẓām al-Mulks und den Missetaten verschiedener Unterdrücker, gegen die es einzuschreiten gelte; tue der Sultan dies nicht, so werde ein gerechterer Herrscher auf dem Plan erscheinen und es an seiner Stelle tun. Diese Texte wurden, in geringfügig voneinander abweichender Form, zuerst von M. Serefuddin [Yaltkaya] in *Darülfünun Ilahyat Fakültesi Mecmuası* (Istanbul) VII/4 (1926), S. 38ff., und danach von N. Falsafī in *Iṭṭilāʿāt-i Māhāna* (Teheran) 3/27, Churdad 1329s., S. 12ff. veröffentlicht (wieder abgedruckt bei: Falsafī, *op. cit.,* S. 415ff.). Die Authentizität der Texte wird von beiden Editoren nicht in Frage gestellt; sie wird in etwas vorsichtigerer Form auch von O. Turan (*Selçuklar tarihi ve Türk-Islam medeniyeti,* Ankara 1965, S. 227ff.) bejaht, von Kafesoglu (*op. cit.,* S. 134f.) jedoch verneint. Ein Vergleich des Ḥasan zugeschriebenen Briefes mit den bekannten Tatsachen seines Lebens einerseits und überlieferten ismailischen Briefen andererseits scheint Kafesoglus Zweifel zu bestätigen.

Bei Darstellungen Ḥasan-i Ṣabbāḥs und seiner Nachfolger in Alamūt stützen sich spätere persische Historiker hauptsächlich auf Dschuweinī und Raschīd al-Dīn, wobei sie die Quellentexte zusätzlich mit offenkundigen Legenden ausschmücken. Aber es gibt noch andere Quellen, aus denen sich wertvolle Informationen über die Ismailiten gewinnen lassen: die zeitgenössischen arabischen und persischen Chroniken des Seldschukenreiches, in denen sowohl Allgemein- wie Lokalgeschichte zur Sprache kommt. Zu den besten dieser Chroniken zählt die des berühmten arabischen Historikers Ibn al-Athīr: *Al-Kāmil fi'l-ta'rīch* (hrsg. v. C. J. Tornberg, 14 Bde., Leiden u. Uppsala 1851ff.; Nachdruck in Kairo, 9 Bde., 1348 n. H. ff.; aus beiden Editionen zitiert). Sie enthält neben wichtigen Informationen eine kurze Biographie Ḥasan-i Ṣabbāḥs, die offenbar nicht an die *Sarguzascht* angelehnt ist. Eine ausführlichere Version dieser Biographie, deren Quelle unbekannt ist, findet sich bei einem späteren ägyptischen Chronisten (Maqrīsī, *al-Muqaffā,* Ms. Pertev Pascha 496, Istanbul). Über die Historiker dieser Zeit im allgemeinen vgl. C. Cahen, ›The historiography of the Seljuqid period‹, in: B. Lewis u.

P.M.Holt [Hrsg.], *Historians of the Middle East,* London 1962, S. 59ff. Neben den literarischen Quellen gibt es einen wachsenden Bestand an archäologischen Zeugnissen aus den ismailischen Burgen im Iran — vgl. Kap. 1, Anm. 23, und Kap. 3, Anm. 25.

[1] Raschīd al-Dīn, S. 97; Kāschānī, S. 120. Nach Dschuweinī, S. 187/667, ist Ḥasan in Rajj geboren, wohin er nach anderen Quellen als Kind mitgenommen wurde. Diese Differenz dürfte aus einer unbedachten Verkürzung Dschuweinīs resultieren. Nach Ibn al-Dschawsī (gest. 1201) kam Ḥasan aus Merw und war als junger Mann Sekretär des *ra'īs* 'Abd al-Razzāq ibn Bahrām gewesen (*Al-Muntaẓam* IX, Haiderabad 1359 n.H., S. 121; derselbe, *Talbīs Iblīs,* Kairo 1928, S. 110 — engl. Übers. v. D.S. Margoliouth, ›The Devil's Delusion‹, in: *IC* IX [1935], S. 555). In seinem angeblichen Brief an Malikschāh sagt Ḥasan, sein Vater sei ein *schāfi'i sunnī* gewesen, und er sei ebenfalls als solcher erzogen worden. Dies ist einer von mehreren Gründen, aus denen die Authentizität des Briefes angezweifelt worden ist (vgl. Hodgson, *op. cit.*, S. 43; Falsafī, *op. cit.*, S. 406).

[2] Ein Ausdruck der Beschimpfung bei frommen Muslimen.

[3] Dschuweinī S. 188f./667f.; Raschīd al-Dīn, S. 97ff.; Kāschānī, S. 120ff.; Hodgson, *op. cit.*, S. 44f. Zu Ibn 'Aṭṭāsch vgl. den entsprechenden Artikel von B. Lewis in: *EI(2)*.

[4] *Ibid.*

[5] *Ibid.*

[6] Raschīd al-Dīn, S. 110ff. Über die Geschichte der drei Studienkollegen vgl. E.G. Browne, ›Yet more light on 'Umar-i Khayyam‹, in: *JRAS* 1899, S. 409ff.; Bowen, *op. cit.;* Browne, *op. cit.*, S. 190ff.; M.Th. Houtsma, *Recueil de textes relatifs à l'histoire des Seldjoucides,* Bd. II, Leiden 1889, S. XIVf.; Hodgson, *op. cit.*, S. 137f. Falsafī (*op. cit.*, S. 406ff.) behauptet die Authentizität der Geschichte. Eine spätere ägyptische Quelle (Ibn al-Dawādārī, *Kanz al-durar* VI, hrsg. v. S. al-Munadschdschid, Kairo 1961, S. 494) nennt Ḥasan-i Ṣabbāḥ einen Studienkollegen von al-Ghazālī. Hier liegt wahrscheinlich ein Mißverständnis vor.

[7] Ibn al-Athīr, *anno 494,* X, S. 215f./VIII, S. 201. Vgl. auch *anno 427,* IX, S. 304f./VIII, S. 11, und *anno 487,* X, S. 161/VIII, S. 172f. Nach Ibn al-Athīr reiste Ḥasan als Kaufmann verkleidet nach Ägypten. Vgl. ferner den Artikel ›al-Ḥasan ibn al-Ṣabbāḥ‹ in: Maqrīsī, *Muqaffā.*

[8] Ḥasans eigener Bericht über seine Reise nach Ägypten und zurück ist die Grundlage der drei Versionen bei Dschuweinī, S. 189ff./668f., Raschīd al-Dīn, S. 99ff., und Kāschānī, S. 122ff.

Vgl. auch Hodgson, *op.cit.,* S.45 ff. (der die irrtümliche Angabe über die Dauer von Ḥasans Aufenthalt in Ägypten in seinem Artikel in *EI(2)* korrigiert), und Falsafī, *op.cit.,* S.411 f. Aus Ḥasans eigenem Bericht wird deutlich, daß er den fatimidischen Kalifen nicht persönlich getroffen hat und daß Ibn al-Athīrs Darstellung, es habe eine solche Begegnung gegeben und der Kalif habe sich bei der Nennung seines Erben mit Absicht zweideutig ausgedrückt, falsch ist (vgl. A.A.A.Fyzee, *Al-Hidāyatu'l-Amirīya,* London u. Kalkutta 1938, S.15). Ḥasans apokrypher Brief an Malikschāh enthält die kuriose Behauptung, der abbasidische Kalif habe den Armeekommandeur gegen ihn aufgehetzt, und der Imam selbst habe ihn vor dem Komplott seiner Feinde gerettet.

[9] Dschuweinī, S.190/669.

[10] Ibn al-Faqīh, *Muchtaṣar Kitāb al-Buldān,* hrsg. v. M.J. de Goeje, Leiden 1885, S.283 — zit. nach: V.Minorsky, *La domination des Dailamites,* Paris 1932, S.5.

[11] Ibn al-Athīr, *anno 494,* X, S.215/VIII, S.201.

[12] Dschuweinī, S.193/669 f.

[13] Dschuweinī, S.193 ff./669 ff.; Raschīd al-Dīn, S.103 ff.; Kāschānī, S.125 ff.; Ibn al-Athīr, *anno 494,* X, S.216/VIII, S.201 f.; Hodgson, *op.cit.,* S.48 ff.; Falsafī, *op.cit.,* S.413 f.

[14] Raschīd al-Dīn, S.134; abweichende Version bei Kāschānī, S.154, und Dschuweinī, S.216/683. Charakteristischerweise ändert Dschuweinī *da'vat* (Mission) in *bid'at* (ketzerische Neuerung).

[15] Dschuweinī, S.199/673 f. Vgl. auch Raschīd al-Dīn, S.107; Kāschānī, S.130.

[16] Dschuweinī, S.208 f./679; Raschīd al-Dīn, S.115 f.; Kāschānī, S.136 f.

[17] Dschuweinī, S.200/674; Raschīd al-Dīn, S.107 f.; Kāschānī, S.130 f.; Ibn al-Athīr, *anno 494,* X, S.217/VIII, S.202; Hodgson, *op.cit.,* S.74.

[18] Ibn al-Athīr, *ibid.;* Hodgson, *op.cit.,* S.76.

[19] Ibn al Dschawsī, *op.cit.,* S.120 f.; Ibn al-Athīr, *anno 494,* X, S.213/VIII, S.200 f.; Hodgson, *op.cit.,* S.47 f.

[20] Dschuweinī, S.201 f. Vgl. auch Raschīd al-Dīn, S.108 f.; Kāschānī, S.131; Hodgson, *op.cit.,* S.74 f.

[21] Raschīd al-Dīn, S.110. Vgl. auch Dschuweinī, S.204/676 f. (und die Bemerkung des Herausgebers zu S.406 f.); Kāschānī, S.132 f.; Ibn al-Athīr, *anno 485,* X, S.137 f./VIII, S.161 f.; M.Th. Houtsma, ›The death of Nizam al-Mulk and its consequences‹, in: *Journal of Indian History* III (1924), S.147 ff.; Hodgson, *op.cit.,* S.75.

[22] Persischer Text hrsg. v. M. T. Dānischpazhūh in: *Revue de la Faculté des Lettres, Université de Tabriz* XVII/3 (1344s.), S. 329. Zu diesem Thema (und ähnlichen Themen) hat Dr. Dānischpazhūh eine Reihe interessanter Quellen, meist polemischen Inhalts, veröffentlicht.

[23] W. Ivanow, ›An Ismaili poem in praise of the fidawis‹, in: *JBBRAS* XIV (1938), S. 63ff.

[24] W. Ivanow, ›The organization of the Fatimid propaganda‹, in: *JBBRAS* XV (1939), S. 1ff.; vgl. auch Ivanows Bemerkungen in der Einleitung seiner Editionen des *Diwan* von Chaki Chorasani, Bombay 1933, S. 11, und des *Haft bab* von Abu Ishaq Quhistani, Bombay 1959, S. 11ff., ferner die Artikel ›dā'ī‹ von H. G. S. Hodgson und ›da'wa‹ von M. Canard in *EI(2)*. Die Sektenhierarchie behandelt Naṣīr al-Dīn Ṭūsī in *The Rawdatu'l-Taslim, commonly called Tasawwurat,* hrsg. u. übers. v. W. Ivanow, Bombay 1950, S. 96f. (Übersetzung S. 143f.). Eine moderne ismailische Darstellung auf der Basis älterer Dokumente findet sich bei M. B. M. A. Husain, *Gulzari Daudi for the Bohras of India,* Ahmedabad o. J. [1920?].

[25] Dschuweinī, S. 207f./678f.; Raschīd al-Dīn, S. 116ff.; Kāschānī, S. 137ff.; Hodgson, *op. cit.,* S. 76n., 86f. Über Girdkūh vgl. W. Ivanow, ›Some Ismaili strongholds in Persia‹, in: *IC* XII (1938), S. 392ff., und M. Sutūdah, ›Qal'a-i Girdkūh‹, in: *Mihr* VIII (1331s.), S. 339ff., 484ff.

[26] Aufstieg und Niedergang der Ismailiten in Isfahan scheinen in der Chronik von Alamūt wenig Beachtung gefunden zu haben. Bei Dschuweinī findet sich zu dem Thema gar nichts; Raschīd al-Dīn (S. 120f.) und Kāschānī (S. 142f.) geben kurze Berichte, die vielleicht auf anderen, nicht-ismailischen Quellen basieren. Die Episode wird in den allgemeinen Quellen für diese Epoche beschrieben, z. B. bei Ibn ar-Rāwandī, *Raḥat-uṣ-Ṣudūr,* hrsg. v. M. Iqbál, London 1921, S. 155ff.; Ẓahir al-Dīn Nīschāpūrī, *Saldschūknāme,* Teheran 1332s., S. 39ff.; Ibn al-Dschawsī, *Muntaẓam* IX, S. 150f.; al-Bundārī, Abriß aus: 'Imād al-Dīn, *Histoire des Seldjoucides de l'Iraq,* hrsg. v. M. Th. Houtsma, Leiden 1889, S. 90ff.; Ibn al-Athīr, *anno 494,* X, S. 215ff./VIII, S. 201ff.; derselbe, *anno 500,* X, S. 299ff./VIII, S. 242f. Moderne Beiträge: Hodgson, *op. cit.,* S. 85f., 88f., 95f.; B. Lewis, Artikel ›Ibn-'Aṭṭāsch‹, in: *EI(2)*; M. Mihryar, ›Shāhdiz Kujāst?‹, in: *Revue de la faculté des Lettres d'Ispahan* I (1343s./1965), S. 87ff.

[27] Ibn al-Athīr, *anno 494,* X, S. 220/VIII, S. 203.

[28] Derselbe, *anno 497,* X, S. 260/VIII, S. 223.

[29] Derselbe, *anno 494,* X, S. 221/VIII, S. 204.

[30] Derselbe, *anno 500,* X, S. 299/VIII, S. 242. Ibn al-Athīr schildert die Belagerung am ausführlichsten.

[31] Ibn al-Qalānisī, *History of Damascus,* hrsg. v. H. F. Amedroz, Beirut 1908, S. 153.

[32] Dschuweinī, S. 211/680. Vgl. auch Raschīd al-Dīn, S. 124f.; Kāschānī, S. 135f.; Ibn al-Qalānisī, *op. cit.,* S. 162; al-Bundārī, *op. cit.,* S. 98ff.; Ibn al-Athīr, *anno 503,* X, S. 335/VIII, S. 259; Hodgson, *op. cit.,* S. 97.

[33] Dschuweinī, S. 207/678.

[34] Derselbe, S. 212/681; Raschīd al-Dīn, S. 126ff.; Kāschānī, S. 141ff.; Ibn al-Athīr, *anno 511,* X, S. 369/IX, S. 278.

[35] Al-Bundārī, *op. cit.,* S. 147.

[36] Dschuweinī, S. 213ff./681f. Vgl. auch Raschīd al-Dīn, S. 123; Kāschānī, S. 144. Ein ismailischer Autor aus Syrien erzählt die Geschichte vom Dolch und von der Botschaft in Verbindung mit Saladin.

[37] Ibn al-Qalānisī, *op. cit.,* S. 203.

[38] Raschīd al-Dīn, S. 133, 137. Vgl. auch Kāschānī, S. 153, 156.

[39] Ibn Mujassar, *Annales d'Egypte,* S. 65f. (vgl. auch *ibid.,* S. 68f.); Ibn al-Sairafī, *Al-Ischāra ilā man nāla'l-wizāra,* hrsg. v. A. Muchlis, in: *BIFAO* XXV (1925), S. 49; S. M. Stern, ›The epistle of the Fatimid Caliph al-Amir (al-Hidāya al-Amiriyya) — its date and purpose‹, in: *JRAS* 1950, S. 20ff.; Hodgson, *op. cit.,* S. 108.

[40] Dschuweinī, S. 215/682f. Vgl. auch Raschīd al-Dīn, S. 133f.; Kāschānī, S. 153f.

[41] Ibn al-Athīr, *anno 494,* X, S. 216/VIII, S. 201; Maqrīsī, Artikel ›al-Ḥasan ibn al-Ṣabbāḥ‹, in: *Muqaffā.*

[42] Dschuweinī, S. 210/680. Vgl. auch Raschīd al-Dīn, S. 124; Kāschānī, S. 145.

[43] *Ibid.*

[44] Zur Autobiographie vgl. oben S. 197. Eine arabische Version des Auszuges aus dem Traktat, die ›vier Kapitel‹ genannt, hat al-Schahrastānī, ein Häresiograph des 12. Jahrhunderts, in seinem Werk *Al-Milal wa'l nihal* vorgelegt (engl. Übers. bei Hodgson, *op. cit.,* S. 325ff.).

4. Kapitel

Vieles von dem, was oben über die Karriere Ḥasan-i Ṣabbāḥs gesagt wurde, gilt ebenso für die Geschichte der Ismailiten in Persien zwischen Ḥasans Tod und der mongolischen Eroberung. Auch dafür sind die Chroniken von Alamūt, wie sie bei Dschuweinī, Raschīd al-Dīn und Kāschānī zitiert werden, unsere hauptsächlichen Quellen. Die vorliegende Literatur der Nizārī-Ismā'īlijja ist dem Inhalt nach wesentlich religiös, enthält aber auch Passagen von historischem Interesse. Zusätzliche Information ist der allgemeinhistorischen und sonstigen arabischen und persischen Literatur zur seldschukischen, chorasmischen und mongolischen Epoche zu entnehmen. Davon ist bisher nur sehr wenig in eine europäische Sprache übersetzt worden. Neben Prof. Boyles Dschuweinī-Übersetzung seien genannt: Ch. Defrémery, ›Histoire des Seldjoucides‹ [das *Tārīch-i Guzīda* des Hamdullah Mustawfi], in: *JA* XI (1848), S. 417ff., und XII (1848), S. 259ff., 334ff.; H. G. Raverty, *Ṭabaḳāt-i-Nāṣirī* [von Minhādsch-i Sirādsch Dschusdschānī], 2 Bde., London 1881; O. Houdas, *Histoire du Sultan Djelal ed-Din Mankobirti* [von Muḥammad al-Nasawī], Paris 1895; E. G. Browne, *History of Tabaristan* [von Ibn Isfandijār], London 1905. Eine Auswahl von Geldstücken aus der ismailischen Münze, geschlagen in den Jahren 542/1147–48, 548/1153–54, 551/1156–57 und 555/1160–61, hat P. Casanova in seiner Studie ›Monnaie des Assassins de Perse‹, in: *Revue Numismatique,* 3e série, XI (1893), S. 343ff., untersucht. Eine kleine ismailische Goldmünze wird im Istanbuler Antiquitätenmuseum aufbewahrt (E 175).

Die grundlegende Monographie zur Geschichte der Ismailiten ist die von Prof. Hodgson (*The order of the Assassins,* Den Haag 1955); in ihr werden auch frühere Arbeiten anderer Gelehrter, besonders von W. Ivanow, verarbeitet. Eine Zusammenfassung von Hodgsons Werk, aus der Feder des Autors, findet sich im 5. Kapitel (›The Ismā'īli state‹) von Bd. V der *Cambridge History of Iran,* Cambridge 1968, S. 422ff. Kürzere Darstellungen enthalten die Artikel ›Alamūt‹, ›Buzurg-umīd‹ u. a. in: *EI(2)*. Spezielle Aspekte der ismailischen Geschichte hat L. V. Stroyowa in ihren Studien ›»Den voskresenya iz mertvikh« i ego sotsial'naya sushčnost‹, in: *Kratkiye Soobshčeniya Instituta Vostokovedeniya* XXXVIII (1960), S. 19ff., und ›Poslednii Khorezmshah i Ismailiti Alamuta‹, in: *Issledovaniya po istorii kul'turi narodov vostoka: sbornik v čest' Akademika I. A. Orbeli,* Moskau u. Leningrad 1960, S. 451ff., behandelt. Die Rolle der Ismailiten in der lokalen Geschichte beleuchtet H. L. Rabino di Borgomale in ›Les dynasties locales du Gîlân et du Daylam‹, in: *JA* CCXXXVII (1949), S. 301ff., bes. S. 314–16.

Zur Geschichte der Seldschuken und ihrer Nachfolger sei verwiesen auf C. Cahens Beiträge in der von K. M. Setton verantwortlich herausgegebenen *History of the Crusades,* Philadelphia 1955ff.: Kap. 5 in Bd. I, hrsg. v. M. W. Baldwin, und die Kap. 19

u. 21 in Bd. II, hrsg. v. R. L. Wolff und H. W. Hazard — ferner auf die einschlägigen Artikel in *EI(1)* und *EI(2)*. An detailierten Arbeiten türkischer, persischer und arabischer Gelehrter seien genannt: O. Turan, *Selçuklular tarihi ve Türk-Islâm medeniyeti,* Ankara 1965; M. A. Köymen, *Büyük Selçuklu Imparatorlugu tarihi,* Bd II: *Ikinci Imparatorluk devri,* Ankara 1954; H. Amīn, *Ta'rīch al-'Irāq fi'l-'aṣr al-Saldschūqī,* Bagdad 1965; I. Kafesoglu, *Harezmçahler devleti tarihi,* Ankara 1956; A. Eghbāl, *Tārīch-i mufaṣṣal-i Iran . . .,* Bd. I, Teheran 1341 s.

[1] Ibn al-Athīr, *anno 520,* X, S. 445/VIII, S. 319. Vgl. auch Ibn Funduq Baihaqī, *Tārīch-i Baihaq,* hrsg. v. A. Bahmanjār, Teheran o. J., S. 271, 276; Köymen, *op. cit.,* S. 151 ff.; Hodgson, *op. cit.,* S. 101 f.

[2] Ibn al-Athīr, *anno 521,* X, S. 456/VIII, S. 325. Vgl. auch Chwāndamīr, *Dastūr al-wuzarā,* Teheran 1317 s., S. 198; Nāṣir al-Dīn Munschī Kirmānī, *Nasā'im al-asḥār,* hrsg. v. J. Muḥaddith, Teheran 1959, S. 64 ff.; A. Eghbāl, *Wizārat dar 'ahd-i salāṭīn-i buzurg-i Saldschūqī,* Teheran 1338 s., S. 254 ff.

[3] Raschīd al-Dīn, S. 138; Kāschānī, S. 158. Der Bau von Maimūndiz wird von Dschuweinī nicht erwähnt. Eine genaue Beschreibung der Lage der Burg findet sich bei P. Willey, *The castles of the Assassins,* London 1963, S. 158 ff.

[4] *Tārīch al-Sīstān,* hrsg. v. Bahār, Teheran 1935, S. 391.

[5] Raschīd al-Dīn, S. 140; Kāschānī, S. 159.

[6] Dschuweinī, S. 220 f./685. Vgl. auch Raschīd al-Dīn, S. 141 f.; Kāschānī, S. 164 f.; Hodgson, *op. cit.,* S. 104.

[7] Raschīd al-Dīn, S. 142; Kāschānī, S. 165; Hodgson, *op. cit.,* S. 103.

[8] Raschīd al-Dīn, S. 141; Kāschānī, S. 160 ff. (sehr ausführliche Darstellung); Hodgson, *op. cit.,* S. 103.

[9] Dschuweinī, S. 221/685.

[10] Raschīd al-Dīn, S. 146; Kāschānī, S. 168.

[11] Raschīd al-Dīn, S. 146 f.; Kāschānī, S. 168 f.; Ibn al-Athīr, *anno 532,* XI, S. 40 f./VIII, S. 362; Köymen, *op. cit.,* S. 304; Kafesoglu, *op. cit.,* S. 26; Hodgson, *op. cit.,* S. 143 f.

[12] Raschīd al-Dīn, S. 155; Kāschānī, S. 176; Ibn al-Athīr, *anno 541,* XI, S. 76 f./IX, S. 15; Hodgson, *op. cit.,* S. 145 f.

[13] Dschuweinī, S. 222 ff./686 f. Vgl. auch Raschīd al-Dīn, S. 162 ff.; Kāschānī, S. 183 f.

[14] *Ibid.*

[15] Abū Ischāq Quhistānī, *Haft bāb,* hrsg. u. übers. v. W. Ivanow, Bombay 1959, S. 41. Vgl. W. Ivanow, *Kalām-i Pīr,* Bombay 1935, S. 60 f., 115 f.; Dschuweinī, S. 226 ff./668 ff.; Raschīd al-Dīn,

S. 164ff.; Kāschānī, S. 184ff. Weitere ismailische Berichte in: *Haft bāb-i Bābā Sajjidnā* (hrsg. v. W. Ivanow in: *Two early Ismaili treatises*, Bombay 1933; kommentierte engl. Übers. bei Hodgson, *op. cit.*, S. 279ff.), und in: Ṭūsī, *Rawdat al-taslīm* (Index). Kritische Würdigungen bei Hodgson, *op. cit.*, S. 148ff.; A. Bausani, *Persia religiosa*, Mailand 1959, S. 211f.; Nasir-i Chusraw, *Kitāb-e Dschami' al-hikmatain*, hrsg. v. H. Corbin u. M. Mo'in, Teheran 1953, S. 22ff.; Stroyowa, ›Den voskresenya ...‹ (vgl. bibl. Anm. oben S. 204).

16 Dschuweinī, S. 230f./691. Vgl. auch Raschīd al-Dīn, S. 166; Kāschānī, S. 186.

17 Vgl. Kap. 3, Anm. 2.

18 Dschuweinī, S. 237f./695f. Vgl. auch Raschīd al-Dīn, S. 168f.; Kāschānī, S. 188. Ähnliche Lehren werden der ›Würger‹-Sekte im 8. Jahrhundert zugeschrieben — vgl. oben S. 47, 173.

19 Raschīd al-Dīn, S. 169. Vgl. auch Dschuweinī, S. 238/696; Kāschānī, S. 188 (mit einigen Auszügen aus frommen ismailischen Elogen auf Ḥasan).

20 Dschuweinī, S. 239/697. Vgl. auch Raschīn al-Dīn, S. 169f.; Kāschānī, S. 191; Hodgson, *op. cit.*, S. 157ff.

21 Raschīd al-Dīn, S. 170ff. Vgl. auch Kāschānī, S. 192f.; Hodgson, *op. cit.*, S. 224f.

22 P. Kraus, ›Les »controverses« de Fakhr al-Dīn Rāzī‹, in: *BIE* XIX (1936/37), S. 206ff. (engl. Übers. in: *IC* XII [1938], S. 146ff.).

23 Dschuweinī, S. 241ff./698ff. Vgl. auch Raschīd al-Dīn, S. 174ff.; Kāschānī, S. 198ff.; Hodgson, *op. cit.*, S. 217ff.

24 *Ibid.*

25 Dschuweinī, S. 247/702f.; Kāschānī, S. 199; Hodgson, *op. cit.*, S. 224f.

26 Dschuweinī, S. 248/703. Vgl. auch Raschīd al-Dīn, S. 177f.; Kāschānī, S. 200f.

27 Dschuweinī, S. 249/703f. Vgl. auch Raschīd al-Dīn, S. 178; Kāschānī, S. 201.

28 J. von Hammer, *Geschichte der Assassinen aus morgenländischen Quellen*, Stuttgart u. Tübingen 1818, S. 240.

29 Naṣīr al-Dīn Ṭūsī, *Rawdat al-taslīm*, S. 49 (Übers. S. 67f.). Vgl. auch Hodgson, *op. cit.*, S. 229ff.

30 Dschuweinī, S. 249ff./704ff. Vgl. auch Raschīd al-Dīn, S. 179ff.; Kāschānī, S. 201ff.

31 Mohammed en-Nesawi [= Nasawī], *Histoire du Sultan Djelal al-Din Mankobirti*, hrsg. v. O. Houdas, Paris 1891, S. 132ff. (frz.

Übers. Paris 1895, S. 220ff.). Eine nahezu zeitgenössische persische Übersetzung hat Prof. M. Minovi herausgegeben: *Sīrat -e Dschelāloddīn,* Teheran 1965.

[32] *Ibid.*

[33] *Ibid.*

[34] *Ibid.*

[35] Nasawī, *op. cit.,* S. 214f. (frz. Übers. S. 358f.; pers. Übers. S. 232f.).

[36] Raschīd al-Dīn, S. 181. Vgl. auch Kāschānī, S. 205; Hodgson, *op. cit.,* S. 257.

[37] Dschuweinī, S. 253ff./707ff. Vgl. auch Raschīd al-Dīn, S. 182ff.; Kāschānī, S. S. 205f.

[38] *Ibid.*

[39] *Ibid.*

[40] Minhādsch-i Sirādsch Dschusdschānī, *Tabaqāt-i Nāṣirī,* hrsg. v. A. H. Habibi, Bd. I, Kabul [2]1964, S. 182f. (engl. Übers. v. H. G. Raverty, Bd. II, S. 1197f.).

[41] *Ibid.*

[42] Dschuweinī, S. 260/712f. Vgl. auch Raschīd al-Dīn S. 185f.; Kāschānī, S. 207.

[43] *Ibid.*

[44] Dschuweinī, S. 265/716. Vgl. auch Raschīd al-Dīn, S. 189; Kāschānī, S. 209.

[45] Dschuweinī, S. 267/717. Vgl. auch Raschīd al-Dīn, S. 190; Kāschānī, S. 210.

[46] Raschīd al-Dīn, S. 192. Kāschānī (S. 213) spricht in diesem Zusammenhang von einer Türkin, Dschuweinī (S. 274/722) gar von einer Türkin aus niederem Stand; vgl. dazu Prof. Boyles Anmerkung auf S. 722 seiner Übersetzung. Auch die Kamelgeschichte erscheint bei Raschīd al-Dīn (S. 213) in einer etwas anderen Version als bei Dschuweinī und Kāschānī.

[47] Dschuweinī, S. 136/636f.

[48] Dschuweinī, S. 277/724f. Vgl. auch Raschīd al-Dīn, S. 194; Kāschānī, S. 215.

[49] *Der Koran* XXVII, 53; Stuttgart 1987, S. 360.

[50] *Ibid.* XXIII, 43; S. 323.

[51] Dschuweinī, S. 139ff./639f.

[51] Dschuweinī, S. 278/725. Vgl. auch Raschīd al-Dīn, S. 194f.; Kāschānī, S. 215.

5. Kapitel

Über die Geschichte der Assassinen in Syrien ist viel geschrieben worden. An neueren Darstellungen sind vor allem die entsprechenden Abschnitte in M. G. S. Hodgsons Buch *The order of the Assassins,* Den Haag 1955, und im 4. Kapitel (B. Lewis, ›The Ismā'ilites and the Assassins‹, S. 99ff.) des von M. W. Baldwin herausgegebenen Bandes *The first hundred years,* Philadelphia 1955 (= Bd. I von: K. M. Setton [Hrsg.], *A history of the Crusades*) zu nennen; dort finden sich ausführliche Quellenangaben. Frühere Literatur wurde von B. Lewis in dem Aufsatz ›The sources of the history of the Syrian Assassins‹, in: *Speculum* XXVII (1952), S. 475 ff., untersucht. Von älteren Studien verdienen Ch. Defrémerys ›Nouvelles recherches sur les Ismaéliens ou Bathiniens de Syrie‹, in: *JA,* 5e série, III (1854) S. 373 ff., und V (1855), S. 5 ff., noch immer Aufmerksamkeit. Neuere Erkenntnisse sind verarbeitet in B. Lewis' Aufsatz ›Saladin and the Assassins‹, in: *BSOAS* XV (1953), S. 239 ff., in Kapitel 3 (›The role of the Assassins‹) von J. J. Saunders' Buch *Aspects of the Crusades,* Christchurch 1962, S. 22 ff., und in einer unpublizierten Dissertation von N. A. Mirza: *The Syrian Ismā'ilis at the time of the Crusades,* Durham 1963.

In jüngster Zeit haben auch ismailische Autoren in Syrien begonnen, Texte und Studien zu publizieren. Bisher sind vor allem Texte zur Doktrin bekannt geworden, die für den Historiker nur von geringem Interesse sind. Einige Information läßt sich einem modernen biographischen Handbuch von M. Ghālib: *A'lām al-Ismā'īlijja,* Beirut 1964, entnehmen, das sich z. T. auf älteres Material stützt. Darüber hinaus kann auf eine Reihe von Artikeln von A. Tāmir in arabischen Zeitungen verwiesen werden, in denen auf früheres Beweismaterial zurückgegriffen wird: ›Sinān Raschīd al-Dīn aw Scheich al-dschabal‹, in: *Al-Adīb,* Mai 1953, S. 43 ff.; ›Al-Amīr Masjad al-Ḥillī al-Asadī, Schā'ir Sinān Scheich al-dschabal‹, in: *ibid.,* August 1953, S. 53 ff.; ›Al-Schā'ir al-Maghmūr: al-Amīr Masjad al-Ḥillī al-Asadī‹, in: *Al-Ḥikma,* Januar 1954, S. 49 ff.; ›Al-Firqa al-Ismā'īlijja al-Bāṭinijja al-Sūrijja‹, in: *ibid.,* Februar 1954, S. 37 ff.; ›Al-Fatra al-mansijja min tā'rīch al-Ismā'īlijjīn al-Sūrijjīn‹, in: *ibid.,* Juli 1954, S. 10 ff.; ›Ṣafaḥāt aghfalahā al-tā'rīch 'an al-firqa al-Ismā'īlijja al-Sūrijja‹, in: *ibid.,* September 1954, S. 39 ff.; ›Furū' al-schadschara al-Ismā'īlijja al-imāmijja‹, in: *Al-Maschriq* 1957, S. 581 ff. (darin auch der Text eines Briefes von Dschalāl al-Dīn Ḥasan, dem Herrn von Alamūt, an die Ismailiten in Syrien, S. 601 ff.). Tāmir hat auch einen englischen Artikel veröffentlicht: ›Bahram b. Musa: the supreme Isma'ili agent‹, in: *Ismaili News* (Uganda) v. 21.3.1954 — ferner einen historischen Roman in arabischer Sprache: *Sinān wa Ṣalāḥ al-Dīn,* Beirut 1956, und eine beträchtliche Zahl von Texten.

Nach dem zu urteilen, was bisher ans Licht gekommen ist, haben die Ismailiten von Syrien keine geschichtlichen Darstellungen hinterlassen, die mit den von Dschuweinī und anderen persischen Historikern zitierten Chroniken von Alamūt vergleichbar wären. Eine ismailische Biographie Sināns, des wichtigsten Assassinenführers, stammt aus späterer Zeit, ist hagiographisch und von geringem historischem Wert. Der Text wurde, zusammen mit der französischen Übersetzung, von S. Guyard veröffentlicht: ›Un grand maître des Assassins au temps de Saladin‹, in: *Darülfünun Ilahiyat Fakültesi Mecmuası* II/7, Istanbul 1928, S. 45 ff. Einige Hinweise auf die Herkunft der Ismailiten finden sich in Sināns Lebensbeschreibung innerhalb des bisher unveröffentlichten biographischen Handbuchs von Aleppo von Kamāl al-Dīn ibn al-ʿAdīm (Text mit englischer Übersetzung und Kommentar bei B. Lewis, ›Kamāl al-Dīn's biography of Rashīd al-Dīn Sinān‹, in: *Arabica* XIII 1966).

Außer diesen wenigen fragmentarischen Überlieferungen und lokalen Inschriften (vgl. dazu M. van Berchem, ›Epigraphie des Assassins de Syrie‹, in: *JA*, 9e série, IX 1897, S. 453 ff.) bleiben dem Historiker nur die allgemeinen Quellen zur Geschichte Syriens in dieser Zeit.

1 Arabischer Text bei B. Lewis, ›Three biographies from Kamāl al-Dīn‹, in: *Mélanges Fuad Köprülü*, Istanbul 1953, S. 336.

2 Kamāl al-Dīn ibn al-ʿAdim, *Zubdat al-ḥalab min ta'rīch Ḥalab*, hrsg. v. S. Dahān, Bd. II, Damaskus 1954, S. 532 ff.

3 Ibn al-Qalānisī, *History of Damascus*, hrsg. v. H. F. Amedroz, Beirut 1908, S. 215; engl. Übers. v. H. A. R. Gibb: *The Damascus chronicle of the Crusades*, London 1932, S. 179.

4 Kamāl al-Dīn, *op. cit.*, S. S. 235.

5 Ibn al-Qalānisī, *op. cit.*, S. 221; engl. Übers. S. 187 f.

6 *Ibid.*, S. 223/193.

7 Raschīd al-Dīn, S. 145; Kāschānī, S. 167. Beide geben als Jahr des Mordanschlags 524 n. H. an. Die syrischen Quellen sagen übereinstimmend, daß Buri im Jahre 525 n. H. überfallen worden und 526 gestorben sei. Einem Bericht zufolge benutzten die Angreifer vergiftete Dolche. Der Einsatz von Gift ist indes durch zeitgenössische Zeugnisse nicht belegt und sehr unwahrscheinlich.

8 B. Lewis, ›Kamāl al-Dīn's biography . . .‹ S. 231 f.

9 *Ibid.*, S. 230.

10 Kamāl al-Dīn, *Zubda*, Ms. Paris, Arabe 1666, Fol. 193 b ff.

11 Lewis, *op. cit.*, S. 231.

12 *Der Koran* XXVI, 228; Stuttgart 1987, S. 355.

[13] *Ibid.* XVII, 83; S. 272.

[14] *Ibid.* II, 88; S. 36.

[15] *Ibid.* XIV, 23; S. 241.

[16] Lewis, *op. cit.*, S. 10f. Der erste Vers von ›Die Bienen‹ (*Koran* XVI, 1; S. 251) lautet: »Eintrifft Allahs Befehl, drum wünscht ihn nicht herbei. Preis Ihm! Und erhaben ist er über das, was sie ihm beigesellen.« Die letzten Verse von ›Ṣād‹ (*Koran* XXXVIII, 87/88; S. 433) lauten: »Er ist nichts als eine Mahnung für alle Welt. Und wahrlich, erkennen werdet ihr seine Kunde nach einer Weile.«

[17] Lewis, *op. cit.*, S. 12f.

[18] Muḥammad al-Ḥamawī, *Al-Ta'rīch al-Manṣūrī,* hrsg. v. P. A. Gryaznewitsch, Moskau 1960, Fol. 164a/b, 166b–167a; 170b.

[19] Joinville, *Histoire de Saint Louis,* Kap. LXXXIX (in: *Historiens et chroniqueurs du moyen âge,* hrsg. v. A. Pauphilet, Paris 1952, S. 307).

[20] Maqrisi, *Kitāb al-Sulūk,* hrsg. v. M. M. Zijāda, Bd. I, Kairo 1934, S. 543 (frz. Übers. v. E. Quatremère: *Histoire des sultans mamlouks,* Bd. I/2, Paris 1837, S. 245). Vgl. auch Defrémery, ›Nouvelles recherches . . .‹ (oben S. 208).

[21] Ibn Baṭṭūṭa, *Voyages,* Text u. frz. Übers. v. Ch. Defrémery und B. R. Sanguinetti, Bd. I, Paris 1853, S. 166f. (engl. Übers. v. H. A. R. Gibb: *The travels of Ibn Battuta,* Bd. I, Cambridge 1958, S. 106).

[22] Register für den Distrikt Maṣjāf (Provinz Hama) und für die *qilā'al-da'wa* genannten Distrikte (Provinz Tripoli; dazu gehören Chawābī, Kahf, 'Ulaiqa, Qadmūs und Manīqa). Eine Studie über diese Register steht noch aus. Zur neueren Geschichte vgl. N. N. Lewis, ›The Isma'ilis of Syria today‹, in: *RCASJ* XXXIX (1952), S. 69ff.

6. Kapitel

Bis zu einem gewissen Grad werden die Methoden, die Intentionen und die Bedeutung der Ismailiten in den bereits angeführten Arbeiten abgehandelt, speziell in denjenigen von Hodgson und Bertels. Knappere Charakterisierungen enthält D. S. Margoliouths Artikel ›Assassins‹ in der *Hastings Encyclopedia of Religion and Ethics* und der Aufsatz von R. Gelpke: ›Der Geheimbund von Alamut — Legende und Wirklichkeit‹, in: *Antaios* VIII (1966), S. 269ff. Einen bedeutsamen Aspekt der religiösen Entwicklung des Ismailismus erörtert H. Corbin in seinem Aufsatz

›De la gnose antique à la gnose ismaélinne‹, in: *Convegno di science morali, storiche e filologiche 1956: Oriente ed Occidente nel medio evo,* Rom 1957, S. 105 ff.

Muslimische Auffassungen über Autorität und Tyrannei haben untersucht: A. K. S. Lambton (›The problem of the unrighteous ruler‹, in: *International Islamic Colloquium,* Lahore 1960, S. 61 ff.; ›Quis custodiet custodes: some reflections on the Persian theory of government‹, in: *SI* V [1956], S. 125 ff., und VI [1956], S. 125 ff.; ›Justice in the medieval Persian theory of kingship‹, in: *SI* XVII [1962], S. 91 ff.), H. A. R. Gibb (*Studies on the civilization of Islam,* London 1962, S. 141 ff.) und G. E. von Grunebaum (*Islam: essays in the nature and growth of a cultural tradition,* London 1955, S. 127 ff.; *Medieval Islam,* Chicago ²1953, S. 142 ff.). Über den Meuchelmord speziell scheint es keine Studie zu geben; beachtenswert ist aber, daß ein Autor des 9. Jahrhunderts in Bagdad eine geschichtliche Darstellung von prominenten Mordopfern vorlegte: Muḥammad ibn Habīb, *Asmā' al-mughtālīn min al-aschrāf,* hrsg. v. A. Hārūn in: *Nawādir al-machṭūṭāt* 6/7, Kairo 1954/55. Muslimische Gesetzesbestimmungen zum Töten, sei es als Verbrechen oder zur Bestrafung, hat J. Schacht in dem Artikel ›Ḳatl‹ in *EI(1)* diskutiert.

Der muslimische Messianismus ist von E. Sarkisyanz in *Rußland und der Messianismus des Orients,* Tübingen 1955, S. 223 ff., behandelt worden. Frühere Darstellungen finden sich bei J. Darmesteter, *Le mahdi,* Paris 1885; E. Blochet, *Le messianisme dans hétérodoxie musulmane,* Paris 1903; D. S. Margoliouth, Artikel ›Mahdi‹ in: *Hastings Encyclopedia of Religion and Ethics;* C. Snouck Hurgronje, ›Der Mahdi‹, in: *Verspreide Geschriften* I, Bonn 1923, S. 147 ff., und D. B. MacDonald, Artikel ›Al-Mahdi‹, in: *EI(1).*

Über islamische Männervereinigungen — Gilden, Milizen, religiöse Orden u. a. — gibt es eine ansehnliche Literatur; hier müssen wenige, thematisch unterschiedliche Beispiele genügen: C. Cahen, ›Mouvements populaires et autonomisme urbain dans l'Asie musulmane du moyen âge‹, in: *Arabica* V (1958), S. 225 ff., und VI (1959), S. 25 ff.; H. J. Kissling, ›Die islamischen Derwischorden‹, in: *Zeitschrift für Religions- und Geistesgeschichte* XII (1960), S. 1 ff.; Artikel ›'Ayyār‹ (v. F. Taeschner), ›Darwīsh‹ (v. D. B. MacDonald) und »Futuwwa« (v. C. Cahen u. F. Taeschner) in *EI(2).*

[1] Belege zur Stützung dieser Interpretation des ersten Bürgerkrieges im Islam finden sich bei L. V. Vaghieri, »Il conflitto 'Alī-Mu'āwiya e la secessione kharigita . . ., in: *Annali dell'Istituto Universitario Orientale di Napoli* n. s. IV (1952), S. 1 ff. In all-

gemeinerer Form werden muslimische Konzepte zum Problem der Opposition gegen den Herrscher behandelt bei B. Lewis, *The Political Language of Islam,* Chicago 1988 — speziell in Kap. 5 (›The Limits of Obedience‹).

[2] Über eine offenkundige Ausnahme berichtet Hodgson in: *op. cit.,* S. 114, Anm. 43.

[3] Vgl. oben S. 19.

[4] G. van Vloten, ›Worgers in Islam‹, in: *Feestbundel van Taal-, Letter-, Geschied- en Aardrijkskundige Bijdragen ... aan Drs. P. J. Veth,* Leiden 1894, S. 57ff.; I. Friedlaender, ›The heterodoxies of the Shi'ites‹, in: *JAOS* XXVIII (1907), S. 62ff., und XXIX (1908), S. 92ff.; H. Laoust, *Les Schismes dans l'Islam,* Paris 1965, S. 33f.

[5] W. Ivanow, ›An Ismaili poem in praise of the Fidawis‹, in: *JBBRAS* XIV (1938), S. 71.

[6] J. B. S. Hardman, Artikel ›Terrorism‹, in: *Encyclopedia of the Social Sciences.*

[7] Vgl. oben Kap. 5, Anm. 19.

[8] Vgl. oben S. 120f.

[9] Ḥamdullah Mustawfī, *Tārīch-i Guzīda,* hrsg. v. E. G. Browne, London u. Leiden 1910, S. 455f. (frz. Übers. v. Ch. Defrémery in *JA,* 4e série, XII (1848), S. 275ff.

[10] Diese verschiedenartigen ökonomischen Interpretationen werden kritisch untersucht in A. B. Bertels' Buch *Nasir-Khosrow i Ismailizm,* Moskau 1959, bes. 142ff., wo die russische Literatur zu diesem Thema angeführt wird. Eine neuere Auffassung enthält die schon genannten Aufsätze von L. V. Stroyowa (vgl. oben S. 204). Barthold hat eine kurze Darstellung seiner Theorien in einem deutschen Aufsatz vorgelegt: ›Die persische Šuʿūbīja und die moderne Wissenschaft‹, in: *Zeitschrift für Assyriologie* XXVI (1911), S. 249ff.

Dossier

*Assasinier, Assinier, Assanitae, Hassesini**

oder *Chasü,* ein Volck in Phönicien, so vor Zeiten 10. bis 12. Städte und Schlösser in der Gegend von Tyrus bewohnte. Sie waren der Mahometanischen Religion zugethan, und wehlten unter sich einen König, den sie den *Alten des Gebürges* nennten, erzogen auch stets eine Anzahl Jünglinge, und hielten sie zu ihrem Dienst in Bereitschafft, durch welche sie, wieder wenn sie wollten, rauben und morden liessen. Sie errichteten einen gewissen jährlichen Tribut an die Tempel-Herren, erboten sich auch, den Christlichen Glauben anzunehmen, wenn ihnen solche Schatzung erlassen würde. Es ward ihnen aber von dem Ritter-Orden abgeschlagen, und dadurch sowohl der Ruin der Christlichen Religion im Orient, als auch der Verlust des Königreichs Jerusalem verursachet. Man findet von diesem Volck bey denen Geschicht-Schreibern verschiedenes, und unter andern dieses aufgezeichnet, daß sie einen Mahometanischen Ritter-Orden unter sich aufgerichtet, und einen gewissen Ort mit schönen Wohnungen und Garten gehabt, das Paradieß genannt, allwo sie ihre Zeit in aller Ergötzlichkeit zugebracht, und geglaubt, daß sie dergleichen Herrlichkeiten noch weit mehr nach ihrem Tod genießen würden, dahero sie sich nicht scheueten, auf Befehl ihres Oberhaupts, deß Alten vom Gebürge, die verwegenste Thaten auszuüben, und soll schon Philippus Augustus, König in Franckreich, vor dessen heimlichen Nachstellungen seyn gewarnet worden, und deswegen eine beständige Leib-Wacht, *Sergens a Maces* genannt, gehalten haben. Eben von dieser *Canaille* soll auch Anno 1231. Ludwig aus Bayern seyn ermordet worden, wiewohl in denen Bayerischen Genealogien befindlich, daß er zwar im erwehnten Jahre, jedoch zu

* Johann Heinrich Zedler, *Grosses Vollständiges Universal-Lexicon aller Wissenschaften und Künste,* Halle und Leipzig 1732, II. Bd., Sp. 1894f.

Kehlheim und von einem Stock-Narren, den er aus Schertz beleidiget, erstochen worden. Wie *Joinville* Mem. 56. berichtet, hat dieser Alte des Gebürges Anno 1252. König Ludwigen den Heiligen durch abgeschickte Meuchelmörder wollen umbringen lassen, welche aber in Franckreich bey Zeiten verrathen, und von dem Könige bey der Abreise beschenckt worden. Desgleichen als *Ludovicus IX.* nachgehends in Syrien war, hat ihm der Alte des Gebürges Geschencke übersendet, selbiger aber hat wieder eine Gesandschafft an ihn abgehen lassen, und, wiewohl vergeblich, den Christlichen Glauben daselbst fortzupflantzen getrachtet. *M. Polus* in seinen Orientalischen Reisen I. 28. nennet derer Assasinier Landschafft *Mulchet,* so vormahls *Ariana* geheißen haben soll; welche nach *Reineri Reineccii* und anderer Meynung in dem äussersten Theile Persiens gegen den Fluß *Indus* gelegen, woselbst der Tyrann *Alcadinus* geherrschet und grossen Muthwillen verübet, bis die Tatarn unter ihrem *Cham Halaono* das vornehme Raub-Schloß derer Assasinier, *Tigado,* nach einer 27.jährigen Belagerung, wie *Haithon Armenus* meldet, erobert, den Alten des Gebürges erschlagen, und diese schädliche Rotte gäntzlich vertilget. In Frantzösischer Sprache werden noch heutiges Tages diejenigen *Assasins* genennet, welche sich vor Geld dingen lassen, andern Leuten nach dem Leben zu stehen.

*Keiser Fridrîch . . . hiez stecher ziehen**

Nû merket, keiser Fridrîch
. . . hiez stecher ziehen:
an swem er sich wolt rechen,
den hiez er waerlîch stechen.
der ein fürst was genant,
dem hiez er tuon den tôt bekant.
die arm hiez er mit noeten
waerlîch all toeten,
swer den tôt hêt verscholt;
dâ für nam er dhein golt.
swelich kint het zwei jâr,
diu hiez er waerlîchen zwâr
under die erden lâzen.
er lie si niht zuo den strâzen.
er verbôt daz man in dhein lieht

---

* Schon vor dem historischen Ende der Assassinen-Sekte (1273) waren, meist durch Kreuzfahrer und Pilger, Nachrichten, Gerüchte und Geschichten über sie nach Europa gelangt und dort, oft phantastisch übersteigert, zu Geschichtsdichtungen bzw. Teilen solcher Dichtungen verarbeitet worden. Eine dieser Geschichtsdichtungen ist die *Weltchronik* des Wiener Bürgers Jans Enikel, entstanden in der zweiten Hälfte des 13. Jahrhunderts. In ihr findet sich die wohl früheste, sicher vor Marco Polos Bericht (vgl. oben S. 22f.) niedergeschriebene Fassung der Assassinenlegende — obwohl hier die Assassinen namentlich gar nicht vorkommen! Statt dessen berichtet die Chronik von Kaiser Friedrich II., er habe zweijährige Kinder in unterirdische Räume sperren, von jedem Licht des Tages fernhalten und zu ›stechern‹ ausbilden lassen, die bereit waren, jeden Fürsten zu erdolchen, an dem der Kaiser sich rächen wollte. Wie Leopold Hellmuth in seiner vorzüglichen Untersuchung *Die Assassinenlegende in der österreichischen Geschichtsdichtung des Mittelalters* (Wien 1988) zeigt, wird der Kaiser hier mit den damals im Abendland kolportierten Zügen des ›Alten vom Berge‹ ausgestattet und zugleich apotheosiert. Der hier wiedergegebene Text folgt der Ausgabe: Jans Enikels *Weltchronik*, in: *MGH Deutsche Chroniken*, Bd. III, Hannover und Leipzig 1900, S. 557ff.

gaeb noch in nimmer niht
den tac liez schouwen an.
swer mit in solt umbe gân,
dem gebôt er mit kündikeit,
daz er den kinden iht enseit
wan daz er got waere.
dô si erhôrten diu maere,
dô wânten si, im waer alsô,
er waer got im himel dô,
sô er die boten zuo in sant;
diu wârheit was in unbekant.
sô diu kint wurden alt,
sô seite man vil manicvalt
wunder daz hie ûz geschaech.
»ô wê! wie gern ich daz saech«,
sprach ieglîches kindelîn.
»ich muoz hie inn verslozzen sîn.«

Auch die Art, wie der Kaiser Jans Enikel zufolge die Abrichtung der Kinder zu ›stechern‹ betreibt, orientiert sich weitgehend an den dem ›Alten vom Berge‹ nachgesagten Methoden: Wolle er einen Fürsten ermorden lassen, so lasse er zwei der Eingesperrten kommen, führe sie in einen wunderschönen, im Licht der Sonne strahlenden Garten, wo prächtig gekleidete Jungfrauen sängen und spielten, setze ihnen köstliche Speisen und Getränke vor und eröffne ihnen sodann die Aussicht, dieses ›Himmelreich‹ und seine ›göttliche‹ Gegenwart weiterhin zu genießen — unter der einen Bedingung: daß sie seinen Befehlen jederzeit nachkämen und jeden Fürsten, den er ihnen bezeichne, töteten:

sô dann der keiser Fridrîch
wolt stechen einen fürsten rîch,
sô hiez er zwei kint zehant
ledic lâzen ûz dem bant.
man furte si in einen garten,
danne man freude mocht warten;
do waren zarte jungfrowen inne,
di sach man mangerlei beginne:
er enteil di sungen,

daz ander teil die sprungen,
die derten di werffen den bal;
si hatten freude uber al.
di jungfrowen waren wolgetan.
si hatten riche cleider an
von siden und von baldekin.
si musten ouch schone bespenget sin.
do waren ouch schoner frowen gnug.
riche koste man dare trug,
daz der di kinder ouch geszen
in schonen gulden gefeszen.
si hatten vorre geszen dort
nicht danne waszer und brot
bi alle eren jaren,
do si an deme dinstern waren.
man schankete en ouch do yn
beide mete und win;
uf daz si di trenke gesmeckten,
man liez si wenig darane lecken.
keiser Fridrich der quam danne gegan
der hatte schone cleider an,
und alle di mit eme gingen,
di horte man ferre clingen,
also ez were vor holde,
von silber und von golde.
... sô si dann sâhen die wunne,
daz diu lûter sunne
schein alsô liehtgevar,
und si der weid nâmen war
und di blumen und daz grune gras
und des bornes der in deme garten was,
der boime und der fruchte
und der schonen jungfrowen zuchte
und der vogelin gesang:
di wile duchte si nicht lang,
und horten di spel irclingen
und die lute in freuden springen,

dô sprâchen si: »herr guot,
wir biten iuch, daz ir sô wol tuot
und uns lât hie belîben,
mit iu di zît vertrîben.
wir haben sô schoenez nie gesehen,
des müezen wir waerlîchen jehen,
wan iu ist niht gelîche
in iuwerm himelrîche.«
dô sprach der keiser zehant:
»gebt mir iuwer triu ze pfant,
daz ir tuot swaz ich wil,
sô wil ich iuch der freuden vil
lâzen waerlîchen von mir spehen.«
sô dann di stechaere
erhôrten diu maere,
sô sprâchens: »lieber herr guot,
wir biten iuch daz ir sô wol tuot,
daz ir uns lât vor iu gân.«
»allez daz ieman gesprechen kan,
dâ mit ich iu gedienen mac,
daz sûm ich nimmer einen tac.«
und ir dheiner daz enliez,
swen der keiser stechen hiez,
den stach der stecher an der stat,
swenn in der keiser stechen bat.

*Religiöser Mord**

Die Sikarier-Zeloten

Die Bewegung der Sikarier-Zeloten bestand nur etwa 25 Jahre, ... aber ihr unmittelbarer und ihr langfristiger Einfluß waren enorm. Heilige Terroristen sind normalerweise mit Angehörigen ihrer eigenen religiösen Kultur befaßt, aber die Juden waren in gleicher Weise an der Entfesselung eines Massenaufstandes gegen die zahlreiche griechische Bevölkerung wie gegen die Römer interessiert, welche Griechen und Juden regierten. Die Revolte endete mit einer Niederlage und führte zur Zerstörung des Tempels, zur Verwüstung des Landes und zum Massenselbstmord von Masada. Allerdings lösten zelotische Aktivitäten in späteren Generationen zwei weitere Volksaufstände gegen die Römer aus; sie resultierten in der Vernichtung der zahlreichen jüdischen Bevölkerungsgruppen in Ägypten und Zypern, in der faktischen Entvölkerung Judäas und in der endgültigen Tragödie: dem Exil, das eine traumatische Wirkung auf das jüdische Bewußtsein ausübte, während der folgenden zwei Jahrtausende im Zentrum jüdischer Erfahrung stand und faktisch kein Wesenselement jüdischen Lebens unbeeinflußt ließ. Es dürfte schwerfallen, in irgendeiner historischen Epoche eine terroristische Bewegung zu finden, die das Leben einer Gesellschaft entscheidender prägte.

Die Wirkung der jüdischen Terroristen leitet sich offenkundig aus ihrer Fähigkeit her, Volkserhebungen zu initiieren. Diese Fähigkeit ist unter religiösen Terroristen ungewöhnlich und macht sie auch für unsere Zeit interessant — war doch seit den Tagen der russischen Anarchisten, die die Doktrin des modernen Ter-

* David C. Rapoport, ›Fear and Trembling: Terrorism in Three Religious Traditions‹, in: *American Political Science Review* 78 (1984), S. 669ff. und S. 660ff. Übersetzung Kurt Jürgen Huch.

rors zuerst formulierten, die Auslösung einer *Levée en masse* durch Provokationstaktiken das primäre Ziel der meisten Gruppen. Nur sehr wenige von ihnen waren erfolgreich, und keine hatte einen derartigen Erfolg wie die Sikarier-Zeloten. Was war das Besondere an diesen?

Im Zentrum ihrer messianischen Lehren standen in gleicher Weise die Ziele des Terrors wie die erlaubten Methoden, um diese zu erreichen. Nach den apokalyptischen Prophezeiungen der Juden werden die Zeichen der bevorstehenden Ankunft des Messias in massiven Katastrophen sichtbar, welche die Bevölkerung heimsuchen — im »Umsturz jeder moralischen Ordnung bis zur Aufhebung der Naturgesetze« (Scholem). Diese Vision erfüllte das Judentum während der Generation, die den Aktivitäten der Sikarier-Zeloten voranging, und erzeugte einen Zustand fieberhafter Erwartung. Fast jedes Ereignis wurde unter dem Gesichtspunkt betrachtet, ob und in welcher Weise es ›Zeichen der Zeit‹ zum Ausdruck bringe und Licht auf das nahe Ende aller Tage werfe. »Die gesamte Verfassung der jüdischen Bevölkerung war psychisch abnorm. Die phantastischsten Geschichten und Einbildungen fanden bereitwilligen Glauben«. (Schonfield) Immer neue messianische Prätendenten traten allenthalben auf, da viele Menschen glaubten, die Zeichen für einen messianischen Eingriff seien unübersehbar: Judäa war von einer fremden Macht besetzt; prominente Juden nahmen »die Entweihung von Gottes Namen« hin oder akzeptierten die Kultur der Eroberer.

In allen apokalyptischen Visionen bestimmt Gott den Zeitpunkt der Erlösung. Allerdings enthalten diese Visionen oft auch die Vorstellung, die Menschen könnten den Prozeß beschleunigen: durch Gebet, Buße oder Martyrium. Führen diese Methoden nicht zu Resultaten und wird angenommen, eine Epoche unvorstellbaren Leidens sei die Vorbedingung des Paradieses, so ist es nur eine Frage der Zeit, wann Gläubige zu handeln beginnen, um Druck auf den geschichtlichen Prozeß auszuüben oder jene Vorbedingungen zu schaffen. Als der jüdische Terrorismus auf den Plan trat, hatte er zwei erkennbare Absichten: die Unterdrückung so unerträglich zu machen, daß der Aufstand unausweichlich würde, und in der Folge jeden Versuch zu vereiteln, die beteiligten Parteien miteinander zu versöhnen.

Die Namen ›Zeloten‹ und ›Sikarier‹[1] leiten sich beide von einem frühen Vorbild in der jüdischen Geschichte her: von Phineas, einem Hohenpriester zu Moses' Zeiten. Sein Eifer [lat. *zelus*] bzw. seine gerechte Empörung setzte einer Plage ein Ende, unter der Israel litt, als die Gemeinde Akte der Apostasie und der »Hurerei mit moabitischen Weibern« duldete. Phineas nahm das Recht selbst in die Hand und tötete einen Stammesfürsten und seine Konkubine, die an einem geweihten Platz ihre Verachtung für Gott demonstrierten. Er ist der einzige biblische Held, der direkt von Gott belohnt wird (*Numeri* 25,11). Indem er der Gemeinde die Reinheit zurückgab, bereitete er den Weg für den Heiligen Krieg *(herem)*, den Gott Israel gegen die Kanaaniter führen hieß, um in den Besitz des Gelobten Landes zu kommen. Wiederholt verweist die Bibel auf den Terror, der im Gefolge des *herem* auftreten werde, und auf Israels Verpflichtung, alle Kanaaniter samt ihrem Eigentum zu vertilgen, die im Land blieben, damit sie nicht »zu Dornen werden in euren Augen und zu Stacheln in euren Seiten« (*Num.* 33,55), d.h. verderbliche Einflüsse ausüben könnten. Das Wort *herem*, dies sollte beachtet werden, bezeichnet eine geheiligte Sphäre, innerhalb welcher normale Maßstäbe nicht gelten. Im militärischen Kontext heißt dies: *herem* ist totaler Krieg.

Der Name ›Sikarier‹ leitet sich von *sica* (Dolch) her — der Waffe, die die Gruppe in der ersten Zeit ihres

Auftretens benutzte. Rabbinischen Kommentaren zufolge benutzte Phineas die Spitze seines Speeres als Dolch, und die Sikarier ermordeten in der Regel prominente Juden, besonders Priester, die sich ihrer Auffassung nach der hellenistischen Kultur ausgeliefert hatten.

Am hellen Tage und mitten in (Jerusalem) brachten sie Menschen ums Leben, namentlich an Festtagen mischten sie sich unter die Menge und stachen mit kurzen Dolchen, die sie im Gewand versteckt hielten, jeden nieder, der mit ihnen in Streit geriet. Wenn ihre Opfer zusammenbrachen, dann waren die Täter mitten unter der empörten Menge und waren so wegen ihres gänzlich unverdächtigen Verhaltens nicht zu greifen. Zuerst fiel ihnen der Hohepriester Jonathan zum Opfer und nach ihm tagtäglich viele andere. Noch bedrückender als die Untaten selbst war die Furcht davor, da jedermann wie der Soldat im Krieg ständig den Tod vor Augen hatte. Schon von weitem argwöhnte man etwaige Feinde, und näherte sich ein Freund, so traute man ihm auch nicht mehr. Doch trotz aller Vorsicht und trotz aller Schutzmaßnahmen waren die Mordtaten nicht zu vermeiden, so schnell schlugen die Mörder zu und so raffiniert wußten sie unterzutauchen.[2]

Wie im Fall des Phineas dienten solche Aktionen auch der Erzeugung von Kriegsbereitschaft, da sie geeignet waren, die Priesterschaft einzuschüchtern, die ängstlich auf die Vermeidung eines Krieges mit Rom bedacht war und deren Opposition seinen Ausbruch hätte verhindern können.

Damit ein ständig wachsender polarisierender Druck entstand, um möglichst schnell eine Massenerhebung auszulösen, entwickelten die Sikarier-Zeloten eine Menge von Taktiken . . . Die beteiligten Parteien wurden, unerachtet ihrer andersartigen Intentionen, in einen stetig eskalierenden Kampf gedrängt, indem man sie Schocktaktiken aussetzte, die ihre Furcht, ihre Gewalttätigkeit, ihr Mitleid und ihr Schuldbewußtsein steigerten. Bisweilen wurden diese Affekte durch terroristische Greuel provoziert, die jenseits der Normen lagen, welche bei gewalttätigen Auseinandersetzungen unwillkürlich eingehalten werden . . . Man betrachte z.B. Josephus' Bericht über ein Massaker der Sikarier an einer römischen Garnison, die einen Vertrag (die unverletzlichste Bürgschaft, die Juden kannten) mit den Belagerern geschlossen hatte, der ihr freien Abzug sicherte:

Solange sie Waffen trugen, tat ihnen keiner der Rebellen etwas zuleid und keiner versuchte, Verrat zu üben. Als sie aber den Vereinbarungen entsprechend ihre Schilder und Schwerter abgelegt hatten und, ohne sich etwas dabei zu denken, abziehen wollten, da fielen die Leute Eleazars über sie her, nahmen sie in die Mitte und machten sie nieder, ohne daß sie sich wehren oder Hilferufe ausstoßen konnten. Sie verwiesen nur mit vernehmbarer Stimme auf die vertraglichen Abmachungen und auf die geleisteten Eide . . . (Den Juden) war klar, daß nunmehr ein Anlaß für den Krieg gegeben war, der nicht mehr aufgehalten werden konnte, und daß sich die Stadt mit einem Frevel belastet hatte, der ein göttliches Eingreifen erwarten lasse, sofern man von der Rache Roms noch gar nicht sprechen wolle. So trug man in aller Offenheit Trauer, und alle erfaßte eine tiefe Niedergeschlagenheit; die Gutgesinnten mußten fürchten, für die Rebellen Strafe zu erleiden. Die Mordtat hatte sich nämlich an einem Sabbat ereignet, wo man sich wegen des Gottesdienstes auch jener Handlungen enthält, die an sich nicht sündhaft sind.[3]

Sieht man allerdings die Volkserhebung als das ausschließliche Ziel der Sikarier-Zeloten, so mißdeutet man ihren Standpunkt. Die Erhebung war für sie nur Indiz eines messianischen Eingriffs, und da ihre Aktivitäten sich an einen göttlichen Adressaten richteten, taten sie Dinge, von denen niemand auch nur träumen würde, der es nur mit menschlichen Adressaten zu tun hat. Die Entscheidung der Zeloten-Anführer, während der langen Belagerung Jerusalems die Nahrungsvorräte der *eigenen* Truppen zu verbrennen, hat nur einen Sinn, wenn man daran glaubt, daß Er in dieser Entscheidung einen Beweis dafür sieht, daß die Gläubigen all ihr Vertrauen in Ihn setzen. In diesem Fall hätte Gott keine Wahl; wäre er nicht gebunden durch sein Versprechen, die Gerechten zu retten? Weil viele glaubten, Gott müsse durch ihre Leiden zum Handeln bewogen werden, brachte gerade das tiefste Elend immer neue Hoffnungen hervor. Als der Tempel brannte (und der Krieg unwiederbringlich verloren war), überzeugte ein messianischer Betrüger 6000 neue Rekruten, daß das Feuer ein Zeichen für die nunmehr unmittelbar bevorstehende Befreiung sei.

---

[1] Sie repräsentieren unterschiedliche Gruppen, die nach Rapoport jedoch in ihren Zielen identisch sind. (Anm. d. Übers.)

[2] Flavius Josephus, *Der jüdische Krieg,* Goldmann TB 7579, München 1964/80, S. 184.

[3] *Ibid.,* S. 215.

Die Thags

Der vorrangige Adressat des heiligen Terroristen ist die Gottheit, und im Kontext seines spezifischen Glaubenssystems ist es durchaus begreiflich, daß er kein Publikum braucht oder wünscht, das seine Tat bezeugt. Die Thags sind in dieser Beziehung unser interessantestes und aufschlußreichstes Beispiel. Sie legten es darauf an, daß ihre Opfer schreckliche Furcht erlebten und dies sichtbar zum Ausdruck brachten — zur Freude Kalis, der Hindu-Gottheit des Schreckens und der Zerstörung. Sie bemühten sich, Publizität zu vermeiden, und obwohl die Furcht vor ihnen weitverbreitet war, ist dies eher als unbeabsichtigte Folge ihrer Aktivitäten anzusehen. Sie hatten keinerlei Ursache, die Wertschätzung anderer zu wünschen; so taten sie Dinge, die mit unserer Vorstellung vom ›guten‹ Terroristen und seinem Verhalten unvereinbar scheinen ... Ihre Hinterlist, ihre ungewöhnliche Waffe (die Schlinge) und ihre Praxis, die Opfer zu zerstückeln (wodurch sie eine Verbrennung oder ein geziemendes Begräbnis verhinderten) ließen den Thag-Terror nach den Vorstellungen der Hindus und natürlich auch jeder anderen Kultur als etwas Verabscheuungswürdiges erscheinen ...

Niemand weiß genau, wann die Thags zuerst erschienen. Einige glauben ernstlich, die antiken Sagartianer, die Herodot (VII, 85) als in der persischen Armee dienende Würger beschreibt, seien das Volk gewesen, dem die Briten etwa 2500 Jahre später in Indien begegneten. Immerhin gibt es Belege dafür, daß bereits im 7. Jahrhundert Thags existierten, und fast alle Gelehrten gehen darin einig, daß sie im 13. sehr aktiv waren. Das würde bedeuten, daß die Gruppe wenigstens 600 Jahre lang Bestand hatte — ein nach unseren Maßstäben gewaltiger Zeitraum, wenn man bedenkt, daß die IRA, bei weitem die älteste *moderne* Terrorgruppe, gerade im sechsten Jahrzehnt ihres Bestehens angekommen ist.

Über die Anzahl der von Thags Getöteten gibt es einige Schätzungen. Sleeman (1933) spricht vorsichtig von einer Million innerhalb der letzten drei Jahrhunderte ihrer Geschichte. Diese Zahl dürfte noch zu hoch gegriffen sein, aber die Hälfte davon ist verbürgt. Das ist eine wahrhaft erstaunliche Größenordnung, besonders wenn man bedenkt, daß moderne terroristische Organisationen während der Dauer ihres Bestehens selten mehr als einige Hundert Menschen zu Tode bringen; eine Gruppe zu finden, die direkt für mehr als 10000 Tote verantwortlich ist, dürfte schwerfallen. Die Thags ermordeten mehr Menschen als irgendeine bekannte Terrorgruppe — vielleicht weil sie so viel länger bestanden. Ihr Einfluß auf das wirtschaftliche Leben in Indien muß enorm gewesen sein, läßt sich allerdings nicht genau abschätzen. Beurteilt man die Bedeutung einer Terrororganisation nach quantitativen Maßstäben, so sind die Thags als die bedeutendste je bekannt gewordene Terrororganisation anzusehen. Paradox ist dabei nur, daß sie, anders als die meisten terroristischen Vereinigungen, nie eine Bedrohung der Gesellschaft darstellten bzw. darstellen konnten — einfach deshalb, weil ihre Doktrin sie primär Anschläge auf Individuen, nicht auf Institutionen verüben hieß.

Die Neuinterpretation eines zentralen Hindu-Mythos bzw. -Motivs lieferte den Thags ihr eigentümliches Aktionsziel und ihre Methode. Orthodoxe Hindus glauben, daß es in der Vorzeit ein gigantisches Ungeheuer gab, das Menschen verschlang, sobald sie geschaffen waren. Kali (auch als Bhavani, Devi oder Durga bekannt) tötete das Ungeheuer mit ihrem Schwert, aber aus jedem Tropfen seines Blutes erwuchs ein Dämon, und als sie auch jeden dieser Dämonen tötete, fuhr das vergossene Blut fort, immer neue Dämonen zu erzeugen. Die Orthodoxen behaupten, Kali habe das Problem der sich fortpflanzenden Dämonen gelöst, indem sie das Blut aus ihren Wunden aufleckte. Die Thags dagegen glaubten, Kali habe sich Hilfe verschafft, indem sie aus ihrem Schweiß zwei Männer erschuf und ihnen aus ihrem Gewand Tücher machte, um die Dämonen zu erdrosseln — sie also zu töten ohne Blutvergießen. Nachdem sie ihren Auftrag erfüllt hatten, sei ihnen befohlen worden, die Tücher für ihre Nachkommen aufzubewahren.

In der Hindu-Mythologie hat Kali viele Dimensionen. Sie repräsentiert die Energie des Universums, was, der Legende zufolge, bedeutet, daß sie Leben ebenso erhält wie zerstört. Sie ist zugleich die Göttin der Zeit und beherrscht unaufhörliche Zyklen, in denen sich die beiden Grundaspekte des Lebensprozesses aktualisieren. Der Thag glaubte sich verpflichtet, das Blut immer neu zu beschaffen, das Kali, seine Schöpferin, benötigte, um die Welt im Gleichgewicht zu halten. Er fühlte sich verantwortlich dafür, möglichst lange zu leben, um lange genug töten zu können. Man hat geschätzt, daß jeder Thag an drei Morden pro Jahr beteiligt war; einer behauptete, zur Erdrosselung von 931 Personen beigetragen zu haben. Niemand zog sich von den Expeditionen zurück, solange er physisch zur Teilnahme fähig war. Um den Zyklus nicht erlahmen zu lassen, mußte die Bruderschaft ihre Mitgliederzahl relativ konstant halten. Bei Neurekrutierungen wurde meist auf Thag-Kinder zurückgegriffen; Lücken wurden durch Außenstehende aufgefüllt. Die Kinder wurden früh in die Tradition eingeführt — mit Hilfe eines sorgfältig durchdachten, abgestuften Verfahrens, das ihre spätere Entschlossenheit förderte. Erwachsene Thags scheinen nie wankelmütig geworden zu sein, jüngere nur gelegentlich; in aller Regel war man so in das Geschehen einbezogen, daß man Augenzeuge der Aktionen wurde, bevor man schwankend werden konnte. Drogen wurden selten und nur unter Jugendlichen konsumiert.

Aus undurchsichtigen religiösen Gründen attackierten die Thags nur Reisende, und obwohl sie den Besitz ihrer Opfer an sich nahmen, galt ihr primäres Interesse nicht materiellem Gewinn. Das wird an der Tatsache deutlich, daß sie ihre bedeutendsten Erfolge nicht nach dem erbeuteten Besitz unterschieden, sondern »nach der Anzahl der Getöteten: die Sechzig-Seelen-Affäre ... die Opferung der Vierzig« (Russell und Hira). Die Legende vom Ursprung der Thags signalisiert, daß der Mord ihre zentrale Pflicht, ihre hauptsächliche Beschäftigung war. Dabei wurde die Agonie der Opfer mit Bedacht verlängert, damit Kali Zeit genug hatte, sich an ihrer Todesfurcht zu erfreuen. Es war verboten, Besitz wegzunehmen, ohne daß der Eigentümer zuvor getötet und begraben worden war. Die Thags beurteilten den gewöhnlichen Dieb als moralisch untauglich. Waren die Omina günstig, so wurden auch viele Besitzlose ermordet. Umgekehrt bewahrte ein ungünstiges Omen reiche Reisende vor dem Tod.

... Für uns ist der Thag ein Unmensch, ein Schurke, ein Halsabschneider; ursprünglich jedoch bedeutet das Wort ›Täuscher‹, und die Fähigkeit der Thags, andere zu täuschen, unterscheidet sie radikal von anderen kriminellen Hindu-Vereinigungen, die ebenfalls Kali anbeteten, »ihr (kriminelles) Gewerbe jedoch *ohne* Tarnung ausübten« (Hutton). Thags lebten buchstäblich zwei Leben, was die Briten immer wieder erstaunte. Während der längsten Zeit des Jahres (bisweilen 11 von 12 Monaten) waren sie Muster an Wohlanständigkeit und bekannt für ihren Fleiß, ihre Beherrschung, ihre Großmut, Freundlichkeit und Vertrauenswürdigkeit. Britische Beamte, die sie unwissentlich als Hüter ihrer Kinder angestellt hatten, wurden nicht müde, die Zuverlässigkeit von Thags zu rühmen, die Hunderte von Menschen erdrosselt hatten.

Auch für die Taktik der Thags war ein ungewöhnliches Maß an Täuschung kennzeichnend. Lange Reisen waren in Indien stets mit großen Gefahren verbunden und erforderten Gruppen von ausreichender Größe, um räuberische Überfälle abzuwehren. Oft genug gelang es als Reisende verkleideten Thag-Gruppen, die bisweilen an die 60 Personen umfaßten, echte Reisende zum Zusammenschluß zu überreden, weil dies die Sicherheit aller erhöhe. In manchen Fällen konnten solche Reisegruppen von Gleichgesinnten und miteinander Vertrauten monatelang unterwegs sein, ehe sich eine Gelegenheit zum Losschlagen bot. (Erdrosseln ist eine schwierige Kunst und erfordert außergewöhnliche Bedingungen.) Normalerweise schaffen enge Kontakte solcher Art emotionale Bande zwischen den Beteiligten, die kaltblütigen Mord erschweren ... Aber die Thags schienen gegen solche Emotionen indifferent ... und bewiesen, daß Mitleid oder Reue sie nie am Handeln hinderten. Allerdings wurden die Opfer nie mißhandelt. Gerichtsprotokolle und Interviews zeigen keinen einzigen Fall absichtlicher Grausamkeit; die Opfer waren als solche Eigentum der Kali, und wie in allen Religionen waren die besten Opfer die ohne jeden Makel. »Ein Thag betrachtet die ermordeten Personen ausschließlich im Hinblick auf ihre Funktion als Opfer für die Göttin, und er erinnert sich ihrer, wie ein Jupiterpriester sich der Ochsen erinnert oder ein Saturnpriester der Kinder, die auf seinem Altar dargebracht wurden.« (Sleeman)

Die Thags glaubten, daß der Tod dem Opfer recht eigentlich nützen und ihm den Eingang ins Paradies sichern werde. Thags hingegen, die unfähig seien, Kalis Befehlen nachzukommen, würden impotent; ihren Familien drohe entweder der Untergang, oder sie erführen vielerlei Unglück. Britische Beobachter haben die Heiterkeit bewundert, mit der überzeugte Thags der Hinrichtung entgegensahen — voller Vertrauen darauf, daß ihre Aufnahme ins Paradies unmittelbar bevorstehe.

*Al-Ichwan Al-Muslimun**,

die ›Muslimbrüder‹, muslimische, ebensosehr religiöse wie politische Bewegung, gegründet in Ägypten von Hasan al-Banna [1928] ...

Die zentrale Botschaft der Muslimbruderschaft kann so zusammengefaßt werden: Sie betrachten den Islam als eine ›Ordnung‹ *(nizam)* ohne Beispiel, weil sie von Gott geoffenbart und berufen ist, alle Aspekte des menschlichen Lebens zu organisieren: »Islam ist Dogma und Ritus, Vaterland und Nationalität, Religion und Staat, Spiritualität und Aktion, Koran und Schwert.« (H. al-Banna) Darüber hinaus gilt diese Ordnung für alle Menschen zu allen Zeiten und in allen Ländern. Die Originalität der Muslimbrüder leitet sich nicht aus ihrer Lehre, ... sondern aus der Tatsache her, daß ihr Gründer ... sie zur ideologischen Basis einer machtvollen Volksbewegung zu machen verstand. Die Glaubensbekenntnisse der Brüder, speziell die al-Bannas selbst, ... sind stark von der Idee einer Rückkehr zu den ›frommen Ahnen‹ der Gemeinde inspiriert ...; der Gläubige kann Gott nur durch die Beschreibung erkennen, die Er von Sich selbst im Koran gegeben hat, und durch die Worte Seines Propheten — aber der Glaube des Muslims wird zugleich erleuchtet und genährt von dem Licht, das durch seine totale Hingabe an den Dienst für den Islam in Geist und Herz geworfen wird ...

Das Hauptziel dieser Hingabe ist der Kampf gegen westliche Einflüsse in jeder Form. Im Hinblick auf das Ausland ist es notwendig, dafür zu kämpfen, daß alle muslimischen Länder von jeder Art Fremdherrschaft befreit werden. Im Inland kommt es für die Muslimbrüder darauf an, das ägyptische Leben auf zahlreichen

---

* Aus: *Encyclopedia of Islam,* vol. III, Leiden 1970, S. 1068 ff. Übersetzung Kurt Jürgen Huch.

Feldern zu reislamisieren, wo westlicher Einfluß dominiert: von sozialen Gewohnheiten wie Kleidung, Grußformen, Benutzung von Fremdsprachen, Arbeits- und Ruhezeiten, Kalender, Unterhaltung u.a. bis zu schulischen, judikativen und politischen Institutionen — vom weiten Feld der Ideen und Gesinnungen gar nicht zu reden ... Einer der Hauptpunkte des Programms ist die Abschaffung des ägyptischen, auf europäischen Vorbildern basierenden Gesetzbuches und die Schaffung einer Rechtsordnung, die auf der Scharīʿa basiert ...

Das zweite Hauptziel der Bruderschaft ist die Errichtung eines wahrhaft islamischen Staates; ihr Ideal, das aber erst nach vielen Vor- und Zwischenstufen erreicht werden kann, ist ein einziger Staat, der alle muslimischen Völker umfaßt und einen Kalifen an der Spitze hat ... Aufgabe des islamischen Staates ist im Innern, für die Beachtung des islamischen Gesetzes Sorge zu tragen; seine externe Aufgabe ist die Aussendung und Unterstützung von Missionaren, die den Islam in andere Länder tragen sollen ...

Die geheime Bewegung der ›Freien Offiziere‹, die am 23.7.1952 die Macht ergriff, hatte ein Programm, das in vielen Punkten dem der Bruderschaft ähnelte, besonders in den sozialen Aspekten; überdies waren viele Offiziere der Bewegung Mitglieder oder Sympathisanten der Bruderschaft. Dadurch wird vielleicht erklärlich, warum das neue Regime anfangs auf deren Unterstützung hoffte und sogar die Zusammenarbeit mit ihr suchte. Nach der Auflösung aller politischen Parteien (16.1.1953) wurde sie als nichtpolitische Vereinigung akzeptiert. Es scheint jedoch, daß [ihr Anführer] al-Hudaibi ein Kontroll- und Vetorecht gegenüber den Entscheidungen der Regierung verlangte und als ›moralischer Vormund‹ der Revolution anerkannt zu werden wünschte — eine Rolle, die ihm natürlich verweigert wurde. Bald schon attackierten die Brüder daher das neue Regime und warfen ihm vor, sein Programm und seine ersten Leistungen entsprächen ihrem islamischen Ideal zu wenig. 1953 bereits begann ein verbissener und heftiger Kampf. Die Bruderschaft intensivierte ihre Propaganda unter Studenten und Gewerkschaftern; einige ihrer Mitglieder konspirierten innerhalb der Armee und selbst der Polizei. Am 13.1.1954 wurde die Organisation aufgelöst; mehrere Hundert ihrer Mitglieder, die Führer eingeschlossen, wurden verhaftet. Wegen der Rivalität zwischen General Muhammad Nadschib und Oberst Dschamal Abd al-Nasir [Nasser] wurden sie kurz darauf auf freien Fuß gesetzt und ihre Bewegung erneut als nichtpolitische Organisation anerkannt. Der anglo-ägyptische Vertrag vom 19.10.1954 gab Anlaß zu neuem Zwist: Die Brüder betrachteten ihn als zu vorteilhaft für die Briten, lehnten Verhandlungen mit diesen ab und behaupteten, der bewaffnete Kampf sei die einzig mögliche Art des Umgangs mit ihnen. Am 26.10.1954 entging Nasser nur knapp einem Mordanschlag durch ein Mitglied der Bruderschaft. Die Regierung reagierte mit Verhaftungen und Gerichtsverfahren gegen mehr als 1000 Brüder, wobei schwere Strafen verhängt wurden: Sechs von ihnen, darunter der Anwalt und Schriftsteller Abd al-Kadir Uda, wurden zum Tode verurteilt und hingerichtet; das Todesurteil gegen al-Hudaibi, den obersten Führer, wurde in lebenslange Haft umgewandelt. Man sollte annehmen, daß die Bruderschaft sich von diesem Schlag nicht mehr erholen würde; auch hatten viele ihrer Mitglieder, die Terrormethoden nicht billigten, dem Regime ihre Loyalität bekundet. In Wirklichkeit existierte sie im Verborgenen weiter. Im Sommer 1965 wurde eine Konspiration der Muslimbrüder zur Beseitigung des Nasser-Regimes aufgedeckt und mehrere Hundert von ihnen verhaftet ... Allem Anschein nach existiert die Bruderschaft noch heute (1969) im Untergrund und stellt eine gewisse Bedrohung für die Regierung Ägyptens dar.

erklärte Nachfolger Mubarak, die Täter — ein Offizier und drei als Soldaten verkleidete Zivilisten — seien fanatische Moslems gewesen. Das heißt in Ägypten: Anhänger der ›El ichwan el-muslim‹, zu deutsch: Moslembruderschaft.

Die Auseinandersetzung mit den Moslembrüdern begleitete das gesamte politische Leben des Anwar el-Sadat, wurde sein persönliches Schicksal. Ausgerechnet seine gefährlichsten Gegner hatte der Raïs lange unterschätzt — bis sie schossen ...

Dabei hätte er es wissen können. Schon vor der Revolution von 1952 verhandelte Sadat im Auftrage Nassers mit dem islamischen Zelotenbund. Den hatte der ägyptische Volksschullehrer Hassan el-Banna 1928 gegründet mit dem wolkigen Ziel, dem Islam seine Ursprünglichkeit zurückzugeben.

Jeder islamische Geistliche, der es wagte, für eine Anpassung der erstarrten Religion des Propheten an die Neuzeit einzutreten, kam auf die Abschußliste der Moslembrüder. Daß sie, den von einem Imam geleiteten Gottesstaat im Blick, gegen die Monarchie des Königs Faruk Front machten und zwei seiner Premiers (Mahir und Nokraschi) erschossen, empfahl sie den antimonarchistischen Offizieren um den Obersten Gamal Abd el-Nasser...

Nasser erkannte sehr wohl die Gefahr, die ein laizistisch-revolutionärer Staat von ihnen zu erwarten hatte. Brutal ließ er Zehntausende Moslembrüder einsperren und Hunderte zu Tode foltern, nachdem sie 1954 und 1965 Anschläge gegen ihn und sein Regime verübt hatten.

Nasser-Nachfolger Sadat aber, kaum an der Macht, ließ 1971 die noch Überlebenden frei, ließ ihnen sogar

* Am 6.10.1981. Aus: *Der Spiegel* 42/1981, S.144ff.

Pensionen und Haftentschädigungen auszahlen. Er hatte ihnen immer eine gewisse Sympathie bewahrt...

Während der Regierungszeit Sadats stieg die Zahl der aktiven Moslembrüder auf etwa eine Million, die Zahl der Sympathisanten auf über sechs Millionen, fast 15 Prozent der Bevölkerung. Insgesamt sind die Brüder immer noch eine Minderheit unter den lebenshungrigen 43 Millionen Ägyptern und erst recht in der lebenslustigen Oberschicht.

Dennoch übt gerade in Ägypten, wo sich hergebrachte Strukturen vielerorts aufgelöst haben, eine so straffe Organisation wie die der Moslembrüder starken Reiz aus. Unter Hudeibi, dem Nachfolger des Bruderschaftsgründers Banna, hatten die Brüder ihr Netz ausgebaut, Ägypten in Bruderschafts-Gaue unterteilt. Jedem Gau steht ein Emir vor, dem die Brüder seines Bereiches blinden Gehorsam leisten müssen.

Viele ägyptische Linke hält das nicht ab, den Moslembrüdern nachzulaufen. Die Brüder aber sehen sich ihren Zulauf gründlich an. »Kommunisten«, so Bruderschaftsführer Omar el-Talmassani, »sind nicht besser als Juden, als Kreuzritter und nicht besser als Nasser.«

Der Triumph des Schiiten Chomeini über den Westen und über den Schah verlieh auch den sunnitischen Erweckern in Ägypten neuen Elan. Sadat gab ihren Forderungen in einigen kleinen Punkten nach und hoffte, damit den inneren Frieden zu retten.

So verordnete er Ägypten mehr Islam, befahl, die Scharia, das islamische Recht, als Grundlage der Strafgesetzgebung anzusehen, gründete im Sinne der Vorschriften des Koran einen Beratungsausschuß, die Schura, in der auch Moslembrüder vertreten sein sollten.

Öffentlich verkündete er: »Ich bin der islamische Führer eines islamischen Staates«, aber fraternisierte weiterhin mit Amerikanern und Zionisten. Die Moslembrüder gingen ihren islamischen Gang — mit methodischer Gründlichkeit...

Daß ein Führer der Bruderschaft in Amman am 7. September [nachdem Sadat mit Massenverhaftungen gegen sie vorgegangen war] gedroht hatte, die Bruderschaft werde das von Sadat an ihr verübte »abscheuliche Verbrechen« nicht hingehen lassen, hat der Raïs wohl nicht für voll genommen. Einen Monat später fiel er unter den Schüssen, die moslemische Extremisten bei der Siegesparade zum Gedenken an den Krieg von 1973 auf ihn feuerten.

In Beirut, Damaskus und Tripolis feierten die arabischen Irredentisten den Mord mit Singsang und Straßentanz, jenem frenetischen Getöse, das es Araberfreunden schwer macht, ihre Sympathien zu bewahren. Aus Teheran scholl es gar archaisch: »Verrucht gelebt, verrucht gestorben, verrucht zur Hölle gefahren.«

Und Libyens Gaddafi glaubt nun wohl, daß seinem alten Anspruch, der neue Nasser zu sein, so gut wie niemand mehr im Wege steht. »Wir warnen jeden«, ließ er sich vernehmen, »der den Weg Sadats geht und unter Israels Flagge in Jerusalem betet.«

die für die Ermordung Präsident Sadats verantwortlich waren, hinterließen eine detaillierte Darlegung ihrer Weltanschauung, niedergeschrieben von einem gewissen Muhammad Abd al-Salam Farag (1954–82). Die Darlegung trägt den Titel *Al-Farida al-Gha' iba* — ›Die vergessene Pflicht‹ (d. h. die Pflicht zum Heiligen Krieg) ... Der Text der *Farida* beweist mit einer vernünftige Zweifel ausschließenden Deutlichkeit, daß die Sadat-Mörder von einem leidenschaftlichen Verlangen nach der Gründung eines islamischen Staates erfüllt waren ...: »Wenn die durch den Islam auferlegten religiösen Verpflichtungen in ihrer Gänze nur mit Hilfe eines islamischen Staates erfüllt werden können, so ist die Errichtung eines solchen Staates ebenfalls eine religiöse Pflicht. Kann dieser Staat nicht ohne Krieg errichtet werden, dann ist ein solcher Krieg ebensosehr eine religiöse Pflicht der Muslime.«

... Der Führer eines nicht-islamischen Staates, so fährt die *Farida* fort, kann nicht als Muslim angesehen werden, auch wenn seine Untertanen Muslime sind; wie der Koran (V, 48) dartut, ist jeder, der nicht im Einklang mit den Gesetzen des Islams regiert, ein Ungläubiger. Ist jemand wie z. B. Sadat als Muslim geboren, so wird er — zumindest in den Augen des *Farida*-Autors — in dem Augenblick der Apostasie schuldig, da er zu regieren beginnt. Das islamische Gesetz aber bestraft Apostasie mit dem Tod ...

Erschlagt die Götzendiener, wo ihr sie findet, und packet sie und belagert sie und lauert ihnen in jedem Hinterhalt auf. (*Koran* IX, 5)

Und wenn ihr die Ungläubigen trefft, dann herunter mit dem Haupt, bis ihr ein Gemetzel unter ihnen angerichtet habt. (*Koran* XLVII, 4)

---

* ›The creed of Sadat's assassins‹, in: *Die Welt des Islams* XXV (1985), S. 1 ff. Übersetzung: Kurt Jürgen Huch.

Die höchste Form des Gehorsams gegenüber Gott ... und die höchste Form der Frömmigkeit ist *dschihad,* der Heilige Krieg für den Islam, verbunden mit politischem Aktivismus — »vorausgesetzt, die anderen Säulen des Glaubens (Gebet, Fasten u.a.) werden nicht vernachlässigt«.

Eine Frage, die, zumindest für Uneingeweihte, ausführlich diskutiert werden muß, ist die nach Methoden der Kriegführung, welche als legitim anzusehen sind ... Welcher Methoden haben sich Muslime zu bedienen? Sind sie frei, auf diesem Feld ihrem eigenen Urteil zu folgen, oder müssen sie sich am Beispiel des Propheten orientieren? ... Krieg ist Täuschung, erklärt die *Farida.* Alle muslimischen Gelehrten seien darin einig, daß im Krieg mit Nicht-Muslimen Täuschung erlaubt sei — es sei denn, man habe mit jenen Nicht-Muslimen einen Vertrag geschlossen. »Es ist jedoch bekannt, daß es zwischen uns und ihnen keinen Vertrag gibt«, schließt die *Farida* und meint mit »ihnen« die ägyptische Regierung. »Da sie gegen Gottes Religion kämpfen, haben Muslime die Freiheit, in jeder Weise zurückzuschlagen, die sie für angemessen halten.«

... Geht man davon aus, daß die *Farida* ein zuverlässiges Bild vom Denken der Sadat-Mörder zeichnet, so ist es wahrscheinlich, daß das wahre Ziel des Mordanschlags die Errichtung eines islamischen Staates in Ägypten war. Der Eindruck zeitgenössischer Beobachter, daß es keinen Plan für weitere Aktionen gab, wenn der Anschlag erst einmal gelungen war, scheint richtig gewesen zu sein. Die Mörder dürften einen allgemeinen und spontanen Volksaufstand erwartet haben, nachdem sie den Mann beseitigt hatten, den sie als ›Tyrannen‹, als ›ungerechten Herrscher‹ *(hakim zalim)* betrachteten. In ihren eigenen Worten: Hätten sie Sadat erst einmal für seinen Abfall vom Islam bestraft, so würde Gott den Rest erledigen.

*Als Mufti Scheich Saʿad e-Din el-Alami**

von Jerusalem, einer der meistverehrten muslimischen Führer, kürzlich ein Fatwa (theologisches Dekret) an die Adresse aller ergehen ließ, die versuchen sollten, den syrischen Präsidenten Hafez Assad zu töten, folgte er einer alten islamischen Tradition, die in der Moderne selten praktiziert wird. In seinem Fatwa verkündet der Mufti, dem Mörder Assads sei der Status eines Märtyrers für den Islam und »ein Platz im Paradies auf Ewigkeit« zugesichert. Selbst ein sunnitischer Muslim, nennt er Präsident Assad einen »Ungläubigen« und erklärt, der alawitische Muslim Assad habe »viele Muslime ermordet«; »das islamische Gesetz bestimmt, daß eine solche Person getötet werden muß«.

Der Mufti gilt als der oberste Interpret des islamischen Gesetzes, und Jerusalem wird, nach Mekka und Medina, als drittwichtigster Ort der muslimischen Welt betrachtet. Daher ist das Amt des Muftis von Jerusalem einflußreich. Der Mufti geht davon aus, daß sein Fatwa in voller Übereinstimmung mit dem koranischen Gesetz steht, räumt aber ein, daß es auf seine eigene Initiative hin erlassen worden und eine solche Proklamation »sehr ungewöhnlich« sei.

---

* Aus: *Christian Century* 100 (1983), S. 769f. Übersetzung: Kurt Jürgen Huch.

*Im Namen Gottes**,

des Erhabenen! Wir gehören Gott, und zu ihm kehren wir zurück.

Den glaubenseifrigen Muslimen in der ganzen Welt gebe ich bekannt: Der Verfasser des Buches *Die satanischen Verse,* das gegen den Islam, den Propheten und den Koran verfaßt, gedruckt und verlegt worden ist, ebenso die Verleger (oder Verbreiter), die den Inhalt kennen, sind zum Tod verurteilt. Ich will von allen glaubenseifrigen Muslimen, daß sie jene an jedem Ort, wo sie sie finden, unverzüglich töten, damit kein anderer in die Versuchung gerät, das Heilige der Muslime zu verleumden. Wer dabei den Tod findet, ist ein Märtyrer, so Gott will.

Außerdem: Wenn jemand Zugang zu dem Verfasser des Buches hat, aber nicht die Kraft, ihn zu töten, soll er ihn geeigneten Leuten zeigen, damit er [der Verfasser] den Lohn für seine Taten erhält.

Friede sei mit euch, die Barmherzigkeit Gottes und sein Segen!

25.11.1367 [14.2.1989] Ruhollah Musawi

---

* Fatwa (islamisches Dekret) Ajatollah Chomeinis gegen Salman Rushdie; abgedruckt in: *Kaihan-i Hawa'i* (Teheran) v. 22.2. 1989. Übersetzung: Heribert Busse.

*Die Weltverschlinger**

Wie kommt es, daß die Weltverschlinger nach der Verkündung des religiösen und islamischen Edikts gegen einen fremden Söldner — über das bei allen Gottesgelehrten Einigkeit besteht — so sehr aufgebracht sind? Wie kommt es, daß die Häupter des Unglaubens, die Europäische Gemeinschaft und ihresgleichen sich auf nutzlose Anstrengungen eingelassen haben? Es gibt nur eine Erklärung: Die Häupter der Arroganz sind erschrocken über die praktische Fähigkeit der Muslime, die unheilvollen Verschwörungen jener beim Namen zu nennen und zu bekämpfen, den Islam als fruchtbare, dynamische und ruhmvolle Kraft zu gebrauchen. Sie sind beunruhigt, weil ihr unheilvoller Einfluß beschnitten wurde und ihre Söldner nicht länger dreist gegen das Heilige schreiben können.

Vielleicht hatte die westliche Arroganz sich eingebildet, wir würden uns nicht rühren und darauf verzichten, die Weisungen des großen Gottes auszuführen, sobald sie nur die Europäische Gemeinschaft und ökonomische Aspekte ins Spiel brächte.

Es ist schon interessant und wirklich erstaunlich, daß sogenannte zivilisierte Völker und Intellektuelle es nicht wichtig nehmen, wenn ein Söldner-Schriftsteller mit Hilfe seiner vergifteten Feder die Gefühle von mehr als einer Milliarde Menschen und Muslimen verletzt und eine Anzahl von ihnen ins Martyrium treibt. Diese Kalamität kennzeichnet die Demokratie ihrer Zivilisation. Kommt der Punkt, wo es gilt, Gerechtigkeit und Rechtsprechung zu verwirklichen, halten sie uns Vorlesungen über Mitleid und Altruismus. Hier liegt der Grund für den Haß der Westmächte auf die islamische Welt. Ihnen geht es nicht darum, ein Indi-

* Aus einer Botschaft Ajatollah Chomeinis an die Lehrer und Studenten religiöser Seminare; abgedruckt in: *The Guardian* vom 6.3.1989. Übersetzung: Kurt Jürgen Huch.

viduum zu verteidigen, sondern darum, eine antiislamische Strömung zu verstärken, die von zionistischen und anglo-amerikanischen Institutionen geschürt wird — Institutionen, die sich mit ihrer Dummheit und ihrem blinden Eifer der islamischen Welt entgegengestellt haben.

Wir sollten allerdings auch darauf achten, wie einige islamische Regierungen und Staaten einem so großen Unheil begegnen. Dies ist längst keine Sache zwischen Arabern und Nicht-Arabern mehr. Es ist eine Beleidigung all dessen, was den Muslimen vom Beginn des Islams an heilig war. Es ist das Ergebnis einer Unterwanderung der islamischen Kultur von außen. Und es wird der Anfang vom Ende sein, wenn wir unaufmerksam bleiben, denn der Kolonialismus hat viele gefährliche Schlangen und Söldner-Schreiberlinge dieser Art im Hinterhalt.

Gott wollte, daß dieses blasphemische Buch *Die satanischen Verse* jetzt erschien, damit die Welt der Eitelkeit, der Arroganz und der Barbarei ihr wahres Gesicht zeige: das Gesicht einer seit langem bestehenden Feindschaft gegen den Islam. Es erschien, um uns aus unserer Einfalt zu reißen und davor zu bewahren, alles auf Mißgriffe, schlechte Organisation und Mangel an Erfahrung zu schieben — um uns zu der klaren Einsicht zu bringen, daß es hier nicht um einen Fehler unsererseits geht, sondern um einen weiteren Schritt in der Bemühung der Weltverschlinger, den Islam und die Muslime zu vernichten. Wäre es anders, würden sie den Fall des Salman Rushdie nicht so wichtig nehmen und alle Macht des Zionismus und der Arroganz für ihn mobilisieren.

Heutige Analytiker werden sich vielleicht in zehn Jahren wieder mit dem Urteil beschäftigen. Aber es kommt ihnen nicht zu, darüber zu befinden, ob das islamische Dekret im Einklang mit diplomatischen Regularien erging oder nicht; es kommt ihnen nicht zu, aus der Tatsache, daß die Verlautbarung von Gottes Dekret gewisse Folgen hatte und die Europäische Gemeinschaft sowie westliche Länder Position gegen uns bezogen, zu schließen, wir hätten unreif handeln und die Initiatoren der Beleidigung der Heiligkeit des Propheten und des Islams unbehelligt lassen sollen. Kurz gesagt: Wir müssen, ohne nach dem tückischen Westen oder dem aggressiven Osten zu blicken, und unabhängig von der Diplomatie, die die Welt regiert, versuchen, die islamische Weisheit in die Praxis umzusetzen. Geschähe dies nicht und bliebe diese Weisheit auf die Bücher und die Herzen der *Ulema* beschränkt, so hätten die Weltverschlinger nichts zu befürchten.

Der letzte Punkt, der unbedingt Aufmerksamkeit verdient, ist der folgende: Die Geistlichkeit, die *Ulema* und die Religionsstudenten sollten judikative und exekutive Angelegenheiten als etwas Heiliges betrachten, dem ein göttlicher Wert zukommt. Sie sollten einen besonderen Charakter und eine spezifische Würde entwickeln, sollten nicht nur einfach in den Seminaren sitzen, sondern deren Bequemlichkeit um der Vollstreckung des göttlichen Dekrets willen verlassen. Sie sollten sich mit den Angelegenheiten der islamischen Regierung befassen. Niemals werden wir, wenn wir uns jetzt des Systems nicht bedienen und die beispiellose Zuwendung der Bevölkerung zur Geistlichkeit außer acht lassen, eine bessere Gelegenheit und bessere Bedingungen vorfinden.

Ich hoffe, diese liebevollen Ermahnungen eures alten Vaters und demütigen Dieners werden euch nicht verletzen, und ihr werdet, wenn die Zeit des Gebetes kommt, mit eurem frommen Atem und euren strahlenden Herzen für mich beten und Gott um Vergebung für mich anflehen.

Oh Gott, vermehre die Kraft der Geistlichkeit, um deiner Religion zu dienen.

Oh Gott, erhalte die religiösen Seminare lebendig, diese Bastionen der Rechtsgelehrsamkeit und des reinen Islams.

Oh Gott, schenke den Märtyrern aus den religiösen Seminaren und den Reihen der Geistlichkeit deine grenzenlose Großmut und belohne sie mit deiner Gegenwart.

Gottes Friede und Segen sei mit euch.

3. Esfand 1367 [22. 2. 1989]

Ruhollah al-Musawi al-Chomeini

»so holte Monsieur Frank aus, haben mehr miteinander zu tun, als Sie denken. Nicht weil diese bäuerlichen Typen von den germanischen Eroberern abstammen, wie das immer wieder behauptet wird, sondern weil sie sich schon im zwölften und dreizehnten Jahrhundert auf Leben und Tod begegneten. Sie sind heute am Orontes entlanggefahren, und Samuel hätte Ihnen den Dschebl Ansarieh zeigen sollen. Dort hatte sich der ›Alte vom Berge‹ — in Wirklichkeit hieß er Sinan Ben Salman — in seinem Adlernest verschanzt, und der ganze Orient zitterte vor seinen Mörderbanden, den ›Assassinen‹.« Wer konnte sich noch zurechtfinden in den religiös-konspirativen Abgründen der islamisch-schiitischen Welt? Denn in Persien hatte man mir ebenfalls von einem ›Alten vom Berge‹ erzählt, der von seiner Gebirgsfestung Alamut aus gewütet hatte. Hassan Sabah hieß der fanatische Schiitenführer, den die persischen Emigranten von heute mit dem Ayatollah Khomeini vergleichen ... Ich erwähnte diese seltsame Parallelität zwischen Persien und Syrien. Aber Monsieur Frank belehrte mich wiederum eines Besseren.

»Die Perser mögen ihren Alamut-Helden als ›Alten vom Berg‹ bezeichnen, der wahre ›Scheikh ul Dschebl‹ ist bei uns beheimatet. Er hat die Kreuzritter heimgesucht, und das damalige muselmanische Establishment hat er das Fürchten gelehrt.« Sinan Ben Salman sei ebenfalls Siebener-Schiite, also ein ›Ismaelit‹ gewesen — aus Mesopotamien gebürtig. Aber für die Alawiten von heute gelte er weiterhin als eine Art Leitbild und Prophet ... »Aufs Morden verstehen sich unsere Alawiten von heute«, flüsterte Monsieur Frank, nachdem er sich vergewissert hatte, daß niemand ihn hören konnte.

---

* Peter Scholl-Latour, *Allah ist mit den Standhaften,* Ullstein TB 34308, Frankfurt u. Berlin 1988, S. 455 f.

»Diese wilden Männer aus den Bergen sind in den sunnitischen Städten zu Recht verhaßt und gefürchtet. Denken Sie nur ... an die Ermordung des Drusen-Führers Kamal Dschumblatt und des französischen Botschafters Delamare im Libanon, um nur diese beiden Exempel unter Hunderten zu zitieren.« Aber an seinem Vorläufer aus dem zwölften Jahrhundert gemessen, sei [der syrische Präsident] Hafez-el-Assad nur ein Dilettant. Der Fatimiden-Kalif El Amir in Kairo und der Abbasiden-El Mustarschid in Bagdad, die beiden Stellvertreter Allahs auf Erden, seien damals von den Haschischinen erdolcht worden, aufwühlende Ereignisse, die sich allenfalls mit der jüngsten Ermordung des Präsidenten Sadat vergleichen ließen.

Zeittafel

636 Tod des Propheten Muhammad; Errichtung des Kalifats.

661 Ermordung Alis, der von seiner Anhängerschaft, der Schia, als erster Imam betrachtet wird; Beginn der Umajjaden-Herrschaft, zu der die Schia in Opposition tritt.

680 Martyrium des Prophetenenkels Husain ibn Ali bei Karbala, infolgedessen verstärkte Umsturzbestrebungen der Schia.

750 Verdrängung der Umajjaden durch die Abbasiden, die von der Schia zunächst unterstützt, dann ebenfalls bekämpft werden.

765 Spaltung der Schia nach dem Tod des sechsten Imams Dscha'far al-Sadiq; die Mehrheit (›Zwölfer-Schia‹) folgt seinem jüngeren Sohn Musa und dessen Nachkommen, die Minderheit (›Siebener-Schia‹) seinem älteren Sohn Isma'il (›Ismailiten‹).

873 ›Verschwinden‹ des zwölften Imams, der am Jüngsten Tag als Mahdi zurückkehren soll.

910 Errichtung des ismailischen Fatimiden-Kalifats in Nordafrika.

969 Gründung Kairos als Hauptstadt des fatimidischen Reiches und Zentrum der ismailischen Propaganda.

1040–1060 Ausbreitung des seldschukischen Großreichs nach Persien, Irak und Kleinasien.

um 1050 Geburt Hasan-i Sabbahs in Qumm.

1090 Einnahme der Burg Alamut durch Hasan und seine Anhänger.

1092 Erster Anschlag der Assassinen: Ermordung des seldschukischen Großwesirs Nizam al-Mulk.

1094 Spaltung der Ismailiten in Mustaʿlianer (›Alte Verkündigung‹; Zentrum: Kairo) und Nizari (›Neue Verkündigung‹; Zentrum: Alamut).

1103 Erste Assassinenaktion in Syrien: Ermordung des Herrschers von Homs.

1124 Tod Hasan-i Sabbahs; Nachfolger Busurgumid.

1130 Erster Assassinenanschlag auf Kreuzfahrer: Ermordung des Grafen Raimund von Tripoli.

1138 Tod Busurgumids; Nachfolger Muhammad I. (konservativer Ismailit).

1162 Tod Muhammads; Nachfolger Hasan ʿalā dhikrihi'l-salām; Sinan ibn Salman ibn Muhammad, nachmals der ›Alte vom Berge‹, wird Assassinenführer in Syrien.

1164 Proklamation der ›Großen Auferstehung‹ durch Hasan in Alamut.

1166 Ermordung Hasans; Nachfolger Muhammad II.: Fortsetzung der Politik der ›Auferstehung‹.

1174 Erster Assassinenanschlag auf Sultan Saladin.

1190 Vormarsch des Chorasmschahs nach Persien, Ende des dortigen Seldschukenreichs.

1192 Ermordung des Königs von Jerusalem, Konrad von Montferrat, durch Assassinen.

1192/94 Tod Sinans, des ›Alten vom Berge‹.

1210 Tod Muhammads II.; Nachfolger Dschalal al-Din Hasan: Bruch mit der ›Auferstehung‹, Rückkehr zur Schariʿa.

1219 Einmarsch der Mongolen in die islamischen Länder.

1221 Tod Dschalal al-Dins; Nachfolger Ala al-Din: innerer Zerfall und äußere Bedrohung der ismailischen Macht durch die Mongolen.

1250 Zusammentreffen Ludwigs des Heiligen mit Assassinen in Akkon.

1255 Ermordung Ala al-Dins; Nachfolger Rukn al-Din: erfolglose Versuche zur Verständigung mit den Mongolen.

1256 Eroberung und Zerstörung Alamuts durch die Mongolen; Ende des ismailischen Einflusses in Persien.

ab 1260 Zurückdrängung und schließliche Beseitigung der Assassinenmacht in Syrien durch Sultan Baibars.

1273 Fall der letzten Assassinenfestung in Syrien.

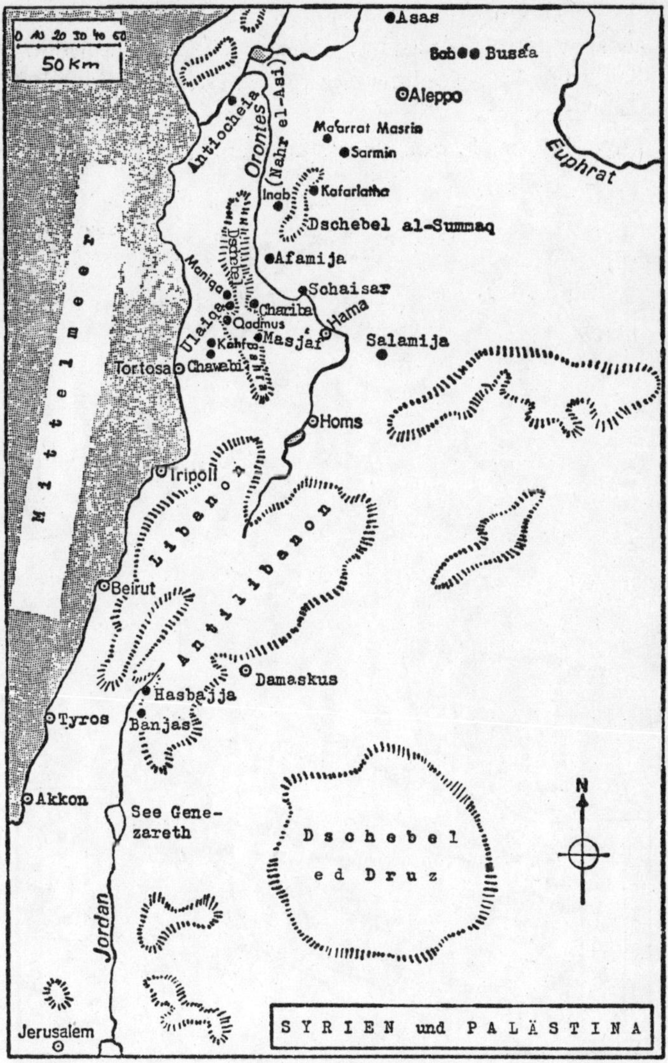

SYRIEN und PALÄSTINA

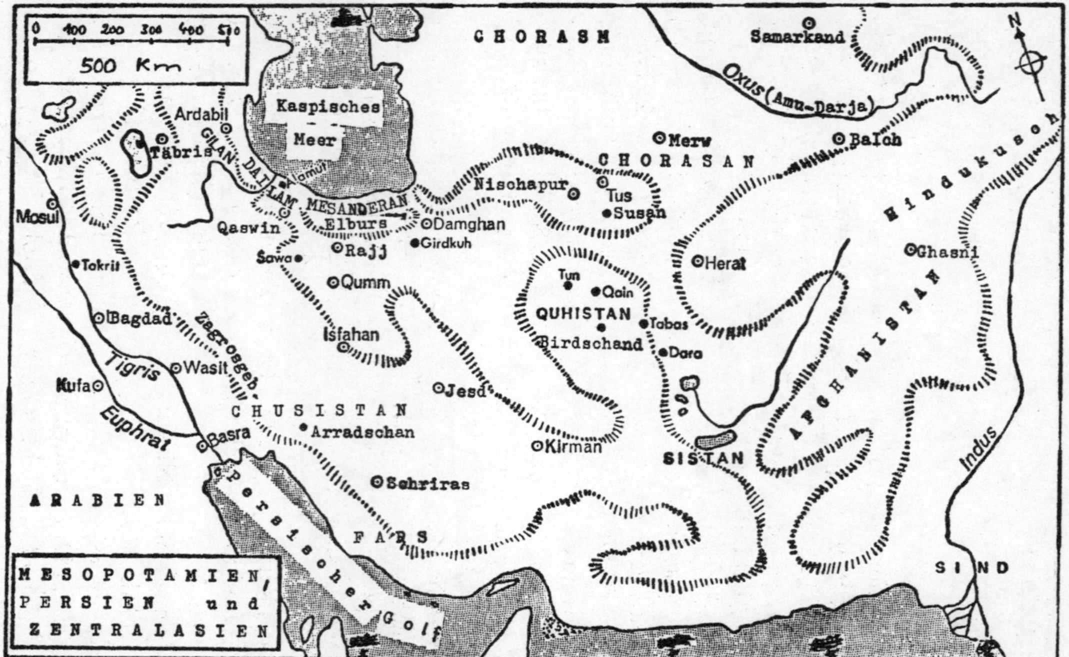

0 100 200 300 400 500
500 Km
Kaspisches Meer
CHORASM
Samarkand
Oxus (Amu-Darja)
N
Merv
Balch
CHORASAN
Hindukusch
Ardabil
Täbris
GILAN
DAILAM
Jamut
MESANDERAN
Elburs
Nischapur
Tus
Susan
Mosul
Qaswin
Damghan
Girdkuh
Rajj
Sawa
Tokrit
Qumm
Herat
Ghasni
Tun
Qain
QUHISTAN
Tabas
Birdschand
Dara
AFGHANISTAN
Bagdad
Zagrosgeb.
Isfahan
Wasit
Tigris
Kufa
Jesd
Euphrat
CHUSISTAN
Arradschan
Basra
Kirman
SISTAN
Indus
Schriras
ARABIEN
Persischer Golf
FARS
SIND
MESOPOTAMIEN, PERSIEN und ZENTRALASIEN

Register

Danksagungen

Ich danke Professor J. A. Boyle und dem Verlag Manchester University Press für die Erlaubnis, einige Passagen aus Ata-Malik Dschuweinis *History of the world-conqueror,* aus dem Persischen übersetzt von J. A. Boyle, Manchester 1958, zitieren zu dürfen; ferner Professor K. M. Setton und dem Verlag University of Wisconsin Press für die Erlaubnis, im vorliegenden Buch einige Abschnitte meines Assassinen-Kapitels in dem von M. W. Baldwin herausgegebenen Band *The first hundred years,* Philadelphia 1955 (= Bd. I von: K. M. Setton [Hrsg.], *A history of the Crusades*) abzudrucken. Darüber hinaus gilt mein Dank Dr. Nurhan Atasoy (Universität Istanbul) für ihre guten Dienste bei der Identifizierung und Sicherung von Materialkopien aus türkischen Sammlungen, meiner Frau und meiner Tochter für ihre Hilfe bei der Fahnenkorrektur und endlich Professor A. T. Hatto, der mich einmal mehr von seinem strengen literarischen Urteil und seinem klaren redaktionellen Blick profitieren ließ.

B. L.

Der Übersetzer dankt Claudia Knieps, Bonn, für ihre fachkundige Hilfe bei Wiedergabe und Transkription arabisch-persischer Namen und Termini. Dr. Kamran Arjomand, Köln, und Drs. Jaap E. Verbaas, Nijmegen, förderten die Zusammenstellung des Dossiers durch wertvolle Hinweise.

K. J. H.

Inhalt

DIE ASSASSINEN. ZUR TRADITION DES RELIGIÖSEN MORDES IM RADIKALEN ISLAM von Bernard Lewis ist im November 1989 als neunundfünfzigster Band der ANDEREN BIBLIOTHEK im Eichborn Verlag, Frankfurt am Main, erschienen.

Bernard Lewis, der große anglo-amerikanische Orientalist, schrieb dieses Buch, das seine Forschungen über die Assassinensekte resümiert, 1967. Es erschien zuerst im Verlag Weidenfeld & Nicolson, London, und später als Taschenbuch bei Oxford University Press, New York. Es wurde in viele Sprachen übersetzt.

Die Übersetzung ins Deutsche besorgte Kurt Jürgen Huch, der auch die Materialien für das Dossier zusammengestellt hat.

Dieses Buch wurde in der Werkstatt von Franz Greno in Nördlingen aus der Korpus Garamond Monotype gesetzt und auf einer Condor-Schnellpresse gedruckt. Das holz- und säurefreie mattgeglättete 100 g/qm Bücherpapier stammt aus der Papierfabrik Niefern. Den Einband besorgte die Buchbinderei Lachenmaier in Reutlingen.

1.–8. Tausend, November 1989. ISBN 3-8218-4059-5
Printed in Germany.

Von jedem Band der ANDEREN BIBLIOTHEK gibt es eine Vorzugsausgabe mit den Nummern 1–999.